フランス憲法と統治構造

植野 妙実子 編著

日本比較法研究所
研究叢書
82

中央大学出版部

装幀　道吉　剛

はしがき

　念願の『フランス憲法と統治構造』を漸く刊行することができて，大変うれしく思う。そもそもこの刊行の企画は2000年頃，日本比較法研究所の共同研究グループ「現代議会制の比較法的研究」の中で研究会を積み重ねるなかで，その成果の発表を，という形で考えられた。タイトルの『フランス憲法と統治構造』は，フランスの憲法の教科書が，「憲法と政治制度」とされていることに由来する。フランス憲法についての論文は多いが，多くは，非常に専門的な分野を扱っており，フランス憲法全般を概観するものがあまりみられない。そうしたことから，当初，現行の憲法と統治構造のあり方を概観するものと，統治構造上の専門的・個別的な問題を扱うものとの2冊を出版しようという形で進められた。
　しかしながら，研究グループのメンバーのなかには，法科大学院に職をえている者や大学で役職についている者などもいて，なかなか時間がとれないこともあり，結局概観しつつも，専門的な問題も扱う，このような1冊としてまとまった。
　同時に2007年，日本比較法研究所の共同研究基金をえることができ，フランス，パリに2008年2月に訪問調査に行って，貴重なかずかずの体験もした。本書はその成果でもあり，ここに厚く御礼を申しのべたい。専門的・個別的問題を実態に即して解明することができたのも偏に共同基金の賜である。
　訪問調査のあと，直ちに出版に至りたかったのであるが，2008年7月にフランス第五共和制憲法の大改正が行われた。それはある種第五共和制憲法の根幹の変化にもつながるものであった。その変化も考慮にいれての出版となったため，しばらく解析に時間が必要であり，今日の出版となった。
　なお，フランス訪問調査の日程は2008年2月25日から30日であり，その訪

問先及びインタビューの内容は次のようであった。

2月26日午前10時, 議会関係担当副大臣エリック・ティエール氏 Eric THIERS, Directeur de cabinet adjoint, Secrétariat d'Etat chargé des relations avec le Parlement と会う。豪華なお茶のサービスを用意して下さり, なごやかな雰囲気のなかでインタビューを進めることができた。主な質問は, 閣僚と議会議員の兼職禁止が政府と議会とに及ぼす影響, 議長協議会における政府代表の役割, 委員会における政府提出法案に対する修正案が出された場合の政府の対応, 議会での対政府質問についての政府の応答の意義について, であった。

同日午前11時半, マティニョン, 首相府で, コンセイユ・デタ調査官のローレンス・マリオン氏 Laurence MARION, Maître des requêtes au Conseil d'Etat, Cabinet du Premier Ministre と会う。主な質問は, 首相と大統領との関係, 首相と大臣との関係, 議会に対する政府の責任, 法案の提出と審議のあり方, 政府と議会や政党との関係, 法律事項と命令事項の分類についてであった。その後首相府のなかをみせていただいた。マリー・アントワネットの使っていたシャンデリアに感動し, 美しい庭も堪能した。

同日午後3時, リュクサンブール宮, 元老院にて, 元老院事務総長のアラン・デルキャンプ氏 Alain DELCAMP, Secrétaire général du Sénat と会う。元老院の存在意義, 政府統制機能における元老院の役割, 2003年の選挙制度改正における元老院への影響などについてうかがった。二院制における元老院の存在意義として地方の声をすいあげることを強調していたが, 我々は, 彼の大きな事務机の足にバカラの足おきがはかされていることに釘付けになっていた。

27日午前10時, ブルボン宮, 国民議会にて, 国民議会立法部局長のポール・カオウア氏 Paul CAHOUA, Directeur général des services législatifs と会う。議会の立法機能に関する, 第五共和制憲法制定当初と今日との違い, 政府統制機能における国民議会の役割, 立法過程における憲法院の役割と議会との関係などについてうかがった。立法過程における委員会, 審議会の役割など想定していなかった事柄についても詳しくうかがうことができた。元老院でも国民議会でも議場もみせていただいたが, とりわけ国民議会は自らが, 革命の闘士に

なったような気持で壇上に上がることができた。

　同日午前11時半，エリゼ宮，大統領府にて，大統領府専門評定官のエデュアール・クレッペイ氏 Eduard CRÉPEY, Conseiller tecnique à la Présidence de la République と会う。大統領任期の短縮の影響，憲法改正における大統領のかかわり方，国民投票における大統領の権限，大統領と首相との関係，大統領と議会や政党との関係などについてうかがった。国民議会でのインタビューが遅れ，相当またせてしまったのだが丹念に応えて下さった。ここでも大統領府のなかをみせていただき，その華やかさに圧倒された。

　同日午後3時，憲法院にて，元大臣の社会党の憲法院評定官ピエール・ジョックス氏 Pierre JOXE, Membre du Conseil constitutionnel, ancian Ministre と会う。立法過程における憲法院の役割，憲法院評定官の任命のあり方，憲法院改革の必要性などについてうかがった。当時ジョックス氏は，評定官のなかでの唯一の社会党からの任命であり，任命のあり方については危機をもっていた。インタビューのあと，憲法院のなかをみせていただき，審理の実際をうかがい知ることができた。

　同日午後4時半，コンセイユ・デタにて，報告・研究部局長のジャン・ミッシェル・ベロルジー氏 Jean-Michel BELORGEY, Président de la Section du rapport et des études と会う。コンセイユ・デタの役割の重要性，行政権との関係，コンセイユ・デタ評定官の養成，キャリア形成，各部局の関係，法の一般原則などコンセイユ・デタの判断基準など多岐にわたってうかがったが，彼は優に3時間半にもわたって，権力分立の中におけるコンセイユ・デタの役割について力説し，さまざまなことについて解説して下さった。コンセイユ・デタは政府にとってはいわば，シンクタンクでもあり憲兵でもあるということばが印象的であった。講義を受けた部屋は実際にコンセイユ・デタの審理の行われる場所であり，臨場感にあふれる場所であった。

　28日午前10時，自治体国際化協会パリ事務所を訪れ，クレアパリ事務所次長荒木誠氏（都庁からの出向），所長補佐酒巻浩氏（総務省からの出向），調査員シャルル・アンリ・オゼ氏 Charles-Henri HOUZET と会い，フランスの地方自

治の現状についてのお話をうかがった。

　同日午後3時，政治資金透明化委員会において，事務局長のトマ・アンドリュー氏 Thomas ANDRIEU, Sécrétaire général de la Commission pour la transparence financière de la vie politique と会った。政治資金透明化委員会はコンセイユ・デタのなかにある。ここでは，委員会のあり方，政治資金透明化の効果，改善すべき点などについて，話をうかがった。そのあと，彼はコンセイユ・デタがナポレオンによって作られた起源を語り，バルコニーからルーブル宮を見渡すところにいざなってくれた。コンセイユ・デタの権威と伝統，歴史的意義をあらためて認識した訪問となった。

　同日午後5時半，司法官職高等評議会を訪れた。事務局次長のジョジアンヌ・バズレール氏 Josiane BAZELAIRE の手配により，コンセイユ・デタの名誉評定官であるドミニック・ラトゥルヌリ氏 Dominique LATOURNERIE, 破毀院検察官のジャン・ミッシェル・ブランツ氏 Jean-Michel BRUNTZ, ポー控訴院第一院長エルベ・グランジェ氏 Hervé GRANGE, 大学教授のドミニック・シャノロー氏 Dominique CHAGNOLLAUD の4人のメンバーが迎えて下さり，質問表の一つ一つに丁寧に応えて下さった。さらにそれぞれの立場からどのように司法官職高等評議会に関わっているかも説明をいただいた。主な質問は，司法官職高等評議会における大統領の役割，司法官職高等評議会に関する改革の内容などであった。

　29日午後4時には，パリ第一大学のフランソワーズ・ドレフュス教授 Françoise DREYFUS 宅に招かれ，教授からフランスの権力分立の現状と課題についてのお話をうかがった。

　フランス訪問調査において，ご協力をいただいた方々に，また通訳の労をとってくださったアレ・斉藤総子氏，沼田睦子氏に厚く御礼を申しあげたい。大統領府のクレッペィ氏からは，バラデュール委員会の成果によりまもなく第五共和制憲法の大改革があるという情報をえることもできた。著書や論文からでは知りえない貴重なさまざまな指摘もあった。

　本書はそうした成果を個々人の基本的な研究に加えて反映している。なお，

本書の準備の過程において，EUとの関係が重要であるとの認識から嘱託研究員として大藤紀子氏に参加していただき，執筆に加わっていただいた。
　最後になったが本書は，日本比較法研究所のスタッフの暖かい励ましがなければ，完成しなかったものであり，感謝の意を表したい。また，出版に際し，労をとって下さった中央大学出版部の小川砂織氏にも厚く御礼を申しあげたい。校正においては，中央大学法学研究科（博士後期課程）の兼頭ゆみ子さんの協力をえた。彼女にも御礼を申しあげたい。

　　2011年6月1日

　　　　　　　　　　　　　　　　　　　　　　　　　　植　野　妙　実　子

目　　次

はしがき

第1章　フランス憲法略史 ………………………………… 寺川史朗 … 1

1. はじめに　1
2. 市民革命と憲法　2
3. 第一帝政から第二帝政まで　8
4. 第三共和制憲法　14
5. 第四共和制憲法　18

第2章　第五共和制憲法概要 ……………………………… 佐藤修一郎 … 23

1. 概説——フランス第五共和制憲法の誕生　23
2. 第五共和制憲法の基本原理　24
3. 2008年7月23日の憲法改正
　　——第五共和制の諸制度の現代化　29

第3章　大　統　領 ………………………………………… 福岡英明 … 35

1. はじめに　35
2. 大統領の地位と正当性　36
3. 多数派議院内閣制と政治勢力の二極化　40
4. 大統領の権限と執行権の二頭制　42
5. 大統領の責任　48

第4章 政　　府 ……………………………………… 横尾日出雄 … *57*

　1. 概　　説　*57*
　2. 政府の組織　*59*
　3. 政府並びに首相の権限　*63*
　4. 政府の責任　*68*
　5. 第五共和制における政府　*75*

第5章 議　　会 ……………………………………… 藤野美都子 … *81*

　1. 概　　説　*81*
　2. 議会の構成　*82*
　3. 議院の自律権　*88*
　4. 議員の地位　*89*
　5. 議会の組織　*94*
　6. 議会の機能　*99*

第6章 立法過程 ……………………………………… 藤野美都子 … *107*

　1. 概　　説　*107*
　2. 法律事項と命令事項　*108*
　3. 通常法律の立法手続　*111*
　4. 特別な立法手続　*119*

第7章 財　　政 ……………………………………… 佐藤信行 … *129*

　1. はじめに　*129*
　2. 1959年オルドナンス下の制度　*130*
　3. LOLFの背景　*136*
　4. LOLFの特徴——その1　政策目的別予算の導入　*139*
　5. LOLFの特徴——その2　議会権限の強化　*140*

6. LOLF の特徴——その 3　会計検査院の活用　*147*
  7. 二つの制度の比較　*150*

第 8 章　憲　法　院 ……………………………… 植野妙実子…*153*

  1. はじめに　*153*
  2. 合憲性審査の歴史　*154*
  3. 憲法院の進展　*165*
  4. まとめにかえて　*175*

第 9 章　司　法　権 ……………………………… 植野妙実子…*183*

  1. はじめに　*183*
  2. 『憲法』・『裁判法』における司法権　*184*
  3. 第五共和制憲法における司法権　*188*
  4. 司法機関の独立　*190*
  5. 裁判官の独立　*192*
  6. 行政裁判所の存在　*195*
  7. 行政裁判官の独立　*196*
  8. 個人的自由　*197*
  9. 国際裁判所と国内裁判所　*199*
 10. まとめにかえて　*206*

第 10 章　地　方　自　治 ………………………… 妹尾克敏…*213*

  1. 概　　説　*213*
  2. 第五共和制憲法下の地方制度の特徴と変遷　*215*
  3. ミッテラン政権と地方分権改革　*222*
  4. 憲法改正と地方分権改革　*229*

第11章 憲法改正 ……………………………… 佐藤修一郎 … 235

1. 概　　説　*235*
2. 第五共和制憲法の改正手続　*236*
3. 憲法改正の限界　*238*
4. 憲法改正　*239*

第12章 国民投票 ……………………………… 横尾日出雄 … 253

1. 概　　説　*253*
2. 第五共和制憲法における国民投票とその手続　*255*
3. フランスにおける国民投票の展開　*260*
4. 国民投票の問題点　*263*
5. 国民投票の改革構想と憲法改正　*267*
6. 国民投票の改革課題　*279*

第13章 EUとフランス ………………………… 大藤紀子 … 285

1. 概説──欧州共同体法と加盟国国内法の関係　*285*
2. 憲法院による条約の合憲性審査　*289*
3. EUの設立と憲法　*292*
4. 指令の実施立法の合憲性を巡る憲法院判決
　　──2004年6月10日憲法院判決以降　*298*
5. 憲法院判決との協調
　　──2007年2月8日コンセイユ・デタ *Arcelor* 判決　*301*
6. まとめにかえて　*304*

索　　引

第1章
フランス憲法略史

寺 川 史 朗

1. はじめに

　憲法は，政府の諸機関・公務員相互間に存在する権限や機能，義務について定め，さらに，それら諸機関・公務員と国民との間の関係を決定することを，その本質的要素としている。その究極の目的が個人の人権保障にあることはいうまでもない。すなわち，人権保障が政治の目的であり，その目的を達成するための手段として権力分立が編み出されたのである。権力分立には，国家権力にたいする抑制原理が内包されており，近代立憲主義とはその考え方に立脚した政治の実現を意味する。

　「近代」という言葉の用法には，歴史意識や時代精神をあらわす場合と絶対的な歴史区分をあらわす場合の二つがあり，そのいずれの意味で用いているかについて区別する必要がある。

　近代立憲主義という言葉を使う場合の「近代」には，歴史意識や時代精神をあらわす意味合いは相対的に薄れ，それはヨーロッパ中世末期の絶対王政打倒・市民革命完遂以降の時代をさすものとして用いられている。また，そのような背景を有するため，必然的に，個人の人権保障（目的的原理）とそのための権力分立（手段的原理）という二つの要素が「近代」という言葉のなかに込められることになっている。したがって，近代立憲主義とは，それらの要素を含む，市

民革命を契機として作成された近代的意味における憲法によって国の政治を運営していこうとする考え方であると理解されることになる。「権利の保障が確保されず，権力の分立が規定されていないすべての社会は，憲法をもたない」と宣言したフランス人権宣言16条が近代立憲主義の礎石としての役割をはたし，また，常にその明文上の根拠として引き合いに出されるのは，それらの要素が普遍的価値を与えられているからにほかならない。

　フランス憲法史について語るとき，1789年の市民革命までの時代を割愛するわけにはいかないが，近代憲法の歴史をひも解くなら，市民革命とその成果であるフランス人権宣言を出発点としてよいであろう。

2. 市民革命と憲法

(1) 革命前後と人権宣言

　1789年の市民革命以前から，フランスは三つの意味での経済危機に陥っていた。第一は英仏通商条約（1786年）による貿易自由化に伴う工業危機であり，第二は凶作を主要因とする農業危機である。そして第三は継続的戦争状態による国家財政そのものの行き詰まりであった。とりわけ，第三の要因については，アメリカ独立戦争への参加とそれへの出費が重なり，厳しい財政破綻をもたらした。そのため，財務総監カロンヌは，公債による赤字補填と並行して，地方三部会の租税に関する特権を廃し，全身分平等に課税対象とする旨の改革案を提示し，その同意を求めるため，1878年2月，名士会議を召集した。しかし，この改革案は，免税特権を有していた特権階級の反抗を招いた。

　貴族たちは，王権にたいする反抗に第三身分（聖職者＝第一身分，貴族＝第二身分にたいする特権をもたない身分）をも引き入れることで，絶対王政打倒の世論を有利に形成した。しかし，貴族たちの思惑と第三身分の思惑がそれぞれ異なっていたために，両者の対立が徐々に顕在化してくる。また，第三身分内部においても最上層から最下層まで幅が広かったため，その階層間で利害対立が発生するようになった。

国王ルイ16世は，以上のような危機的状況やそれらを背景とする全土的な反乱に対応するため，全国三部会の召集を決定し，1789年5月5日，同会が開会された。全国三部会議員に選出された第三身分の代表者たちは，第一身分及び第二身分との統合（議決方式の合同）をはかろうとしたが，それが失敗に終わったため，6月に入り，自らを「国民議会」と称し，国民の代表であることを宣明した。これにたいし，国王は議場閉鎖という強硬手段に出たが，国民議会は，室内球戯場に集まり，憲法が制定されるまでは解散しない旨を誓った（球戯場〔テニスコート〕の誓い）。この動きには，聖職者や貴族からも同調する者があらわれ，やがて国王もこれを認めた。7月9日に国民議会が憲法制定国民議会（制憲議会 Assemblée nationale constituante）であると宣言されたのは，このような流れによる。

　しかしながら，第三身分との妥協を快く思わなかった大多数の貴族に抱え込まれた国王が議会を武力で制圧しようとしたため，7月14日，パリの民衆は暴動を起こした。その象徴的な出来事がバスティーユ監獄の襲撃である。

　1789年8月4日，自由主義的貴族が特権と領主権の放棄を提案したことを契機として，国民議会は封建制・封建的特権の廃止を決議し，8月26日には，前文及び17カ条からなる人権宣言，すなわち，「人及び市民の権利宣言 Déclaration des droits de l'homme et du citoyen」を採択する。

　人権宣言は，その1条で「人は，自由かつ権利において平等なものとして出生し，かつ生存する。社会的差別は，共同の利益のうえにのみ設けることができる」と宣言し，以下，さまざまな権利を規定する。自由，平等，所有権，圧制への抵抗である。また，3条で「あらゆる主権の原理は，本質的に国民に存する」と定め，アンシャン・レジーム（旧体制）との訣別を宣言する。これは，主権原理が転換されたことを意味している。そして，先に触れた16条（権力分立原理）である。ここに，人権保障，国民主権，権力分立が出揃うことになり，近代憲法の幕開けを迎えるのである。

(2) 1791年憲法

　人権宣言の採択後，同宣言を具体化するさまざまな作業が進められることになったが，それらはすべて自由と平等を基礎としたものであった。また，諸法令で経済活動の自由が保障された。ル・シャプリエ法（1791年6月）であらゆる同業組合の結成が禁止されたのは，旧来の閉鎖的な経済システムを排するためである（その一方で，結社の自由を制限する機能を営むことになり，たとえば労働組合の結成を阻害することになった）。

　1791年9月3日，憲法制定国民議会において1791年憲法が採択される。立憲君主制を採用し，国王は神聖不可侵とされたが，国王の権限は国民により与えられたものであるとされた。封建的特権が廃止され，居住・移転の自由も保障された。この自由は労働者の移動を自由にすることを意味し，資本主義の発展に資するものである。また，「他者危害の原則」の明文化がみられ，ここで保障される諸権利については，同原則に基づく制限が課せられた。主権原理は「国民nation主権」であり，主権は単一不可分，不可譲のものであるとされた。当然のごとく，自由委任が採用され，命令委任は否定されている。また，有権者資格について非常に厳しい要件を備えた制限選挙制度と間接選挙制度が採用され，そこで選ばれた代表者で組織される議会は一院制であった。

　1791年憲法は，物価高騰や食糧不足，立法にたいする国王による拒否権行使の濫用，周辺諸国による軍事的介入など，内外にわたり重層的に発生した混乱に遭い，その短い使命を終える。

　1792年8月10日，国民議会は，のちに恐怖政治を敷きテルミドールのクーデタ（1794年7月27日）で倒れることになるロベスピエールが率いる民衆蜂起を背景に王権を停止し，同時に，新憲法制定のために国民公会 Convention nationale を召集することを決定した。国民公会の議員選挙も間接選挙であったが，選挙委員を選出する有権者資格についてのみ能動的市民であることの要件が廃され，より普通選挙に近づいた。国民公会内部には，ジロンド派とモンターニュ派の対立があった。両者はいずれもブルジョワジーの側に立つものではあった

が，ジロンド派はより富裕なブルジョワジーの利害を代表するものであり，モンターニュ派はそうではないブルジョワジーの利害を代表するものであった。このような相対的な性格の違いから，両者は民衆や貧農といった一般庶民階層にたいする立場を異にしていた。すなわち，一般庶民階層の要求を聞き入れようとしたのは，どちらかといえば，ジロンド派よりもむしろモンターニュ派の方であったということである。1793年5月31日から6月2日にパリの民衆が蜂起した際，ジロンド派の指導者が逮捕あるいは追放され，モンターニュ派が国民公会を支配するようになったのは，一般庶民階層の抱き込みができていたことのあらわれであろう。

　1792年10月には国民公会内に憲法委員会が設置され，1793年2月15日，同委員会の過半数を占めていたジロンド派の主導で作成された憲法案が国民公会に提出される（ジロンド憲法案）。しかし，1793年1月21日にルイ16世が処刑されたのをきっかけに，周辺諸国が軍隊を送ってきたため，ジロンド憲法案の審議はできなくなった。審議再開後も，インフレや食糧不足といった難題を国内で抱え，ジロンド派とモンターニュ派の対立が激化していくなかで，パリ民衆の蜂起が決定的な打撃となり，ジロンド憲法案は実質的な審議を経ることもなく溶暗していった。

(3)　1793年憲法

　ジロンド派との対決に勝利したモンターニュ派は，以上のような内外にわたる危機に対処するという名目で，1793年4月，公安委員会 Comité de salut public を設置する。公安委員会には，危機対処という名目だけでなく，新憲法の制定に着手するという役割が与えられ，同年6月10日，憲法案を国民公会に提出，6月24日に可決される。しかしながら，その後，国民投票に付され成立したものの（1793年憲法），フランス政府は「平和の到来まで革命的である」とされたため（10月10日），この憲法の施行は留保・延期されることとなった。そして，施行の留保・延期により，憲法に基づかない政府が革命政府として機能することになる。実際に最も強い権力をもち反革命容疑者の逮捕に指導的役

割をはたしたのが，国民公会における公安委員会と保安委員会であった。

　1793年憲法は，主権が個々の国民の総体としての「人民 peuple」に存するとし（人民 peuple 主権），直接・男子普通選挙制度や直接民主制度（一定の条件・手続にしたがい，立法につき国民からの異議を認め，国民による直接審議が行われる）を採用していた。これは，主権が単一，不可分，不可譲で抽象的全体を意味する「国民 nation」に属するものであると明言し（国民 nation 主権），国民は委任によるほか権力を行使することができないとしていた1791年憲法と大きく異なる。1791年憲法では，これにより代表民主制が採用され，直接民主制は原理的に否定されていた。また，能動的市民のみが政治に参加することができ（制限選挙），間接選挙での選挙人となるためにはさらに厳しい要件が課せられていた。さらに重要なことは，選挙で選ばれた代表者と能動的市民の間にはいわゆる命令委任が禁止されていたことである。確かに，かつての全国三部会のような身分制議会のもとで行われていた命令的委任を禁ずることは，一つの国家として全国的発展を遂げようとする意図を示すものであり，その意味においては必要な選択である。しかし，それが代表者・代表機関と有権者との間の乖離を生むという機能も有しているという点に大きな問題があった。1791年憲法が抱えていたこのような問題への対抗軸として1793年憲法を位置づける必要がある。

　1791年憲法も1793年憲法も，それぞれ冒頭に1789年人権宣言をおき，政治の目的が自然権たる人権の保障にあることを明らかにしているが，後者は社会権的性格を有する規定を設けていることに特徴がある。モンターニュ派主導の国民公会は，(周辺諸国との戦争遂行のための緊急措置として，という性格を帯びていたが) 買占禁止などの経済統制や最高価格法の制定を通じ，経済的自由を制限した。

(4)　1795年憲法

　1793年憲法の施行が留保・延期されることが決定されてからは，国民公会の中に設置された公安委員会が権力を掌握した。その一委員であったロベスピエー

ルは，ブルジョワ的利害を実現しようとしたモンターニュ派主導の国民公会のなかにあって少数派（非主流派）を構成し，一般庶民（とくに貧農層）に好意的な社会理念を表明していた。国民公会と一般庶民との間に立つ格好の人物として台頭してきたのである。しかし，ロベスピエールは，立法府のなかに設置された各種の委員会が行政権を行使し始めると，その一つである公安委員会において，本来の行政権に加え立法権をも支配するようになり，また，革命裁判所と断頭台を我が物とすることで，独裁に走る（恐怖政治）。のち，ロベスピエール派による支配の意義が問われ，社会的支持を失うことになり，彼らの展開した恐怖政治も，テルミドールのクーデタによって終焉を迎える。

テルミドールのクーデタにより，革命政府による支配は崩壊する。国民公会は1795年憲法を新たに制定し，国民投票で承認された（1795年8月22日，共和暦3年実月の憲法）。

立法府に関しては，1791年憲法，1793年憲法のいずれも一院制を採用していたが，1795年憲法では二院制がはじめて採用された。これは，法律発案権と実質審議・決議権を有する五百人会と，五百人会での可決手続の適正如何のみを審議する長老会で構成され，主権原理も「国民 nation 主権」が採用された。選挙制度は1793年憲法で採用された直接・男子普通選挙制度に代わり，1791年憲法下の間接・制限選挙制度に戻された。しかしながら，君主制への回帰は予定されておらず，また，独裁政治（ロベスピエール派による恐怖政治）への反省と教訓から権力の分立が徹底的にはかられる。立法府について二院制が採用されたことや，5名の執政で組織される執政府に行政権が与えられたこと，また，立法府と執政府が相互に独立していたことは，そのあらわれである。

しかしながら，1795年憲法は，徹底した権力分立を採用したことが裏目となり，たびたびクーデタの危機に直面する。その一要因として，立法府と執政府が対立した場合の調整手段を持ち合わせていなかったことがあげられよう。また，当時の不安定な政治状況にあって，ブルジョワジーだけでなく，小土地所有農民までもが，自らの財産を守るため軍隊に信頼をおくようになる。後に触れるナポレオン・ボナパルトの台頭はそのような背景に裏づけられていた。そ

の頃すでにその軍事的才能で名声を馳せていたナポレオンは，遠征先のエジプトからフランスに戻り，1799年11月9日，クーデタを決行する（ブリュメール18日のクーデタ）。1795年憲法はここに崩壊するのである。

なお，1795年憲法は，権利宣言に義務に関する規定を付け加えたことでも特色があった。

3. 第一帝政から第二帝政まで

(1) 第一帝政

ナポレオンは，ブリュメール18日のクーデタののち，憲法制定に着手する。1799年12月13日憲法（共和暦8年霜月22日憲法）がそれである。この憲法は，従来の憲法と異なり，冒頭に権利宣言を付加せず，人権保障は後退する。また，独裁への道を開くべくナポレオンの意向に沿った統治機構が構想された。すなわち，3名の統領からなる統領府が執行権を握り，そのうちの第一統領たるナポレオンに実質的かつ強大な権力が集中する。第一統領には，執行権，命令権があり，また，大臣をはじめとするさまざまな政府高官，裁判官などの任命権も与えられた。第一統領は，形式的には政府に与えられた法律発案権をも事実上独占的に行使することで，立法にも関与した。

立法府は四つの機関によって構成され，その権限は大幅に縮減された。法律発案権が政府（実質的には第一統領）に委ねられたことはその一例である。それらの四機関とは，コンセイユ・デタ，護民院，立法院，護憲元老院である。コンセイユ・デタは法案の準備がおもな任務であるが，法律発案権が政府にあったため，政府を補佐することが事実上の任務であった。このことは，第一統領がコンセイユ・デタ評定官を任命することになっていたことからも明らかである。護民院は法案を審議し，立法院が法案の議決を行う。護憲元老院は違憲審査を行う。このように，立法権を分散化させることで，立法府そのものを弱体化させることが目論まれたのである。

ナポレオンは次々と改革を断行した。財政の整備，フランス銀行の創設，警

察の組織化，オーストリア軍の撃破，仏英アミアン平和条約の締結など，内外にわたり，その手腕をいかんなく発揮した。ナポレオンにたいする人気はいっそう高まり，これに乗じてナポレオンは，国民投票を経て終身統領になる。1799年憲法の改正を行い，1802年8月4日憲法（共和暦10年熱月16日憲法）を成立させる。この憲法により第一統領たるナポレオンの権限がいっそう強化されたが，その一例として，終身の第一統領が護憲元老院の議長となることがあげられる。ナポレオンが皇帝となったのは1804年5月18日憲法（共和暦12年花月28日憲法）による。1802年憲法体制までの政体は共和制であったといえるが，1804年憲法が帝政を敷いたため，そこで共和制は終わる。

　なお，この間，ナポレオンは「フランス人の民法典」（のちに「ナポレオン民法典」と呼ばれる）を編纂する。このほかにも商法典など近代的制定法を編纂したことで，従前の慣習法的不確実性は排除されることになった。また，民法典などは自由な経済流通や私的所有権を保障するものであるため，市民革命以来の人権思想はナポレオンによって追認されたことになる。ブルジョワジーと小土地所有農民からの支持をナポレオンが受けていた所以は，軍事的領土拡大に伴う新市場の確保にあった。

　しかしながら，ナポレオンの威勢も1812年のロシア遠征失敗で急速に失われる。この敗北で周辺諸国がイギリスと同盟，反革命連合を結成し，フランスからの解放を推し進める。1814年，パリが陥落し，ナポレオンは失脚，エルバ島に流される。ルイ16世の弟ルイ18世が亡命先のイギリスから帰国し王位についたものの，その反動的な政治ゆえに，ブルジョワジーからの反発を招く。一方，ナポレオンは，エルバ島をひそかに脱出し，パリに帰還したが，ワーテルローの戦いで敗れ，セント・ヘレナ島に流される。これが「ナポレオンの百日天下」である。

(2)　憲章の時代

　ナポレオン失脚ののち，ヨーロッパ諸国によりウィーン会議が開かれ，ヨーロッパ全体をフランス革命以前の旧体制へ戻そうとする反動的体制が敷かれる

（ウィーン体制)。しかし，フランスにおいては，その反動性ゆえに市民による反抗に遭い，完全な形での旧体制復活にはならなかった。国民主義，自由主義，民主主義が革命期やナポレオン期を通じて確立していたからである。旧貴族側とブルジョワジー側の妥協，あるいは，旧体制復古派と革命・共和派の妥協として立憲君主制が採用されることとなり，その産物として1814年6月4日憲章が国王による一方的恩恵として国民に与えられた。

これは欽定憲法であったため，当然のことながら，権利の保障は十分でなかった。「フランス人の公権」という権利（1789年人権宣言のような自然権としての権利を意味するものではない）が保障されていただけである。言論・出版の自由が保障されていたものの，それは法律の留保をともなうものであったし，信教の自由が保障されつつもその一方で国教を定めていた。また，制限選挙制度をともなった政策の展開により，同憲章の運用は保守的傾向を呈するようになった。とりわけ，ルイ18世の弟，シャルル10世の治世になると，その傾向が強まる。旧体制の完全復活をはかり，議会の多数派を軽視するなど政治権力をほしいままにしようとしたシャルル10世は，1825年，「亡命貴族の10億フラン法」を制定し，革命中に所有地を没収された亡命貴族に多額の賠償金を国庫から支出することとした（そのためブルジョワジーからの反発を招く）。シャルル10世と議会の訣別は，穏健王党派のマルティニャックに代えて，最右派貴族のポリニャックを首相に選任した1829年8月で決定的となる。シャルル10世と議会はもはや調整不可能となり，国王は議会の解散をもって対処するが，その後の選挙では，反国王側が勝利する。シャルル10世は，これにたいし，言論統制や既存のブルジョワ有権者から選挙権資格を剥奪するような選挙法の改正などを勅令として発し対抗する。

このシャルル10世の横暴にたいし，ジャーナリストの呼びかけに応じたパリ市民を中心に反抗が始まる。シャルル10世はそれに譲歩をもって対応しようとしたが，結局追放される（1830年「7月革命」）。

1830年7月31日，議会はオルレアン公ルイ・フィリップを国王として招き（7月王政，即位は8月9日），8月に1814年憲章の修正案を可決し（ブルボン

王朝の世襲制や国王の神聖不可侵性が記されていた1814年憲章の前文を削除），それが1830年8月14日憲章となる。選挙法の改正（年齢や納税額条件の引き下げ）により有権者資格は拡大したものの，全人口における有権者の占める割合は依然として1％に満たなかった。また，権利の保障も1814年憲章とさほど大きな違いはなかった。大きな違いがあるとすれば，1830年憲章は，欽定憲法であった1814年憲章と異なり，協約憲法であるという点であろう。

　この時期に二元的議院内閣制が形成されたことは，決して偶然ではない。大臣は議会の多数派によって選ばれ，そのために同質の大臣が誕生し，とくにギゾ首相のときにはほぼ同種の主義的傾向をもつ大臣によって事実上の内閣が組織され，その内閣が国王と議会との間に立ち，両者の調整役をはたしていた。内閣が行政権と立法権の緩衝材となりえたのである。また，内閣は自らの存在を守るため，国王にたいしても，また，議会にたいしても，信任を求めるようになる。これを「オルレアン型議院内閣制」と呼ぶこともある。

　7月王政の末期になると，選挙権資格の緩和が要求されたが，国王ルイ・フィリップはその要求を拒絶する。これが1848年の民衆による反乱を引き起こし（2月革命），7月王政は崩壊する。

(3) 第二共和制憲法

　その後，1848年2月24日，議会共和派が臨時政府を発足させ，共和制を宣言する。3月には男子普通選挙制度が採用され，翌4月には同制度のもとで憲法制定議会議員が選出される。11月には新しい憲法案が可決，1848年11月4日憲法（第二共和制憲法）となる。

　第二共和制憲法は，1795年憲法と同様「国民nation主権」を主権原理としたため，代表民主制のみが採用されることとなった。有権者資格は，2月革命が有権者資格の条件緩和運動が一つの契機となっていただけに，財産要件が撤廃された。しかし，1850年5月に選挙法が改正され，普通選挙制が事実上排された。というのも，議会が同一市町村に3年間居住することを有権者資格取得の要件として付け加えたからである。労働者は，職を求めて移転・移動を繰り返

すため，3年間の居住要件には労働者階層の有権者資格を奪う効果があったのである。

　第二共和制憲法は前文で，自由・平等・友愛をフランス共和国の原理とし，征服を目的とする戦争を放棄している。また，友愛の精神から導き出される数々の社会権規定を有することにも特徴がある。前文で，市民を労働において保護し，教育を行い，貧困層にたいする勤労機会の提供と救済を行うことが明文化され，本文でそれらがより具体的に規定された。しかし，人権保障面では，集会・言論・出版の自由が公共の安全によって限界づけられるなど，完全な保障というわけにはいかなかった。

　この集会・言論・出版の自由にたいし公共の安全による限界が設けられた背景には，臨時政府発足から第二共和制憲法制定までの間に起こった大暴動がある。臨時政府時代に失業者救済のために設置された国立作業所をわざと失敗させるような政策がとられたり（このことで作業場で働いていた労働者への風当たりが強くなった。ろくに働きもしないのに政府から税金による救済を受けているといった類の非難である），作業場の労働者を軍隊に編入させたりする（それを拒めば即解雇）など，労働者の生活条件は厳しくなるばかりであった。1848年6月21日に労働者はデモを起こしたが解決せず，23日から26日にかけてついに暴動が起こる（6月暴動）。

　なお，議会と同様大統領も国民によって直接選出されることになっており，それゆえ相互の独立性が担保された。大統領は議会を解散することもできないし，議会が大統領を罷免することもできない。立法府と大統領府の対立が生じたときの調整機能をもたないという意味での完全な分立は，政治の停滞を生む結果となった。また，大統領に強大な権限を委ねたことが，1848年12月10日に大統領になったルイ・ナポレオンによる独裁を招くことになり，これも第二共和制が崩壊する要因となった。

(4)　第二帝政

　第二共和制憲法のもとで，1848年12月10日，ルイ・ナポレオンが大統領に

選出される。対抗馬のカヴェニャックは，6月暴動の際，労働者側の暴動拡大を最大限にまで引き出した上で叩きのめすという卑劣な方法をとったため，労働者票を集めることができなかった。ルイ・ナポレオンの大勝には，そのような批判票の集積があった。

　圧倒的な人気を背景に，ルイ・ナポレオンは，連続して大統領に再選されることができないとされていた第二共和制憲法の規定を改正しようとしたが，それが議会で実現できなかったため，クーデタを敢行する（1851年12月2日）。クーデタに成功したルイ・ナポレオンは，ただちに，国民議会の解散と普通選挙の復活を布告した。

　1851年12月21日の国民投票では圧倒的多数によりクーデタが承認され，翌1852年1月14日には，新憲法が制定される。その内容は，大統領の任期を10年とし，行政権だけでなく，法律発案権や裁可権を通じて立法権に関与することが大統領には認められるというものであった。

　その後，大統領であることに満足しなかったルイ・ナポレオンは，元老院に帝政復活を提案し，国民投票を経て帝位につく（1852年12月2日，第二帝政の開始）。産業革命の完了や公共事業の展開による経済的繁栄，クリミア戦争での勝利，パリ万国博覧会の開催などによっても，ルイ・ナポレオンの支配は揺ぎないものとされた。

　しかしながら，ルイ・ナポレオンは，1860年に秘密裏に締結された英仏通商条約や不安定なイタリア政策に反発する勢力から非難され，政策の自由主義的な転換を余儀なくされる。議会権限の強化，教育の世俗化，労働者保護などがその例である。アメリカの南北戦争に乗じたメキシコ出兵に失敗してからは，ルイ・ナポレオンにたいする信用はいっそう失墜し，自由主義的転換を反映した新憲法の制定が待たれた。そのような背景のなかから，1870年5月21日憲法が元老院令として制定されたが，スペインの王位継承問題に端を発する普仏戦争の勃発（1870年7月19日）と，スダンの降伏（同年9月2日）により，第二帝政も崩壊し，ほとんど実施されないままとなった。

　この間，自由主義的な政治構造の転換がはかられ，議会での議事内容の公開

や議院内閣制的運用が実現された。1870年5月21日憲法では，法律発案権を皇帝だけに限定せず元老院や立法院にも帰属させることや，大臣が議会に出席し，責任を負うことが規定され，議院内閣制的運用が明文化されたのである。

4. 第三共和制憲法

(1) 成立の背景

スダンでの敗北の報に接したパリ市民は，1870年9月4日，立法院に，帝政の廃止と共和制の樹立を宣言させた。しかし，共和制が確立するためには，普仏戦争の終結と，パリ・コミューンの崩壊後数年を待たなければならなかった。

1871年1月28日にヴェルサイユ条約が締結され独仏休戦（1871年1月18日にドイツ帝国の成立が宣言されている）が決定された。2月8日には，和平か抗戦かを争点とする選挙が実施され，和平を主張する王党派が抗戦を主張する共和派に勝利し，2月12日，ボルドーで議会が召集される。議会は旧オルレアン王朝派のティエールを行政長官に指名し，ティエールは，今後の政治体制の在り方を検討し始めるが，それに先立ち，政治体制の決定を平和回復後に行うという協約を議会に承認させている（ボルドー協約）。そして，5月10日，アルザス・ロレーヌ地方の割譲と多額の戦争賠償金を支払うことを認める独仏講和条約に署名した。

ティエールの選択した政治体制は共和制であった。ティエールの思惑は民主主義の貫徹にあったのではなく，民主主義を形式的に用意しておくことによって革命を起こさせないようにするという，ある種の緩衝材としての役割を共和制に見出していたのである。しかし，彼の思惑がどうであれ，王政復古を目指す王党派が多数を占める議会は，ティエールが共和制志向者であることを快く思わず，失脚に追い込んだ。

ティエールの辞任後も，採るべき政治体制をめぐり，王政復古主張派と共和制主張派の対立が続く。議会多数派の王党派は，大統領に同派のマクマオンを任命したが，王政復古に向けては，ブルボン王朝派とオルレアン王朝派の調整

を行う必要があり，王党派はそのことに腐心した。そのようななか，国旗をめぐり，ブルボン王朝派のシャンボール伯アンリ5世が，オルレアン王朝派の主張する三色旗を了承しなかったため，両王朝派の調整は頓挫することになる。ブルボン王朝派は，正統王朝の証でもあるユリの紋章の入った「白旗」を国旗とすることをあくまでも主張し続けたのである。そこで，王党派は，マクマオンの大統領職任期を7年に延長するという法案を提出し議会に承認させ（1873年11月20日法），「白旗」にこだわり両王朝派の調整を妨害したシャンボール伯が死去した後，オルレアン王朝派による王政復古を実現するための時間稼ぎをしようとした。これが，2000年10月2日の第五共和制憲法の改正により任期が5年に短縮されるまで継続した大統領7年任期制の起源となる。

(2) 第三共和制憲法の特徴

以上のような政治的混乱のなか，1875年，王党派と共和派の妥協の産物として，第三共和制憲法が作られる（1875年憲法）。これは一つの憲法典があるのではなく，元老院の組織に関する1875年2月24日法，公権力の組織に関する1875年2月25日法，公権力の関係に関する1875年7月16日法という三つの憲法的法律によって構成される。妥協の産物としての性格上，第三共和制憲法は暫定的な性格を帯び，「王制待ちの共和制憲法」といわれた。

1876年2月20日，第三共和制憲法の下ではじめて選挙が行われた。同憲法は二院制の議会制度を採用しており，上院たる元老院の下院たる代議院にたいする優位性を感じ取ることができる部分もあるが，原則として両院の地位や権限は対等であるとされていた。選挙の結果，下院では共和派が多数を占めたものの，マクマオン大統領は共和派から首相を任命しなかったため，共和派の反感を招いた。そのため，マクマオンは共和派からシモンを首相に任命することで事態を収拾しようとした。

しかしながら，王党派のマクマオンと共和派のシモンはことあるたびに対立したため，1877年5月16日，マクマオンはシモン内閣を下院の承認がないまま罷免し，その約1カ月後に下院も強行的に解散した。ところが，10月に行わ

れた選挙で共和派が再び多数を占めたため，マクマオンはやむなく親共和的中道派のデュフォールを首相に任命した。これが5月16日事件を発端とする出来事である。事件そのものは王党派の大統領と共和派が多数を占める議会（とくに下院。上院たる元老院においても共和派が多数を確保したのは1879年1月の選挙によるものであり，マクマオン辞職につながった）との対立激化という象徴的な出来事であるが，内閣は議会のみに責任を負うという慣行（二元型議院内閣制から一元型議院内閣制への運用上の移行）と，大統領は議会解散権を行使しないという慣行が確立された，画期的な出来事でもあった。これにより，従来の政府優位から議会優位へ移行したとみることができる。

　王党派の勢力が衰えたのとは対照的に，議会の中心となった共和派は，1884年，共和主義強化の方向で憲法改正を行う。とりわけ，共和政体を憲法改正提案の対象としないとした改正は憲法改正の限界を明文で定めるものであり，共和制は憲法によって守られることになった。また，王党派の勢力をより強く抑えるために政教分離のはしりのようなものが盛り込まれ，これが，のちに，教育の世俗化や，政教分離法の制定につながっていく。

　しかしながら，第三共和制の下では，安定的な政府が樹立できなかった。多くの政党が乱立し，離合集散して連立政権を組むことが頻繁に起こったからである。議会も機能不全に陥り，しだいに第三共和制そのものが行き詰まりをみせるようになる。議会の機能不全が，政治的，社会的諸問題の解決を遅らせることになり，速やかな対応ができないといった深刻な事態となった。そのため，議会は，政府にたいし，立法の委任を行うようになる（デクレ・ロワ décret-loi）。立法権を憲法によって授けられた議会が，その権限を政府に委ねることは，憲法違反であるとの見解もみられたが，この立法権委譲は頻繁に行われた。このことにより政府の復権現象が生じたが，もともと第三共和制憲法がそれを予定していたのではなく，第三共和制憲法下の議会優位の思想と制度が減退したのは，政治的，社会的諸問題に迅速かつ効果的な対応ができなかった議会自身の機能不全がもたらした自滅的な現象であるといってよい。第一次世界大戦の際は，対ドイツという名目の下でのナショナリズムの高揚とともに，戦時体

制に入り議会は無力化した。

(3) ヴィシー体制

　1938年に始まったドイツによるオーストリア併合，チェコスロヴァキアのズデーデン地方併合にたいし，フランスは，ミュンヘン会議において，イギリスと歩調を合わせドイツの領土要求を容認したが，それにつづく1939年のチェコスロヴァキア他地域の併合にたいしては，一転強硬路線をとることになる。ドイツはソ連との間で不可侵条約を締結し，ソ連の脅威を排除してから，ポーランドに侵攻する（9月1日）。相互援助条約を結んでいたポーランドが侵攻され，フランスはイギリスとともにドイツにたいし宣戦する（9月3日）。

　ドイツ軍の圧倒的な破壊力の前に苦戦をしいられたフランスは，1940年5月のドイツ軍によるスダン突破，6月のパリ陥落と決定的なダメージを受け，休戦を求めることを拒否したレイノに代わり首相についた第一次世界大戦のときの英雄ペタン元帥が講和を進めた。6月22日，休戦協定が締結され，フランスの北半分はドイツが占領し，南半分はペタン率いる政府が統治することになった。ペタン政府は，7月，首都をヴィシーに移し，そこに国民議会を設置した。議会はペタンにたいし統治権，立法権，憲法制定権を与え，ここに第三共和制は崩壊する。

　国家主席についたペタンは親独政策を敷いたが，それにたいしては，レジスタンス運動が展開され，そのなかでも，ドゴール将軍率いる「自由フランス」に，多くの抵抗運動の支持が集まった。ドゴールは，1940年6月18日，ロンドンのBBCを通じて，休戦を求めようとするヴィシー政府に対抗し，対独抗戦を徹底的に続けるようラジオ演説した。そして，そのもとに休戦反対（徹底抗戦）派を集結させ，1941年9月にフランス国民委員会をロンドンで結成したのである。ドゴールは，アルジェを拠点にレジスタンス運動を指揮していたジロー将軍と結び，国民解放フランス委員会を設置し，両者が委員長となる（その後，ドゴールはジローを排除し，レジスタンス運動を指揮することになった）。1944年6月には，同委員会がフランス共和国臨時政府と改称される。英米連合

軍のノルマンディ上陸, フランス国内軍の呼応, パリ市民の武装蜂起を経て, 8月25日, パリは解放された。

5. 第四共和制憲法

(1) 成立の背景

　パリ解放後, ドゴールは民衆の熱狂的な歓迎を受けながらパリに到着した。そして, 臨時政府を改組し, レジスタンス運動諸派の代表を入閣させる。ドイツによる占領期, フランス国内のレジスタンス運動を統合した全国抵抗評議会 (CNR) が1943年に結成されており, CNR綱領では, 資源国有化などの経済的改革が謳われていた。占領期, ドゴールがCNRを指導し, また反対に, ドゴールのパリ帰還時, CNRがドゴールを支持したという経緯もあり, ドゴールは, 彼らの要求をある程度汲みいれた。ルノーや炭鉱の国有化はその一環である。

　1945年10月21日, 国民議会の選挙が実施され (女性に参政権が認められた), 共産党, 人民共和派 (MRP), 社会党の三党が勝利し, 全議席の8割を占めた。ここでは, 同時に, 次の二点を国民に問うための人民投票が行われた。第一は, この日行われる国民議会の選挙が憲法制定議会の選挙であるか否か (この日の選挙で選出された議員によって組織される国民議会が憲法制定議会であると認められるか), 第二は, 憲法制定議会が別記の法律案に従って新憲法の制定にあたることを承認するか否か (当該法律案に従うという意味で, 憲法制定議会はある一定の制限に服することになる) という問いであった (なお, 当該法律案では, 新憲法案が国民投票に付されることや, 議会は7カ月間だけ憲法制定権を有することなどが定められていた)。国民投票の結果, この二つの提案はともに賛成された。このことは, 新憲法の制定が容認されたこと, また, 憲法制定議会が万能の力をもつものではないことを意味していたのである。この時点で第三共和制が失効していたことが国民により確認されたともいえる。

　この選挙により成立した議会は, ドゴールを共和国臨時政府の首班に指名し, 憲法制定作業に入る。憲法制定議会は, 7カ月の間に新憲法を制定しなければ

ならず，もしそれができなければ，新たに選挙を実施することとなっていた。その期限間近のところで，憲法制定議会は憲法草案（第一次草案）を可決し国民投票にかけられたが，結局否決されることとなった。同法案が一院制の議会制度を採用していたため，議会独裁につながることを国民がおそれたのであるが（ほかにも大統領や首相の選出に議会による強大な関与がみられた），これは，1946年1月に議会と対立し首班を辞していた「国民の人気者」ドゴールが同草案に反対する意思を国民にひろくアピールしていたことにもよる（ドゴールの反対表明のなかでもとくに有名なのが，バイユーの演説である。ノルマンディ上陸の舞台となった思い出の地カルヴァドス県の町バイユーで，ドゴールは行政権の強化を柱とした自身の憲法観を説いた）。

　国民投票で憲法草案が否決された結果をうけて，あらためて憲法制定議会の選挙が実施される。新たに組織されたこの議会では，前の国民投票で不人気だった一院制が二院制に変更されるなど議会権限の縮小を若干ながらはかる憲法草案（第二次草案）が可決された。これが奏功して1946年10月13日に国民投票で承認される。とはいえ，国民投票では，有権者の約3分の1が棄権し，残りの3分の2のうちの過半数がかろうじて賛成に回るという結果で承認されたものであった。実数のうえでは，第一次草案の国民投票の際の賛成票数よりも少ない票数であった。いずれにせよ，同年10月27日，第四共和制憲法として公布されることになった。

(2)　第四共和制憲法の特徴

　第四共和制憲法は，権利宣言の規定を有していなかったが，前文において，「1789年人権宣言によって承認された人及び市民の権利及び自由」と，「共和国の諸法律によって承認された基本原理」を再確認し，それらに加えて，「われわれの時代にとくに必要なものとして……政治的・経済的及び社会的原理」を宣言するとされていた。その政治的・経済的・社会的原理とは，勤労権，労働基本権，生存権，財産への制限，無償且つ世俗的な教育などを意味している。社会権規定と財産への制約が謳われていたのである。

議会制度は，同憲法成立の過程からも分かるように，二院制が採用されている。下院たる国民議会の権限が圧倒的に強く，上院たる共和国評議会は諮問的役割しか与えられていない。そのことは，内閣が国民議会にたいしてのみ責任を負っていることや，共和国評議会による法律案の修正が国民議会にたいする強制力を有していない（ごく限られた例外もあるが）ことからも明らかである。また，形式的には二院制を採用しているが，実質的には（国民議会への権限集中という）一院制に等しいものであり，国民投票で承認されなかった第一次憲法草案の内実を受け継いでいるといってよい。内閣は国民議会の解散権を有することが明文化されていたが，きわめて厳格な条件のもとでしか解散権を行使することはできなかった。

その他の特徴として，国際協調主義や平和主義が宣言されていること，また，憲法と法律の整合性を審査・担保するために憲法委員会が設置されていること（一般的な用法としての違憲審査を行う機関ではないこと，人権宣言たる憲法前文はその審査の対象とならないことに留意する必要がある）があげられる。

(3) 第四共和制憲法から第五共和制憲法へ

第四共和制憲法は，制定直後から，議会の停滞や政府の不安定，経済危機，植民地問題などを経験し，多くのつまずきをみせた。多くの政党が乱立したことが原因で政府が不安定化し，議会も機能不全に陥るという第三共和制の下で経験した政治的混乱が第四共和制の下でも継続したのである。とりわけ，社会国家化への潮流のなかで国家権力が担うべき領域が拡大するにともない，議会の能力の及ばないような諸問題が数多く発生したこと，そして，それにたいし議会はなんら有効的な解決を行いえなかったことが指摘される。

また，インドシナ戦争における「ディエン・ビエン・フーの悲劇」を経たベトナムからの撤退や，アルジェリア問題解決の失敗が引き金となり，第四共和制は崩壊することになる。とくに，アルジェリア問題は，議会制度そのものにたいするクーデタの脅威に発展し，ドゴールの再登場に帰結する。

ドゴールは，執行権に強大な権限を付与することを内容とする新憲法を制定

する権限をえることを条件に，首相就任と組閣の要請を受け入れた。そして，1958年6月1日，議会の信任をえる。フランスに求められたのは，人民からの幅広い支持を集めることができる指導者だったのである。ドゴールは第四共和制憲法で定められた憲法改正条項の改正にまずとりかかった。

　第四共和制憲法は，90条で，憲法の改正は国民議会の絶対多数によってのみ発議され，上院（共和国評議会）の絶対多数によって同様の議決がなされた場合に改正作業に進みうると規定していた。ドゴールは，これを改正し，政府が憲法草案を作成し国民投票に付すことで新憲法が制定されるものとする旨の憲法的法律を制定した（1958年6月3日の憲法的法律）。そして，新憲法案は，6月3日の憲法的法律で定められた手続にしたがって，憲法諮問委員会，コンセイユ・デタを経由し，国民投票により承認されたのである（9月28日）。この投票では，投票者の約80％，全有権者の66％強が賛成票を投じた。その後，10月4日に成立し，翌5日発布される。これが第五共和制憲法（1958年10月4日憲法）である。ちなみに，議会は，ドゴールに憲法制定にかかわる全権を委任したが，そのなかで，新憲法に盛り込まなければならない五つの事柄（五原則）を示した。その五原則は，1958年6月3日の憲法的法律によって定められていたことである。すなわち，政治権力の唯一の源泉としての普通選挙，それぞれに固有の機能のみを堅実に行使することが求められる立法府と執行府の明確な分立，政府の議会にたいする責任，司法権の独立，共和国とそれに連携する諸人民との間の関係，以上五項目である。

　なお，憲法制定議会を通じて新憲法を制定するという伝統が崩れたこと，ドゴール政府が成立してから憲法成立までの期間が非常に短いことなどが，手続面での特徴としてあげられる。

〈参考文献〉
阿部照哉編『比較憲法入門』有斐閣　1994年
井上幸治編『フランス史』（新版）山川出版社　1968年
奥島孝康・中村紘一編『フランスの政治』早稲田大学出版部　1993年
高木八尺・末延三次・宮沢俊義編『人権宣言集』岩波文庫　1957年

滝沢正『フランス法』(第2版) 三省堂　2002年
中木康夫・河合秀和・山口定『現代西ヨーロッパ政治史』有斐閣　1990年
樋口陽一『比較憲法』(全訂第3版) 青林書院　1992年
松浦義弘『フランス革命の社会史』山川出版社　1997年
山口俊夫『概説フランス法（上）』東京大学出版会　1978年
山口定『現代ヨーロッパ政治史（上）』福村出版　1982年
山口定『現代ヨーロッパ政治史（下）』福村出版　1983年
M. デュヴェルジェ＝時本義昭訳『フランス憲法史』みすず書房　1995年
ポール・ニコル＝金沢誠・山上正太郎訳『改訳フランス革命』白水社　1965年
S. E. Finer, Vernon Bogdanor, Bernard Rudden, *Comparing Constitutions*, Clarendon Press, Oxford, 1995.
John Bell, *French Constitutional Law*, Clarendon Press, Oxford, 1992.

第2章

第五共和制憲法概要

佐 藤 修 一 郎

1. 概説——フランス第五共和制憲法の誕生

　フランス第五共和制憲法制定の契機となったのは，一つには1958年5月13日の危機であり，もう一つはこの危機を乗り越えるためのドゴールの権力への復帰である。

　1958年5月13日，アルジェリアではフランス共和国への残留を主張する勢力によるクーデタが発生した。このクーデタを支援したのは，主として現地派遣軍であった。こうした状況にたいし，フランス本国政府は有効な解決策を講じることができなかったため，第四共和制はいわば袋小路に入り込むこととなった。かかる事態を打開すべく，ドゴールの権力への復帰がめざされたのである。

　1958年5月28日のピエール・フリムラン首相の辞職ののち，ルネ・コティ大統領は議会にたいしてドゴールを首相に任命することを表明した。6月1日，ドゴールは国民議会において叙任 investiture を受け，第四共和制最後の首相に就任したのである。その際，ドゴールは国民議会において二つの条件を示した。一つは，全権を彼に委ねること，もう一つは憲法改正に着手すること，である[1]。翌2日，ドゴールは全権を掌握し，さらに6月3日の憲法的法律によって新憲法制定についての授権を受けた[2]。もっとも，議会はこの憲法的法律に関して二つの条件を付すことで，ドゴールに歯止めをかけようとした。一つめの条件

は，憲法改正案を国民投票に付す前に国会議員を含めた憲法諮問委員会 Comité consultatif constitutionnel の意見を徴することであり，二つめの条件は，憲法改正案には次の五つの原則を盛り込まねばならないということであった。五つの原則とは，① 普通選挙の原則，② 行政権と立法権との間の権力分立，③ 議会にたいする政府の責任，④ 司法権の独立，⑤ 海外領土の人民との新たな関係の組織化，というものであった。

憲法改正案の起草に際しては，ドゴールはもとより司法大臣であったミッシェル・ドゥブレが中心的な役割をはたし，ドゴールが1946年6月16日のバイユー演説 Discours de Bayeux du 16 juin 1946 において明らかにした新たな国家像が実現することとなった[3]。その国家像とは，たとえば公権力の各部門の分離と均衡，広範な選挙人団によって選出される国家の仲裁者 arbitre の必要性，地方議会によって選出される第二院の創設などである。

憲法諮問委員会及びコンセイユ・デタの諮問を経た憲法改正案は，9月3日に閣議において最終的に承認され，9月28日に国民投票に付された[4]。投票の結果は，本国においては賛成がおよそ1,766万票，反対がおよそ462万票，棄権がおよそ400万票であった[5]。これにより，ドゴールの手による第五共和制憲法が，1958年10月4日の審署ののち，翌5日に施行されることとなった。

2. 第五共和制憲法の基本原理

第五共和制憲法は，人権及び国民主権の原理（前文），共和国の不可分性（1条）など，フランスの共和制にみられる伝統を引き継ぎながらも，いくつかのきわめて特徴的な国のかたちを示している。

(1) 大統領権限の強化と二頭の執行権

第五共和制憲法の特徴としてまずあげられるのが，大統領権限の強化である。そもそもドゴールは，第三共和制及び第四共和制の議会中心主義には否定的であり，とりわけ第四共和制については「政党の戯れと議会絶対主義の犠牲者」

とまで考えていた[6]。議会内に安定的な多数派が形成されず，常に「政権のたらい回し」のような状況が繰り返された結果，議院内閣制が機能不全に陥ったためである[7]。それゆえドゴールは，議会中心主義と決別し，新たに大統領を中心とした統治構造を模索したのである。

憲法上，大統領の地位は公権力の適正な運営と国家の継続性を確保する「仲裁者」であり（5条1項），あるいは国の独立，領土の一体性そして条約の尊重の「保障者」である（同2項）。かかる重要な地位に照らし，ドゴール自身も大統領を扇の要 clé de voûte と表現したのである。第五共和制の成立当初，大統領は選挙によって選ばれた議員，すなわち国民議会議員，元老院議員，県議会議員，海外領土議会議員及び市町村議会議員からなる選挙人団 collège électoral による間接選挙によって選出されることとなっていた。この点，上述のバイユー演説にも照らして考えれば，第五共和制成立の当初から大統領の直接公選制 suffrage universel direct を導入することの方が自然とも思えるが，ドゴール自身は自らのカリスマ性はもとより国家の危機的状況への対応という至上命題ゆえに間接選挙によっても大統領の地位につくことが可能だったのである。これにたいし，ドゴールの後継者が彼ほどのカリスマ性を備えているという保証はない。さらには，一般的には，間接選挙よりも直接選挙による方がより民主的正当性を強く獲得できると考えられる。それゆえ，1962年，ドゴールは憲法を改正し，大統領直接公選制を導入したのである (Loi constitutionnelle n° 62-1292 du 6 novembre 1962)[8]。これにより，議会とりわけ直接選挙によって選出される国民議会 Assemblée nationale との関係においても，大統領は強力な民主的正当性を獲得することとなり，大統領中心主義の統治構造が形成されたのである。

大統領は，国内的には，首相及び国務大臣を任免し（8条），閣議を主宰し（9条），国民議会を解散する（首相及び両院議長への諮問が条件，12条）など，文字通り「仲裁者」として重要な役割をはたす。また，国防及び対外的な関係では，大統領は軍隊の長であり（15条），条約について交渉し，批准する（52条）ことなどが「保障者」としての大統領の専権事項として定められている。また，

上述の1962年の憲法改正にみられるように,重要な内容を含む法律案を国民投票に付託する権限も,大統領に付与されている (11条)。

大統領の任期は,第五共和制成立の当初は7年であった。しかし,この7年の任期は国民議会議員の任期が5年であることとの関係で,ときとして現実の政治運営に困難な状況をもたらした。いわゆるコアビタシオン (保革共存 cohabitation) の出来である (後述)。こうした事態を避けるべく,2000年には憲法改正が行われ,大統領の任期は5年へと短縮された (Loi constitutionnelle n° 2000-964 du 2 octobre 2000)。

ところで,第五共和制はしばしば半大統領制 régime semi-présidentiel とよばれ,大統領制に傾斜した,議院内閣制と大統領制との中間形態と解されてきた。第五共和制においては,大統領にくわえ,国民議会の信任の下に成立する政府を指揮する首相が存在する (21条1項,49条,50条,「二頭の執行権」)。そして,実際に大統領が自らの権限を行使するに際しては,原則として首相または関係大臣による副署が必要となる (19条)。副署を必要としない行為のうち,大統領に固有の,しかも政治的に重要な権限と考えられるのは首相の任免権,国民議会の解散権,及び国民投票への付託権といったところであろう。このことは,大統領といえども通常の政治運営には首相,さらには首相を支える議会とりわけ国民議会の意向を無視することはできないことを意味する。大統領を支持する党派と首相を支持する党派すなわち議会の多数派が異なる状況であるコアビタシオンは,政治の停滞を招きかねない[9]。2000年の憲法改正により,大統領の任期が7年から5年へと短縮された最大の理由は,国民議会議員の任期である5年と平仄を合わせてコアビタシオンを回避することであった。なお,コアビタシオン期には大統領と首相との権限配分が問題となるが,基本的には大統領は仲裁者としての権限の行使や外交問題に専念し,首相は内政問題を担当するといった役割分担が行われた。

(2) 法律事項の制限と合理化された議会制

第五共和制憲法の二つめの特徴として,法律事項の制限があげられる。徹底

した議会中心主義と，選挙によって直接選ばれる議会こそが「一般意思の表明 expression de la volonté générale」である法律を制定しうるという観念が「法律の優位」を導いたのが第三・第四共和制であった[10]。それゆえ，法律の規律事項に制限はなく，法律にたいする制約もなかった。これにたいし，第五共和制においては「公民権，及び公的自由の行使のため市民に認められる基本的保障」をはじめとして法律で定めることのできる事項を憲法が定め（34条），それ以外の事項についてはデクレ décret（命令）によって規律することとなった（37条）。もっとも，法律事項として列挙されている事項は広範にわたるため，法律事項を制限することがただちに議会権限を縮小することには結びつかないとは思われるが，かつての議会中心主義及び法律の優位にたいする重大な修正であることは間違いないであろう。

なお，第五共和制の成立とともに新たに創設されたのが，憲法院 Conseil constitutionnel である。憲法院は一種の違憲審査機関であり，とりわけ 1971 年 7 月 16 日の結社の自由判決（Décision nº 71-44）以降は人権保障機関としての色彩を強めている（後述）。しかしながら，創設当初の憲法院に期待されていた役割は，議会が憲法 34 条の枠組みを踏み外し，法律事項を「違憲的に」拡大していないかをチェックすることであった点には注意が必要である。

さらに，第五共和制に特徴的なのが，「合理化された議会制 parlementalisme rationalisé」と呼ばれる議会運営の仕組みである。第四共和制においては，議会内に安定した多数派が形成されることがなくそれゆえ政府が安定した国政運営を行うことも困難であった。そこで第五共和制においては，議会にたいする執行権の優位及び政府の安定的な国政運営が指向された。その一例として，第五共和制成立当初は本来議院が自律的に決定しうる議事日程にも政府が関与できるものとされ，政府提出法案及び政府が支持する議員提出法案が優先的に審議されることと定められていたことは象徴的である（2008 年 7 月 23 日の憲法改正前の旧 48 条）。また，議会と政府との関係につき，国民議会による政府の信任・不信任手続をみれば，国民議会は議員の 10 分の 1 の署名による不信任案を提出し，48 時間以上経過したのちに表決に付され，賛成票のみを数えて議員総

数の過半数に達すれば，不信任が成立する。これにたいし，首相は政府提出の予算法律案または社会保障財政法律案の表決について，国民議会にたいして政府の責任をかけることができる。この場合，24時間以内に国民議会が不信任動議を提出して可決されない限り，政府提出法案は可決されたものとみなされる（49条）。こうした手続は，政府からの議会にたいする掣肘として機能する。

(3) 憲法院の創設と人権保障機関としての発展

　第五共和制憲法がフランスの伝統，とりわけ議会中心主義及び法律の優位という思想とは異なった価値を具現化したと思われるのが，違憲審査機関たる憲法院の創設である。すでにみたように，創設当初の憲法院の役割は議会が法律事項を超えて立法権を行使することをチェックすることであった。このこと自体，司法裁判所であると行政裁判所であるとを問わず裁判所は法律を適用するのみであって法律そのものにたいする審査を行うべきではない，民主的正当性に劣る裁判所が議会が制定した法律を審査することは許されない，といった従来の考え方を大きく変更するものである。

　憲法院に与えられた主たる権限は，法律の違憲審査である。違憲審査は，法律の審署前に行われる。提訴権者は，創設当初は大統領，首相，国民議会議長及び元老院議長の4名であったが，1974年の憲法改正により，60名以上の国民議会議員及び60名以上の元老院議員にまで提訴権が拡大された（Loi constitutionnelle n° 74-904 du 29 octobre 1974）。

　ところで，憲法院の役割はもはや議会を監視するにとどまらない。すでに触れた結社の自由判決を契機として，憲法院は人権保障機関として進化・発展していくこととなる。その際，第五共和制憲法には人権カタログが存在しないことが問題となるが，結社の自由判決において憲法院は「共和国の諸法律によって承認された基本的諸原理 principes fondamentaux reconnus par les lois de la République」を援用し，憲法判断を行った。こののち，憲法院が違憲審査に際して依拠する規範の総体は「憲法ブロック bloc de constitutionnalité」と呼ばれることとなるが，そこには「共和国の諸法律によって承認された基本的諸原理」

のほか，1789年人権宣言，1946年憲法前文，1958年憲法前文さらには「憲法的価値を有する一般原理 principes de valeur constitutionnelle」などが含まれる。

　こうして，今日に至るまで憲法院は人権保障機関として重要な役割をはたしているが，近年ではEU統合の影響もあり，「憲法適合性 constitutionnalité」のみならず「条約適合性 conventionnalité」の統制の役割もはたすことが期待されている。さらには，2008年7月23日の憲法改正により，裁判所で係争中の事件の審理に際し，憲法が保障する権利と自由が法律によって侵害されていると主張された場合には，憲法院はコンセイユ・デタまたは破棄院からの移送によって違憲の申立てを受けることができるようになった (61-1条)[11]。これにより，憲法院の人権保障機関としての機能はさらに加速したものとみられる。なお，コンセイユ・デタまたは破棄院を経由した訴えのみを受理することとしたのは，権利侵害の訴えの提起が増大し，憲法院の負担が過重になる事態を避ける目的に出たものと思われる[12]。

3. 2008年7月23日の憲法改正
——第五共和制の諸制度の現代化

　2008年7月23日の憲法改正は，質・量ともに，50年の時を刻んだ第五共和制をあらたな方向へと向かわせるインパクトを備えている。2007年の大統領選挙では，憲法改正が大きな争点となっていた。選挙戦を勝ち抜いたニコラ・サルコジ大統領は，同年7月にバラデュール元首相を委員長とする「第五共和制の諸制度の現代化と再均衡化について検討，提案を行う委員会 Comité de réflexion et de proposition sur la modernisation et le rééquilibrage des institutions de la Vᵉ République」にたいして制度改革を諮問し，同委員会は10月に「より民主的な第五共和制 Une Vᵉ République plus démocratique」と題する報告書を提出した。今次の憲法改正にはこの報告書の内容が色濃く反映されており，「議会の役割の強化」，「執行権行使の改革」そして「市民の新しい権利の保障」の三点が中心となっている。これらの憲法改正につき，主要なものを以下

に示しておく[13]。

(1) 議会の役割の強化

議会の役割の強化について,最初に目を惹くのは「国会は,法律を議決する。国会は,政府の行為を統制する。国会は公共政策を評価する」として,国会の役割を明確にした24条1項である。このうち,まず重要な点は立法権限の強化である。憲法34条は立法事項についての規定であるが,同条1項1号において「マスメディアの自由,多元性及び独立」についての事項が,2項1号に「地方議会議員などの公職につく条件」が付加された。24条では,国民議会議員の定数を577を超えないこととし(3項),元老院議員の定数を348を超えないものとした(4項)。常任委員会の数の上限は,6から8へと増加した(43条1項)。また,本会議における審議対象を,原則として委員会で採択された法律案とし(42条1項),本会議においては一定の審議時間を確保することとなった(42条3項)。憲法48条は,改正前は政府が決定していた議事日程につき,改正後は原則としてこれを各議院が決定できることとした(1項)。政府提出法案についての審議が優先的に行われる場合も定められてはいるものの(2項,3項),はじめて野党及び少数会派にたいして議事日程を決定する権限を保障した(5項)。

政府にたいする統制については,48条4項が4週のうち1週の本会議は政府の行為の監視及び公共政策評価のために留保されることを定め,同条6項は少なくとも週に1回の本会議は議員の質問及び政府の答弁のために留保されることとした。また,軍隊の活動に関しては,海外派遣ののち3日以内に政府は議会にたいして報告を行うこと,4カ月を超える派遣については,その延長について議会の承認をえなければならないことが規定された(35条)。さらに,「合理化された議会制度において政府に与えられた最も強力な武器」[14]である,政府の責任をかけた法律案の提出が,予算法律案または社会保障財政法律案を原則とすることとなった(49条3項)。議会の表決をまたずに法案が可決されるこの制度については反対論も強かったが,いわば妥協的に上記二つの法律案を原則としてあげることになったものである[15]。

(2) 執行権行使の改革

執行権行使の改革については，とりわけ大統領の地位及び権限に変化がみられる。大統領の任期については，連続して二期を超えてはならないものと制限されることとなった（6条2項）。大統領による一定の公務員の任用については，両院の常任委員会の審議を経なければならないとされた（13条5項）。この点は，議会による大統領権限の行使にたいする統制の一環と考えられる。大統領は両院合同会議において声明を発することができ，この声明ついては，大統領の出席がなくても討論に付すことができる（表決は行わない）こととされた（18条2項）[16]。

また，国民投票に付託される事項に環境政策が加わり，その範囲が拡大した（11条1項）。もっとも，そこで規定されている事項については選挙人の10分の1の支持をえて国会議員の5分の1による国民発案が可能となったことから（同条3項），国民投票の実施はもはや大統領の専権事項ではなくなった点が重要である。大統領の非常措置権については，同権限の行使の30日後に，国民議会議長，元老院議長，または60名の国民議会議員もしくは60名の元老院議員は，非常事態の要件が充足されているか否かについて憲法院に審査を求めることができることとなった（16条6項）。大統領に固有の権限にあらたに統制が及ぶこととなったのである。さらに，改正前は大統領が主宰者となっていた司法官職高等評議会 Conseil supérieur de la magistrature は，裁判官に関する部会と検察官に関する部会のそれぞれにつき（65条1項），前者については破棄院院長が，後者については破棄院付検事長が主宰することとなった（同条2項，3項）。同評議会の独立性と効率性を高めることをめざした改正である[17]。

(3) 市民の新しい権利の保障

市民の新しい権利の保障に関する大きな改正点は，すでにみたように，憲法が保障する権利や自由を法律が侵害していると考えられる場合に，コンセイユ・デタまたは破棄院からの移送により，当該問題を憲法院に付託することができ

るようになったことがまずあげられる (61-1 条)。また，公権力の行使によって権利及び自由が侵害されたとする市民を救済するため，あらたに権利擁護官 Défenseur des Droits が創設されたこと (71-1 条) も重要である[18]。なお，上述の国民発案もまた，国民があらたな権利を獲得したものとみることができるかもしれない。

1) Philippe FOILLARD, *Droit constitutionnel et institutions politiques*, 14ᵉ éd., Paradigme, 2008, p. 178.
2) 第四共和制憲法 90 条は，憲法改正を内容とする法案を国民議会が起草する旨定めていたが，6 月 3 日の憲法的法律は例外的に憲法案の起草作業を政府に委ねるものとしていた。
3) バイユー演説で示された第五共和制の構想は，人民主権と権力分立の原則，そしてまた国家の権威を再構築する必要性に突き動かされたものであった。ドゴールにとって，人民主権は，1962 年に大統領直接公選制を導入することとの関連で自らの民主的正当性を強固にする概念であり，権力分立は「仲裁者」としての大統領の基盤であり，さらに国家の権威の再構築とは，1940 年のナチス侵攻にたいするアンチテーゼであったのかもしれない。
4) 左派では共産党あるいはミッテラン，右派ではプジャードなどが，憲法改正案に反対を表明していた。Philippe FOILLARD, *op. cit.*, p. 180.
5) ギニアにおいては，賛成約 5 万 6,000 票，反対約 113 万 6,000 票であり，憲法改正案は否決された。さらにはフランス共同体への参加も拒否された。
6) Philippe FOILLARD, *op. cit.*, p. 179.
7) 樋口陽一『比較憲法〔全訂第 3 版〕』青林書院 1992 年 215-218 頁。
8) 1962 年の憲法改正については，本書第 11 章を参照。なお，第五共和制成立当初，大統領直接公選制が導入されなかったそれ以外の事情として，1958 年当時のフランス国民の感情として強力な大統領にたいする警戒感が完全には払拭されていなかったこと，未だ多く存在していた植民地において住民の投票行動が大統領選挙にいかなる結果を及ぼすかが明らかではなかったこと，将来的に共産党の候補者が当選する可能性があったこと，などが指摘される。大山礼子『フランスの政治制度』東信堂 2006 年 39-40 頁。
9) 第五共和制におけるコアビタシオンは，1986-1988 年のミッテラン大統領とシラク首相，1993-1995 年のミッテラン大統領とバラデュール首相，1997-2002 年のシラク大統領とジョスパン首相の 3 回である。
10) ここでいう法律は，議会制定法という形式的な意味での法律である。樋口陽一 前

掲書154-162頁。
11) 憲法院改革の目玉であるこの改正は，ミッテラン元大統領の構想との類似性が指摘されてよい。辻村みよ子『フランス憲法と現代立憲主義の挑戦』有信堂2010年28-30頁。
12) Philippe FOILLARD, *op. cit.*, p. 373.
13) 辻村みよ子 前掲書17-20頁もあわせて参照。
14) Simon-Louis FORMERY, *La Constitution commentée*, 12ᵉ éd., Hachette, p. 107.
15) Simon-Louis FORMERY, *op. cit.*, p. 108.
16) この改正については，権力分立と大統領の無答責の原則に鑑みて，大統領が直接議会において発言をすることにたいする反対論も根強くあった。Philippe FOILLARD, *op. cit.*, p. 236. また，いずれか一院における所信表明は許されるものではなく，両院合同会議において行われるべきであるとの主張もあった。Simon-Louis FORMERY, *op. cit.*, p. 55.
17) Philippe FOILLARD, *op. cit.*, p. 236.
18) 権利擁護官については，スペインの護民官 Défensor del pueblo との類似性が指摘される。François LUCHAIRE, Gérard CONAC, et Xavier PRÉTOT, *La Constituion de la République française*, 3ᵉ éd., Economica, 2009, p. 1682.

第3章

大 統 領

福 岡 英 明

1. はじめに

　第三共和制期に「実在する民意による政治」を建前とする半代表観念の下,民意は議会を通してのみ表明されるとする議会中心主義が,フランスの伝統として形成された。しかし,議会における小党分立と内閣の院内主義的形成により,行政府はほとんど民意と分断され,慢性的な内閣の不安定が,いわばフランス的議会中心主義の代価として生じていた。とりわけ,第四共和制において,内閣の不安定が極致に達し,アルジェリア紛争を解決することができず,第四共和制は崩壊した。政権を任されたドゴールは,小党が分立したままで,議会内に安定した多数派が形成されなくとも,行政府が安定し強い指導力を発揮しうる政治制度をつくり出そうとした。それが第五共和制憲法の政治制度である。その特質は,第一に,大統領権限の強化である。大統領は政党間の対立を超えた仲裁者とされた。かつては名目的な存在であった大統領が当初は間接選挙で,1962年の憲法改正後は直接選挙で選ばれ,強大な権限を与えられた。第二に,議会の権限縮小である。議会制の合理化の名の下に,議会は立法権と政府統制権を以前よりも狭く限定された。第三に,議会を媒介としない行政府の形成である。大統領が首相を任命することにより,内閣は議会を介さずに成立する。ただし,内閣は下院に責任を負い,不信任されることはある。議院内閣制が採

用されているが，イギリスや日本のような一元的議院内閣制ではなく，一種の二元的議院内閣制である。

　第五共和制発足当初，大統領となったドゴールは，国民投票を利用して国民と直接結びつき，仲裁者というよりも統治者として振る舞った。とりわけ，大統領公選制が敷かれ，政党の指導者が大統領に就任するようになると，大統領は，事実上，仲裁者ではありえなくなった。こうして，執行権は政府の政策を実施する首相とともに大統領が分有することとなり，執行権の二頭制が顕在化した。執行権の二頭制は，議会多数派との関係に応じて，大統領優位の二頭制となり，あるいは首相優位の二頭制となる。第五共和制では，憲法制定時の予想に反して，議会に比較的安定した多数派が形成されたので，大統領＝首相＝議会多数派が同一の党派に属する場合，制度は大統領中心主義的となり，大統領と首相＝議会多数派が異なる党派に属するいわゆるコアビタシオンの場合，制度は首相中心主義的になる。いずれにせよ，安定した強い執行権という当初の目的は達成された。あるいは，むしろ，予想外の議会多数派の存在により強すぎる執行権が出現したといえる。2008年7月の憲法改正は，執行権の強さを緩和する方向での再調整と位置付けられよう。

2. 大統領の地位と正当性

(1) 憲法制定当初の統治機構と大統領

　憲法5条は，大統領の地位ないし職務について，「① 共和国大統領は，憲法の尊重を監視する。共和国大統領は，その仲裁によって，公権力の適正な運営と国家の継続性を確保する。② 共和国大統領は，国の独立，領土の一体性，条約の尊重の保障者である」と定めている。このような職務を遂行するために，大統領は後述するような強大な権限を与えられている。ここで特に注目されるのは，大統領が仲裁者の役割をはたすということであり，大統領に統治者の役割は付与されていないことである。むしろ，憲法20条1項は，「政府は，国政を決定し，遂行する」と定めているように，統治する役割は政府にあるといえ

る。

　憲法制定当初の統治機構は，オルレアン型議院内閣制（フランスでは，これは二元的議院内閣制とほぼ同一視されている）と呼ばれるものであった。オルレアン型議院内閣制の特徴は，① 国家元首は自ら統治せず，最高の仲裁者の役割をはたし，調整権を行使する，② 内閣は，議会の信任と同時に元首の信任をえなければならないという点にある[1]。しかし，第五共和制憲法は，① の要件を充足しているが，② の要件を明文上は欠いている。すなわち，内閣の対議会責任は詳細に規定されているが（49条，50条），内閣の対元首責任については明文がなく，憲法8条が，「① 共和国大統領は，首相を任命する。共和国大統領は，首相による政府の辞表提出に基づいてその職を免ずる。② 共和国大統領は，首相の提案に基づいて政府の他の構成員を任命し，また，免ずる」と規定するにとどまる。したがって，憲法制定当初の統治機構は，オルレアン型議院内閣制のモデルに完全に当てはまるわけではない。ただし，大統領は，下院に倒閣を強いるために解散権を行使できるので，下院の支持をえている限り，自己のイニシアティブで内閣を更迭できるといわれていたし[2]，とりわけ，ドゴールが大統領であるかぎり，その意思に反して政権の座にとどまりうる内閣など考えられないともいわれていた[3]。それゆえ，内閣の対元首責任という要件は実質的に充足されていたと考えられる。

　ところで，オルレアン型議院内閣制は，本来，フランス7月王制下での議院内閣制を指す概念であり，「専制君主制―制限君主制―オルレアン型議院内閣制―近代的議院内閣制」という議院制の発展図式からも理解されるように，そこでは君主主義的正統性と民主主義的正当性がほぼ均衡している。民主的正当性観念が根付いた現代国家においては国民しか国家機関の正当性根拠となりえないので，当然のことながら，第五共和制の大統領は君主主義的正統性を基盤とするものではない。その意味で，憲法制定当初の統治機構をオルレアン型議院内閣制と規定することには若干，違和感が残る。しかしまた，当初の大統領は完全な民主的正当性を基礎とするものでもなかった。大統領は間接選挙により選出されたからである[4]。当初の大統領選挙の選挙人団は，① 元老院議員及び

国民議会議員，②県議会議員，③市町村議会議員ないしは市町村議会代表から構成され，③のカテゴリーの選挙人が大きな比重を占めていた。また，農村部に有利な選挙人の配分がなされていたので，農村部の過大代表と都市部の過小代表が生じていた。

ともあれ，憲法制定当初の統治機構は，先に示した制度的指標からすればオルレアン型議院内閣制，より正確には，間接選挙による大統領を有する一種の二元的議院内閣制と規定されよう。

(2) 1962年憲法改正後の統治機構と大統領

上述のように，当初の大統領選挙制度はおもに地方名士層により選挙人団が構成されていたので，大統領の民主的正当性は不十分なものにとどまっていた。しかし，大統領に選出されたドゴールは，「統治する大統領」[5]として振る舞い，数度の国民投票によって直接国民の支持を調達することにより，不足する民主的正当性を事実上かつ特殊ドゴール的に補完してきた[6]。ただし，このようなやり方での正当性の獲得は，フランス解放の英雄としてのドゴールのカリスマ的な歴史的威信によってはじめて可能とされたのであり，彼の後継者として大統領職につく者たちにとって，それは不可能なことであった。また，ドゴールの歴史的威信も，レジスタンス運動を経験していない世代の増加とともにいつかは風化してしまうことも想像するに難くなかった。いずれにせよ，統治する大統領でありうるためには，民主的正当性を公式に調達する必要があったのである。

そこで，大統領公選制，つまり，国民による直接選挙による大統領選挙の導入が具体的に政治日程にのぼることになったが，すでに，大統領公選制も含む行政府首長公選制は，いかにして安定した行政府を形成するかという観点から第四共和制下でも盛んに議論されていた[7]。とりわけ，ヴデルとデュベルジェの見解が重要である。彼らの見解の共通点は，フランスにおける行政府の不安定は，議会での小党分立とそれによる行政府の院内主義的の形成に起因するので，議会を媒介としない行政府形成を可能とする装置が必要だという認識である。

ヴデルは端的に大統領制を提唱していた。彼は,「執行府と立法府が政権を握る一つの政党の活動の二つの分枝でしかない体制」と「多数党の不在によるにせよ,そのような政党の規律の欠如によるにせよ,議会と政府の間に単一の連接が存在しない体制」を区別し[8],前者において憲法規定は政党の組織ほど重要ではなく,反対に,後者において制度の機能は密接に憲法規定に依存しているとする[9]。そして,実質的には多党制であるアメリカにおいて,安定した行政府が形成されているのは,大統領制という法的枠組みによるのであり[10],フランスの多党制とそれを生ぜしめているフランス人の精神を変えることが困難であると考えるヴデルは,安定した行政府の形成のために大統領制の導入を主張したのである[11]。

また,デュベルジェは,「規律の固い二党制によるにせよ,大統領選挙によるにせよ,国民が行政府首長を選出するイギリスやアメリカのような体制」と「多党制を伴う議院内閣制のために国民が行政府首長を選出しえないフランスのような体制」を区別し[12],このような国民による行政府首長の直接的な選択を可能とする民主政(直接的民主政)とそうではない民主政(媒介民主政)の区別が,従来の議院内閣制と大統領制の区別に取って代わるべきであるとした[13]。そして,安定した行政府は,議会にたいするその権限の強化によるのではなく,行政府と国民意思との直結性を確保することによってしか実現されえず,フランスのような規律の緩い多党制の下では,技術的に直接的民主政は,イギリス方式ではなく,アメリカ方式によってしか確立されえないとして,彼は行政府首長公選制を提唱したのである[14]。

このような議論の蓄積を前提として,また,ドゴールという強烈な個性の指導によって,1962年10月28日の国民投票により,大統領公選制を導入する憲法改正が行われた。その際,この憲法改正は手続的に違憲であるとの激しい非難を巻き起こした。というのは,憲法89条の本来の憲法改正手続によらず,議会を飛び越して憲法11条の国民投票を利用したからである。しかし,元老院議長が手続上の違憲を理由に提訴したところ,憲法院は,「その訴えについて判断する権限をもたない」としてその訴えを却下した(1962年11月6日判決)[15]。

かくして，1962年改正により，「共和国大統領は，7年の任期で，直接普通選挙によって選出される」（憲法6条）こととなった。なお，大統領の任期は，2000年10月の改正により5年に短縮され[16]，また，2008年7月の改正により三選が禁止された。大統領は，憲法7条により，以下のようにして選出される。第1回投票で有効投票の絶対多数を獲得した候補者がいれば，その者が当選する。絶対多数を獲得した候補者がいなければ，2週間後の日曜日に，第2回投票が行われる。第2回投票には，第1回投票での上位2人の候補者のみが立候補できる。もし，辞退者があれば，下位の者が繰り上がって立候補できる。通常，第2回投票は，第1回投票で絞り込まれた左右両陣営のリーダーの一騎打ちとなる。

公選制を導入する憲法改正により，大統領は民主的正当性を議会と分割的に援用しうる「国民の代表者」となった[17]。しかし，同時に，そのことは大統領を「諸政党の上に超然たりえない政治的選出者」とし[18]，名実ともに「統治する大統領」の法的根拠を生み出したのである。また，この憲法改正により，第五共和制の統治機構は，「半ば議院内閣制的で半ば大統領制的な混合体制」にその性格を変えたのである[19]。デュベルジェは，この基本的には二元的議院内閣制ではあるが，公選大統領を有する体制を「半大統領制」と呼び，それまでのオルレアン型議院内閣制と区別している[20]。

3. 多数派議院内閣制と政治勢力の二極化

小党分立がいわばフランスの伝統であったが，たとえば，両大戦間期には2回投票式小選挙区制を通じて選挙提携が促進され，第2回投票の際には諸政党が左右のブロックに分かれ，議会内に多数派が形成され，連立内閣が成立していた。しかし，このような連立内閣はほどなくして多数派の組み換えにより倒れるというのが常態であった。というのは，選挙の際には政治的イデオロギーにより左右のブロックが形成されながらも，各ブロックは政策上の対立軸を内包していたので，たとえば，経済的争点が顕在化すれば連立内閣は分解してし

まったからである。
　しかし，第五共和制では，とりわけ1962年以後，状況は一変した。1962年11月の下院選挙により，大統領を支持する同質的で規律のある多数派が生まれ，多数派議院内閣制が成立した。ただし，このとき反対派は分裂状態にあったので[21]，とくに，政党配置の二極化が明確になったのは1965年の大統領選挙からともいえるが，その後，二極化を基礎にした多数派議院内閣制が継続している（議会多数派との関係により大統領が主導する場合と首相が主導する場合がある）。
　しばしば単純小選挙区制が二大政党制を生み出すといわれるように，左右の二大ブロックへの二極化の要因として，選挙制度が重要な役割をはたしていると考えられる。もちろん，選挙制度などの制度的要因は現実の社会的要因を顕在化させるにとどまるものであるから，政党状況を基本的に規定するのは社会的要因であるといえる[22]。ただし，ここでは，ヨーロッパでの緊張緩和や計画的な経済政策へのコンセンサスの形成，これによる体制選択をめぐる溝の解消などを指摘するにとどめ，制度的要因について考えてみる。
　まず，2回投票式の大統領選挙は，独任機関の選出という性質をもつので，二極化を促進する機能をもっている。大まかにいえば，第1回投票には各党のリーダーが立候補し，相争うことになるが，通常，第1回投票で絶対多数を獲得する候補はいないので，第2回投票が行われる。第2回投票は第1回投票の上位2名の候補者により争われ，その際，諸政党間での選挙協力が行われることになる。たしかに，第2回投票に候補者をもたない政党にとって選挙協力のうまみはそれほどないので[23]，それは下院選挙での選挙協力ほど積極的なものではないが，場合によっては，論功行賞的なポストの配分が選挙協力の対価として支払われることがある（たとえば，ジスカール・デスタン大統領の当選に寄与したシラクは首相に任じられた）。ともあれ，大統領選挙は，副次的な施策の対立を背景に押しやり，基本的な重要政策に収斂した単一の対立軸を創出し，これをめぐる二大ブロックの形成を促すものといえる。ただし，有権者である国民にたいして単純化された争点についての二者択一を強いることになるので，

一定程度の社会的同質性が欠け，国民の中に堅固な多党制的傾向が存在する場合には，相当な範囲の国民意思を疎外する危険を内包しているといえる。そのような場合の二極化は実体的基盤を欠いた見かけだけのものとなろう。

また，下院選挙も二極化を促す役割をはたしてきた。第五共和制では，ほぼ一貫して下院選挙には2回投票式小選挙区制がとられてきた。第1回投票で各党は独自の候補者をたてるが，第2回投票では隣接政党が連携し候補者調整がなされ，各選挙区で左右ブロックの2名の候補者の一騎打ちが当然のようになっている。そして，体制選択を問題とするような対立が後退したこともあって，選挙時の連携が立法期中もほぼ継続するようになっている。

以上のように，大統領選挙とそれに引きずられる形で下院選挙が二極化の形成を促進し，多数派議院内閣制を生み出している。本来，第五共和制憲法は，「政府を支持する安定した多数派を欠く議会」というパースペクティブにおいて執行権の安定を追求しただけに，執行権の優位は決定的である。

4. 大統領の権限と執行権の二頭制

憲法19条は，大統領の行為のうち，「首相によって，また，場合により，責任を担う大臣によって副署される」行為とそのような副署を要しない行為を区別している。したがって，大統領の権限は，「副署を要しない固有の権限」と「副署を要する（内閣と）共有する権限」に分けることができる。ただし，大統領は，実際には，首相や議会多数派との関係に応じて，固有の権限であっても自由に行使できないこともあるし，反対に，共有する権限であっても意のままに行使できることもある。

(1) 副署を要しない固有の権限

① 首相任免権　8条1項は，「大統領は，首相を任命する。大統領は，首相による政府の辞表提出に基づいてその職を免ずる」と定めている。大統領は議会多数派の支持をえている場合，自由に首相を任命でき，同様に，首相に辞表

の提出を強いることもできる。反対に，大統領が議会多数派の支持をえていない場合，議会多数派のリーダーを首相に任命せざるをえない。もし，議会多数派の承認をえられない首相を任命するならば，下院は政府に対する不信任動議を採択し，政府を総辞職に追い込むことができる（憲法49条2項，50条）。この場合，同様に，大統領の首相罷免権も制約される。

② 国民投票付託権　当初の憲法11条1項は，「共和国大統領は，官報に登載された，会期中の政府の提案または両議院の共同の提案に基づいて，公権力の組織に関する政府提出法律案，共同体の協定の承認を含む政府提出法律案，あるいは憲法には反しないが諸制度の運営に影響を及ぼすであろう条約の批准を承認することを目的とする政府提出法律案を，すべて，国民投票に付託することができる」と定めていた。1995年8月4日の憲法改正により，まず，「共和国大統領は，官報に登載された，会期中の政府の提案または両議院の共同の提案に基づいて，公権力の組織に関する政府提出法律案，国の経済または社会政策及びそれにかかわる公役務に関する改革に関する政府提出法律案，あるいは憲法に反しないが諸制度の運営に影響を及ぼすであろう条約の批准を承認することを目的とする政府提出法律案を，すべて，国民投票に付託することができる」と改正された。つまり，憲法11条1項については，有名無実となっていた「共同体の協定を承認する法案」が削除され，「国の経済または社会政策及びそれにかかわる公役務に関する改革」が国民投票の対象とされた。また，同条2項は，国民投票が政府提案である場合，議会の事前討論を保障した。2008年7月の改正は，「国の経済または社会政策及びそれにかかわる公役務に関する改革」に「環境政策」を加え，「国の経済，社会または環境政策及びそれにかかわる公役務に関する改革」とした。また付託される事項の拡大がみられたばかりでなく，これらの事項に関する国民投票は，有権者の10分の1の支持をえて，国会議員の5分の1によって発案される場合にも組織されることとなった（憲法11条3項）。国民投票の頻度は大統領の個性や政治状況によると思われるが，背景にはさまざまな政治的思惑が見え隠れする。

ドゴール大統領の下で，国民投票は4回行われた。「アルジェリアの民族自決

政策と自決前の公権力の組織に関する1961年1月8日の国民投票」及び「エヴィアン協定とその履行のためにとられるべき措置に関する1962年4月8日の国民投票」では，アルジェリア問題が扱われた。「大統領の直接公選制に関する1962年10月28日の国民投票」及び「元老院の改革と州の設置に関する1969年4月27日の国民投票」は，本来の憲法改正規定である89条によらずに，11条によって行われたために物議をかもした。このようなやり方をとったのは，89条によった場合に要求される議会の賛成がえられる見込みがなく，他方，11条によれば議会の関与を排除しえたからである。しかし，1969年の国民投票の結果は敗北であり，常に国民投票に際して自己の進退をかけていたドゴールは辞職した。投票結果は，投票率80.6％，有効投票中の賛成率46.82％，登録有権者中の賛成率36.69％であり，反対票が多数を占めた。

　ポンピドゥ大統領の下での国民投票は，「欧州共同体の拡大条約に関する1972年4月23日の国民投票」だけであり，欧州共同体へのイギリスなどの加盟にかかわる条約が問題とされた。国民投票に付する意義が乏しい案件をあえて取り上げたのは，ヨーロッパ政策に関して一致がみられなかった左翼諸政党を分裂させ，中道派を議会多数派に編入するという思惑があったからといわれている。

　ジスカール・デスタン大統領は，国民投票を利用しなかった。彼は大統領選挙で有効投票の50.81％で選出され，議会多数派の中の少数派を基盤としていたために，議会と宥和的な立場をとり，議会を飛び越して国民と直結するスタイルをとらなかった。

　ミッテラン大統領の下で，「ニューカレドニアの地位に関する1988年11月6日の国民投票」と「欧州連合条約（マーストリヒト条約）に関する1992年9月20日の国民投票」が行われた。後者の国民投票に際して，ミッテランは，ヨーロッパ問題に関する右翼諸政党の軋みを大きくし，また，間近に迫った下院選挙での左翼政党の敗北をにらんで，自己の権威を強化した上でコアビタシオンにのぞもうという意図をもっていたといわれる。

　シラク大統領の下で，「大統領任期の短縮のための2000年9月24日の国民投票」が行われた。これにより，大統領の任期が7年から5年に短縮され，コア

ビタシオンが回避される可能性が高くなった[24]。また,「欧州憲法条約批准のための 2005 年 5 月 29 日の国民投票」では,賛成 45%,反対 55% で,批准が否決された。

③ 下院解散権　12 条 1 項は,「大統領は,首相及び両院議長に諮問した後,国民議会の解散を宣告することができる」と定めている。ただし,「総選挙後 1 年以内には,新たな解散手続をとることができない」(12 条 4 項)。

現代的な民主制において,一般に,解散は「人民への上訴」,つまり,政府と議会が対立する問題について審判を下すことを有権者である国民に要求する手段であると解されており,その運用しだいで民意による政治の実現に役立ちうる装置である[25]。しかし,多数派議院制においては政府・与党が一体であるから,解散権は政府と議会の対立を解決するという本来の意味ではほとんど機能せず,もっぱら政府に有利な期日に総選挙を行うために発動される。また,日常的には,議員にたいする潜在的脅威として,議会多数派の規律を維持する機能を営んでいる。したがって,多数派議院内閣制が成立している第五共和制においても事態は同様であり,解散権は議会にたいする行政府の優位を確保する装置に転化している。

ところで,首相ではなく大統領が解散権を保持する点に第五共和制憲法の特質がある。当初,大統領の解散権は,政府と議会の対立を解決する仲裁者としての権限であると想定されていたが,ほどなくしてその想定は崩れることになった。もともと仲裁観念自体が曖昧な観念であることは別にしても,統治者として振る舞う大統領が首相を任命する以上,政府と議会が対立した場合,大統領が中立的な仲裁者でありうるとは考えにくい[26]。このことは 1962 年 10 月の解散が端的に示している。すなわち,ドゴールが大統領公選制の導入を問う国民投票を提案したところ,これに反対する下院はポンピドゥ内閣にたいして不信任動議を可決した。これは間接的にドゴールの政治責任を追及したことに他ならない[27]。これにたいして,ドゴールは下院を「対立の当事者」として解散し,自己の政策への賛否を国民に問うたのである。

その後,解散は 4 回行われた。1968 年の解散は,学生の反乱に端を発した社

会的危機（いわゆる5月危機）が提起した諸問題の処理を解散・総選挙により議会レベルに引き戻し，社会の安定をはかったという特異な事例である[28]。1981年の解散は，同年の大統領選挙に勝利したミッテランが，大統領を支持する議会多数派を生み出すために行ったものである。このときの総選挙では社会党が大勝し，大統領と議会多数派の不一致が解消された。1988年の解散は，大統領に再選されたミッテランが，コアビタシオンを解消するために行った。1997年の解散は，1995年に当選したシラク大統領が，1998年に予定されていた下院選挙を繰り上げ，2002年の任期満了まで安定した議会多数派を維持するために行った。結果は保守派の惨敗であり，社会党のジョスパンを首相に任命せざるをえなくなったが，シラク大統領は辞職しなかった。任期満了による下院選挙によりコアビタシオンが生じたのではなく，解散による下院選挙によりコアビタシオンが生じたにもかかわらず，大統領の政治的無答責の論理が貫徹された。

このように解散権は仲裁者としての大統領の権限としてではなく，統治する大統領の権限として行使されている。大統領の任期中に大統領を支持しない議会多数派が選挙の結果形成された場合，つまり，大統領が統治する大統領として振る舞うことができない場合，大統領の解散権は事実上，封じ込められることになる。

④ 緊急権　16条1項は，「共和国の制度，国の独立，その領土の一体性あるいは国際協約の履行が重大かつ直接に脅かされ，かつ，憲法上の公権力の適正な運営が中断されるときは，大統領は，首相，両院議長，ならびに憲法院に公式に諮問した後，状況によって必要とされる措置をとる」と定め，非常事態に対処するために必要な措置をとる権限を大統領に与えている。首相・両院議長・憲法院への諮問，「これらの措置は，最も短い期間内に，憲法上の公権力にたいしてその任務を遂行する手段を確保させる意思に則ってとられなければならない」（同条3項），「国会は，当然に開会する」（同条4項）といった制約が課され，また，かつては，この権限の濫用は大反逆罪（旧68条）に該当すると解されていた。これらが緊急権というかなり危険な権限の行使にたいする実効的な制約になっているかは疑問が残っていたところ，2008年7月の憲法改正により

16条6項が新設され，緊急権発動の30日後に国民議会議長，元老院議長，60名の国民議会議員または60名の元老院議員が，緊急事態の要件が充足されているかについて憲法院に付託することができ，緊急権発動の60日経過後は憲法院が職権で審査できるとされた。緊急権は，1961年のアルジェリアでの反乱の際に，ドゴールにより一度行使されたことがある[29]。

その他の権限として，⑤教書による意思表明権（18条），⑥国際協約に関する憲法院への付託権（54条），⑦憲法院の構成員のうち3名についての任命権（56条），⑧法律に関する憲法院への付託権（61条）などがある。2008年7月の改正により，大統領は両議院に教書を送るだけでなく，両院合同会議で声明を述べることができるとされた。これについて討論はなされうるが，採決はなされない（18条2項）。また，同改正により，憲法院構成員の任命権には議会の関与が認められ，各議院の権限を有する常任委員会の反対票の合計が，両委員会の有効投票の5分の3であるとき，大統領は任命できないとされた（56条1項，13条5項）。

(2) 副署を要する共有する権限

①大臣任免権（8条2項），②閣議主宰権（9条），③法律の審署権及び再審議請求権（10条），④オルドナンス及びデクレの署名権（13条1項），⑤文武官任命権（13条2項），⑥国防に関する権限（15条），⑦恩赦権（17条），⑧臨時会招集権（30条），⑨外交に関する権限（14条，52条），⑩司法の独立の保障者としての権限（64条）などがある。

2008年7月の改正により，司法官職高等評議会の有識者委員（65条2項），権利擁護官（71-1条4項）の任命についても議会の関与が認められた（13条5項）。また，恩赦は個別的なものに限定された（17条）。

5. 大統領の責任

(1) 政治的無答責

　後述するように，2007年の憲法改正まで，大統領は，法的には，大反逆罪により高等法院で裁判される場合を除いて，責任を負わないとされてきた。しかし，公選で選ばれた統治する大統領が政治的に無答責であるとは考えにくい。このことをドゴールによる憲法運用に即して明確に主張したのは，カピタンである。彼によれば，大統領は首相任免権を自由に行使することにより，自己の政策に忠実な首相を任命し政府を形成するが，この政府は常に議会に政治責任を負っている。それゆえ，政府の実質的な首長である大統領は，政府の対議会責任を媒介として間接的に政治責任を負っている。そして，政府不信任決議にたいして国民議会の解散を行う場合，大統領は国民にたいして直接責任を負うことにもなる[30]。また，大統領は国民投票に自己の政策をかけることを通じて国民に直接責任を負っていた（実際，ドゴールは，1969年の国民投票で自己の政策が否定されたことを受けて退陣した）。したがって，1962年の大統領公選制の導入は，制度の論理を純化したにすぎないのである。カピタンは，大統領が議会を媒介にするだけでなく，直接国民に責任を負う制度を「人民制」と呼んでいた。

　その後，下院での多数派の入れ替えが現実味を帯びてきた頃，下院選挙を通じて大統領を支持しない多数派が形成された場合，大統領は辞任して責任をとるべきか否かが議論された。大統領の政治責任を強調する考えからすれば，議会選挙を通じて大統領の政策が国民により否定されたわけであるから，大統領は辞任すべきことになる。これは人民制の論理に沿っている[31]。これにたいして，憲法の明文規定（7条，旧68条）以外の理由で，大統領の任期が短縮されることはなく，ある固有の権限をもつ代表機関は他の代表機関に従属することもありえないので，大統領は任期の満了までその職にとどまりうるし，議会に従属することもないとの見解が主張される[32]。また，別の見解によれば，この

ような問題自体，一元的議院内閣制では生じうるが，二元的議院内閣制では生じないのであり，大統領は下院と対等な国民の代表であり，両者は上院（元老院）が代表している国民のために妥協しなければならないので，両者は政策の本質的な一致点を求めて交渉し，選挙レベルとは異なる連携を議会レベルで形成しなければならないとされる[33]。後二者は，大統領の無答責を定める憲法旧68条に即しているが，統治する大統領の政治責任を曖昧にしている。

実際の憲法運用を見ると，下院選挙での敗北により辞任して責任をとった大統領はいない。結局，三度のコアビタシオンの経験からすると，ドゴール後の第五共和制は統治する大統領に適合的な人民制の論理ではなく，仲裁者としての大統領に適合的な憲法旧68条の論理により運用されたといえる[34]。大統領は，議会多数派を従えている場合とそうでない場合では，その姿をかなり変えることになる。議会多数派を従えている場合，強力な統治する大統領としてあらわれ，大統領と首相による執行権の二頭制は大統領の優位という形をとる。議会多数派を従えていない場合，大統領はもはや統治する大統領として振る舞うことはできない。もちろん，公選制で選ばれている以上，純粋に仲裁者としての大統領でもありえず，議会少数派のリーダーとしての大統領となる。執行権の二頭制は，首相の優位という形をとる。ただし，大統領は，国防と外交は大統領に留保された事項であるという「留保理論」[35]を援用し，固有の権限を主張することがみられる。

確かに，このような憲法運用は，議会選挙で敗北するまでは統治する大統領として振る舞っていた大統領の政治責任を曖昧にしているともいえる。しかし，とりわけ国民レベルで二大ブロックが伯仲している場合，大統領の辞職による大統領選挙が議会多数派に支持された大統領を生み出す保証はない以上，それは新たな政治的リスクを負わずに執行権の二頭制の矛盾を解消する方策であるとも評することができよう。

(2) 政治責任の再構成

2007年改正前の憲法67条は，司法高等法院が国民議会と元老院から同数で

選出される議員により構成されると定め，憲法68条は，「共和国大統領は，大反逆罪の場合を除いて，その職務の執行において行った行為については責任を負わない。共和国大統領は，両議院が，公開投票により，かつ，それらを構成する構成員の絶対多数により，同一の票決で決定するのでなければ，訴追を決定されることはない。共和国大統領は，司法高等法院によって裁判される。」と規定していた。

憲法院は，1999年1月22日のいわゆる国際刑事裁判所判決において，「憲法68条により，共和国大統領は，その職務の執行において行った行為について，大反逆罪の場合を除いて，特権を享受し，さらに，その任期中，その刑事責任は，同条により定められた手続に従って，司法高等法院においてしか追及されない」と判示した。しかし，この判示をめぐって疑義が生じたので，憲法院は，2000年10月10日のコミュニケを公表し，「憲法68条の規定に従って，1999年1月22日判決は，共和国大統領の刑事法上の地位は，その職務につく以前の行為またはその職務と切り離されうる行為に関して，任期中は，司法高等法院においてのみ追及されうることを留保していると判示している。それゆえ，共和国大統領の刑事法上の地位は，『刑事免責特権』を与えているのではなく，任期中の裁判権特権を与えているのである」と述べた。

これにたいして，破毀院大法廷は，2001年10月10日の判決において，大統領は，その職務の執行の範囲外で行った行為については，任期中，一時的な刑事上の不可侵性，一時的な刑事上の特権を付与され，司法高等法院においても通常刑事裁判所においても追及されることはないと判示した。したがって，任期満了後，大統領は，その職務につく以前の行為またはその職務と切り離されうる行為に関して，通常刑事裁判所で追及されることになる。

このように，憲法68条について，憲法院は裁判権特権と解し，破毀院は一時的な刑事上の特権と解したため，憲法改正により解釈の対立を解消する必要が生じた[36]。

改正後の憲法67条は，「① 共和国大統領は，53条の2及び68条の規定を留保して，この資格で行った行為については責任を負わない。② 共和国大統領は，

任期中，フランスのいかなる裁判所又は行政機関においても，証言を求められることはなく，また，訴権，証拠調べ，予審又は訴追の対象とはならない。あらゆる時効期間又は訴権の失権期間は中断される。③ 妨げられていた訴訟係属及び手続は，職務終了後１カ月の期間満了時に共和国大統領に対して再開又は開始されうる」とし，同 68 条は，「① 共和国大統領は，その職務の行使と明白に両立しえない義務違反の場合にのみ，罷免されうる。その罷免は，高等法院として構成される議会により判断される。② 議会のいずれかの議院により採択された高等法院の開催提案は直ちに他の議院に送付され，15 日以内に判断される。③ 高等法院は国民議会議長により主宰される。高等法院は罷免について１カ月以内に秘密投票で決定を下す。その決定は直ちに効力をもつ。④ 本条を適用して下される決定は，関係する各議院を構成する構成員の３分の２の多数または高等法院を構成する構成員の３分の２の多数による。あらゆる投票の委任は禁止される。高等法院の開催提案あるいは罷免に賛成する投票のみが数えられる。⑤ 組織法律が，本条の施行条件を定める。」としている。

　2007 年の改正により，以下の点が明確になった。まず，大統領は，原則として，職務にかかわる行為について責任を負わない。また，大統領は，在職中の職務にかかわらない行為や職務につく以前の行為に関しては，在職中，一時的な刑事上の特権を享有する。ただし，国際刑事裁判所の裁判権は留保され，また，その職務の行使と明白に両立しえない義務違反の場合，高等法院により罷免されうる。かつては，構成要件が定められていないにせよ，大反逆罪の場合，大統領は司法高等法院により裁判されるとされ，曖昧であるが刑事責任が問題とされていた。新 68 条では，「職務の行使と明白に両立しえない義務違反」にたいして罷免というかたちで職務を遂行する正当性が剥奪されるのであるから，これは政治的なサンクションであり，問題とされているのは政治責任である。しかし，その範囲は，「政府は議会に責任を負う」という場合ほどのものではなく，もっぱら「職務の行使と明白に両立しえない義務違反」という枠内での例外的なものであり，新 68 条はいわば明らかに手の施しようのない政治状況に出口を与える安全弁であると評される[37]。なお，刑事責任から政治責任への転換

は，司法高等法院 Haute cour de justice から高等法院 Haute cour への名称の変更にもみてとることができよう[38]。

1) Maurice DUVERGER, «Les institutions de la cinquième république», *RFSP*, vol. 9, n° 1, 1959, p. 107.
2) *Ibid.*, p. 109.
3) *Ibid.*, p. 109.
4) カピタンは，大統領が間接選挙で選出されることよりも，普通選挙で選出されることを重視し，「この型の議院制は，フランスでは，すでに19世紀に，1830年から1848年の7月王政のもとで行われていた。しかし，当時は，選挙権がブルジョワジィのごく狭い層にかぎられており，それは制限選挙の枠内で行われていた。今日では，反対に，これは普通選挙の枠内で行われることになる。それゆえ，これは議院制のデモクラティクな全くの新版をなすものである」という（ルネ・カピタン＝野田良之訳「1958年憲法の重要な諸相」『法学協会雑誌』75巻6号1959年10頁）。
5) 渡辺良二「フランスにおける大統領制と政府」『公法研究』49号1987年98頁。本稿では，「仲裁者としての大統領」と「統治する大統領」を軸に考察するが，山元一「フランスにおける半大統領制とその展開」『ジュリスト』1311号2006年は，制度の運用を「超越的調停者」，「超越的統治者」，「党派的応答的統治者」，「非超越的調停者」及び「党派的非応答的統治者」といったモデルにより詳細に分析している。
6) 樋口陽一『議会制の構造と動態』木鐸社1973年12頁。Aussi voir, René CAPITANT, *Écrits politiques*, Flammarion, 1972, p. 72.
7) その議論を整理した文献として，以下のものがある。Hugues TÄY, *Le régime Présidentiel et la France*, LGDJ, 1967, pp. 185-248; François GOGUEL, «Vers une nouvelle orientation de la révision constitutionnelle?», *RFSP*, vol. 6, n° 3, 1956, pp. 493 et s.
8) George VEDEL, «Le problème des rapports du législatif et de l'exécutif», *RFSP*, vol. 8, n° 4, 1958, p. 764.
9) Hugues TÄY, *op. cit.*, p. 200.
10) George VEDEL, *op. cit.*, p. 771.
11) なお，ヴデルの提唱した大統領制においても，大統領と議会が衝突した際の安全弁（両者が同時に再選挙に付されることなど）が用意されている。François GOGUEL, *op. cit.*, p. 500.
12) Maurice DUVERGER, *Demain, la république*, Julliard, 1958, p. 53 et s.「直接的民主政 démocratie directe」と「媒介民主政 démocratie médiatisée」という端的な表現は，Maurice DUVERGER, *La vie république et la régime présidentiel*, Fayard, 1961,

p. 41. で使われている。
13) Maurice DUVERGER, «Esquisse d'une théorie de la représentation politique», dans L'évolution du droit public, études offertes à Achille Mestre, Sirey, 1956, p. 220.
14) Maurice DUVERGER, La vie république et la régime présidentiel, op. cit., p. 66.
15) 井口秀作「レフェレンダムによって承認された法律に対する違憲審査」フランス憲法判例研究会編『フランスの憲法判例』信山社 2002 年 383 頁以下。
16) 九州大学フランス公法研究会「フランス大統領 5 年任期制（Quinquennat）導入に係る 2000 年 9 月 24 日憲法改正レフェレンダムについて」『法政研究』68 巻 3 号 2001 年 117 頁以下参照。
17) Maurice DUVERGER, Institutions politiques et droit constitutionnel, t. 2., PUF, 1982, p. 245. ただし、「代表」という観念には注意を要する。デュベルジェだけでなく、カピタン、ヴデルといった論者は、大統領選挙では一般利益・全体利益が表明され、議会選挙では特殊利益・地方的利益が表明されると捉えている（この点、清田雄治「M・デュヴェルジェの『代表民主制』と『直接民主制』について―その『首長直接選挙制』論を中心に―」『立命館法学』164 号 1983 年 499 頁以下を参照）。したがって、大統領は一般利益の代表、議会は特殊利益の代表ということになる。ともに国民の代表であるとしても代表する事柄の質が異なる。また、このことは後述する下院選挙で敗北した大統領の政治責任問題にもかかわるように思われる。
18) ジョルジュ・ヴデル＝深瀬忠一訳「議院制と大統領制の間のフランス第五共和制」『ジュリスト』557 号 1974 年 103 頁。
19) Maurice DUVERGER, Institutions politiques et droit constitutionnel, t. 2., op. cit., p. 248.
20) Maurice DUVERGER, Institutions politiques et droit constitutionnel, t. 1., PUF, 1980, pp. 188-192 et pp. 322-332.
21) Jean-Luc PARODI, Les rapports entre le législatif et l'exécutif sous la cinquième république, FNSP, 1972, p. 85 et s.
22) 樋口陽一『現代民主主義の憲法思想』創文社 1977 年 222 頁。
23) Guillaume BACOT, «Du bipartisme dans la constitution de la Ve république», RDP, vol. 94, n° 1, 1978. p. 32.
24) 福岡英明『現代フランス議会制の研究』信山社 2001 年 239 頁以下参照。
25) Raymond CARRÉ DE MARBERG, Contribution à la théorie générale de l'État, t. 2., Sirey, 1922, p. 375. カレ・ド・マルベールの〈dissolution - referendum〉論を批判するものとして、Pievre ALBERTINI, Le droit de dissolution et les systèmes constitutionnels français, PUF, 1978. p. 253 et s. カピタンは、「解散の実践のみが、議院制に半代表制の性質を与える」という (René CAPITANT, Démocratie et participation politique, Bordas, 1972, pp. 152-153)。

26) Philippe LAUVAUX, *La dissolution des assemblées parlementaires*, Economica, 1983, pp. 166-168.
27) Pierre PACTET, *Droit constitutionnel Institutions politiques*, Masson, 1981, p. 327.
28) Pievre ALBERTINI, *op. cit.*, p. 397.
29) 村田尚紀「フランス第五共和制憲法における国家緊急権」法律時報増刊『憲法と有事法制』2002年185頁以下。
30) René CAPITANT, *Écrits politiques, op. cit.*, pp. 23-25. なお，高橋和之「ドゴール憲法の本質と実存」、『日仏法学』12号1983年、後に同『国民内閣制の理念と運用』有斐閣1994年所収も参照。
31) カピタンによれば，大統領が人民の意思に服従するのではなく，自らのリーダーシップに基づく一貫した政策をもつことによって人民に責任を負う体制を「人民制」と呼ぶのであり，服従する se soumettre ことは責任をともなわないことであり，責任を伴う体制には辞職する se démettre ことが合致する，とされる。(René CAPITANT, *Démocratie et participation politique, op. cit.*, pp. 162-163. ワリーヌも同旨である。Marcel WALINE, «Quelques réflexions sur les institutions de la Ve république», *RDP*, 1982, p. 601.)。なお，人民制を主張するカピタンは大統領の政治責任を明解に提示するが，他方，大統領選挙では一般意思が表明され，議会選挙では特殊意思が表明されると解している (注17) 参照)。そうすると，大統領選挙とは異なる国民意思が表明される議会選挙で敗北したからといって，大統領が辞職すべきだということになるのかという疑問が生じる。
32) Guillaume BACOT, «Ni se soumettre, ni se démettre», *RPP*, janvier-février, 1978, p. 27 et s.
33) Jacques CADART, «Majorités et alternance: équilibre du régime ou crise politique?», *RPP*, mars-avril, 1977, p. 25 et s.
34) ロベールのいう3つのシナリオ，すなわち，拒否のシナリオ，闘争的共存のシナリオ，柔和な共存のシナリオのうち最後者が選択された。ジャック・ロベール=樋口陽一訳「フランスの政治状況の進展」『日仏法学』16号1989年79-80頁。また，岡田信弘「フランスの大統領制」『法学教室』131号1991年25頁。
35) 渡辺良二 前掲論文105頁。留保された領域が存在するとしても，「議会の協力は不可欠である」塚本俊之「大統領公選制の神話と現実」『香川法学』26巻1・2号2006年13-15頁。
36) Daniel THOMÉ, Titre IX La Haute Cour, dans François LUCHAIRE, Gérard CONAC, et Xavier PRÉTOT, X., *La Constitution de la République française*, 3e éd., Economica, 2009, p. 1583 et s.
37) *Ibid.*, p. 1597.
38) 旧68条の大反逆罪は，法と政治の境界線上にあり，そこで問われている責任は純

粋な刑事責任とはいえないものであって，いわば見せかけの刑事責任の外観の下に政治責任を問題とするものであり，カピタンは「それは特に厳粛な形式でなされる問責動議に似ている」と評した。René CAPITANT, L'aménagement du pouvoir exécutif et la question du chef de l'Etat, *L'encyclopédie française*, t. X, *L'Etat*, Larousse, 1964, p. 160. このカピタンの指摘は，新 68 条により的確に当てはまるように思われる。また，大統領は職務にかかわる行為については，国際刑事裁判所の裁判権を留保して，刑事責任から解放された。この点は，職務にかかわる行為について憲法 68 条の 1 により刑事責任を問われうる政府構成員とは異なる。

第4章

政　　府

横　尾　日　出　雄

1.　概　　説

　第五共和制憲法における行政府は，大統領 Président de la République と政府 Gouvernement から成り立っている。大統領は国家元首であるが，政府は合議体であり，首相 Premier ministre がその首長として政府の活動を指揮する[1]。大統領は，「憲法の尊重を監視」し，「その仲裁によって，公権力の適正な運営と国家の継続性を確保」する（5条1項）とともに，「国の独立，領土の一体性，条約の尊重の保障者」（5条2項）としての職務を遂行する。これにたいして，政府は，「国政を決定し，遂行する」（20条1項）とともに，「行政及び軍事力を司る」（20条2項）ことを任務としている。

　したがって，これら憲法の規定から一見すれば，通常の一般行政を担当するのは政府の役割といえそうであるが，実際には，大統領の強力な指導の下に，政府が大統領の意思にそって行政を担うものと理解されて運用され，憲法施行当初から，行政権については，大統領と政府（首相）という「行政府の二頭制」といわれる状況が顕在化していた。大統領は，首相任命権（8条1項），国民投票付託権（11条），国民議会解散権（12条1項），非常事態措置権（16条1項）などの強力な権限を付与され，また，1962年の憲法改正により導入された大統領直接公選制によって，その地位の民主的正当性を保持することにより，仲裁

者というよりも統治者として存在することとなった。これにたいして，政府は，議会に責任を負う立場にあって（20条3項），首相も他の政府構成員も大統領により任免されることから，大統領と議会との連結機関としての機能をはたすこととなった。

「行政府の二頭制」が生じた背景には，第五共和制憲法の制定の趣旨そのものに起因する憲法構造と政治状況がある。そもそも，第五共和制憲法は，大統領の強固な権威の下に安定した政府を構築しようとした制憲者の意図があり，そのために，大統領の権限を強化し，逆に，議会の権限を大幅に制約したという特色がみられる。第三共和制並びに第四共和制においては，議会はきわめて強力な権限を保持していたが，小党分立の政治状況のなかで，議会とくに下院で強固な多数派が形成されず，議院内閣制の統治制度の下で，安定した内閣を構築することができなかった。そこで，第五共和制憲法は，政府の安定化の方策として，大統領を統治構造の中心に据えて，政府が議会（とくに下院たる国民議会）のみに依拠するのではなく，大統領に依拠することによって，議会の信任が不安定であっても，大統領の信任を保持していれば存立しうるように位置づけたものである[2]。

このように，第五共和制憲法における政府は，大統領とともに行政府の一翼を担って行政権を担当するものであるが，議会にたいして責任を負う点で，議会との関係で議院内閣制のシステムのなかにあり，政府構成員の任免権を前提とした大統領の強力な権限に依拠するかぎりでは，二元主義型議院内閣制の統治制度の下にあると解することができる。これは，一般的には，大統領中心主義の視点を強調して，「半大統領制」の統治構造と理解されるものである。

しかし，1958年の制定以来，フランスでは50年もの長期にわたって施行されてきた第五共和制憲法は[3]，2008年7月23日の憲法改正によって，大きな転換を迎えることとなる。大統領権限の強化と議会権限の制約を特徴としていた憲法構造は，この改正によって，公権力の諸組織の間の均衡を回復するために，議会権限の強化と執行権の統制がめざされている。とくに，政府に関しては，立法過程における政府の介入が制限されたのにたいして，議会による政府の統

制が強化された点で，従来は政府に認められていた議会の活動にたいする主導的な役割を制約されることとなった。かくして，憲法構造上は，より議院内閣制的な方向への改革が行われたことになる[4]。

2. 政府の組織

(1) 政府の構成

　政府は，首相とその他の政府構成員によって構成される。約30名の構成員からなるが，すべての者が対等というものではなく，その間には一定の階層性が存在する。

　首相は，政府の首長であり，政府の活動を指揮する（21条1項）。したがって，政府の連帯性や一体性を確保し，大臣間の紛争を仲裁するなど，政府の指導的責任を負う立場にある。

　首相以外の政府構成員については，憲法上は，大臣 ministre の用語が用いられている条項もあるが，特別な名称や種類について明確な定めがなく，第五共和制の下では，一般的に，① 国務大臣 ministre d'Etat, ② 大臣 ministre, ③ 受命大臣 ministre délégué, ④ 大臣補佐 secrétaire d'Etat, に分類されている[5]。まず，国務大臣は，儀礼的な地位と権威を認められた名誉的なポストであり，第三・第四共和制下では無任所大臣であったが，第五共和制下では，各省の担当大臣としても位置づけられている。また，大臣は，通常のポストであり，各省の担当大臣となる。そして，受命大臣は，「首相付き」もしくは「大臣付き」とされ，首相もしくは各省大臣の所管に属する一定の事項を分担するため委任を受けたものであるが，大臣としての地位と権限が認められている。さらに，大臣補佐は，政府構成員としては大臣の下位に位置づけられ，首相もしくは大臣の指揮の下にその補佐を行うが，一定の公役務の領域で大臣の指揮を受けずにこの公役務を独自に分担する場合もあり，とくに自ら分担する事項に関するものでなければ，通常は閣議には出席しない。

(2) 首相の任命及び罷免

　首相は，大統領によって任命される（8条1項前段）。この大統領による首相の任命は，大臣副署を要しない大統領固有の権限の一つであり（19条），首相の任命について，憲法上なんら実質的・形式的要件も課されていないため，大統領はこの権限を裁量的に行使して，自由に首相を選任することができる。ただし，政府は議会にたいして責任を負うものであるから（20条3項），首相の選任に関しても議会とくに下院たる国民議会の信任を政府がえられなければならないので，大統領は，必然的に議会多数派の支持する者を任命しなければならないことになる。

　実際に，国民議会の多数派が大統領を支持する大統領与党である場合には，大統領は，議会の支持を背景に，自らの意思によって，首相を任命することができるが，国民議会の多数派が大統領に対抗する大統領野党である場合には，議会の信任をえられる者を首相に任命せざるをえなくなる。この後者のコアビタシオン（保革共存政権）の状況では，大統領による首相の任命は，国民議会の多数派の意思に事実上拘束されて，その裁量の範囲が大幅に制約されることとなり，首相は，形式的には大統領により任命されるものの，実質的には国民議会が選定する様相を帯びることになる[6]。

　首相は，自ら行う政府の辞表提出に基づき，大統領によってその職を免ぜられる（8条1項後段）。すなわち，首相の辞職は政府の総辞職と一体となって行われるものである。この憲法規定からすれば，首相が大統領により罷免されるのは，首相自らの辞表提出に基づいてなされる必要があり，大統領による罷免権の行使は，任命権の場合のように，大統領固有の権限とされているものではない[7]。したがって，法的には，首相は大統領の意思によって罷免されることはなく，大統領は実質的な首相の罷免権をもつものとはいえない。

　首相が政府の辞表提出を行うのは，任意による場合と強制的な場合がある。前者は，首相自らの（もしくは政府の意思による）自発的な政府の辞表提出の場合である。後者は，憲法規定上から政府の辞表提出が義務付けられている場合

であり，憲法50条によれば，国民議会が不信任動議を採択したとき，または，政府の綱領もしくは一般政策の表明を否認したときは，首相は大統領に政府の辞表を提出しなければならないとされている[8]。

問題となるのは，政府の辞職が実質的に大統領の意思に基づいてなされる場合であり，実際に，第五共和制発足以降の大統領の大きな役割と行動から，大統領による首相の「罷免辞職」が行われた経緯がある[9]。ただし，法的には，首相による辞表提出の形式を整えて行われるので，違法性の問題が生ずることはなく，また，コアビタシオンの政治状況下では，議会の信任をえている政府及び首相を大統領が自らの意思で罷免辞職させることは，大統領の政治的立場を自ら窮地に追い込むだけであるから，現実には不可能といえる。

(3) 政府構成員の任命及び罷免

首相以外の政府構成員は，首相の提案に基づいて，大統領により任命され，また罷免される（8条2項）。したがって，政府構成員の任命並びに罷免については，首相の意思に基づいて行われるのが前提であり，法的手続としては，首相の提案と大統領による任命（任命行為について大統領の署名と首相の副署が必要となる）によって行われ，首相と大統領の意見の一致があれば，政府構成員の任命と罷免は可能とされる。

しかし，ここにおいても，政府は議会とくに国民議会の信任を保持する必要があるので，国民議会の多数派の政治状況によって，政府構成員の実質的な選任のあり方が異なってくる。国民議会の多数派が大統領を支持する大統領与党である場合には，首相の希望は考慮されるにしても，その選任における大統領の役割は決定的なものとなる。逆に，国民議会の多数派が大統領に対抗する大統領野党である場合（コアビタシオンの状況）には，大統領は，外務や国防という専ら大統領に留保された大臣ポストを除けば，実質上は首相に大幅な選任の自由を認めることにならざるをえない[10]。

(4) 議員との兼職禁止

　一般的に，議院内閣制においては，内閣の構成員たる首相及び大臣も，議会の議員から選任されるのが原則である。議会で多数を占めた政治勢力の指導者が，内閣の構成員となって内閣を形成し，議会の支持をえながら，選挙の際の公約を政策として実施していくのが常道である。しかし，第五共和制憲法は，政府と議会との関係では，議院内閣制のシステムを採用しながら，政府構成員が議員職を兼職することを禁じている。すなわち，憲法23条は，政府構成員の職務が議会の議員職等と両立しないことを定め（1項），また，その補充に関する規定をおいている（2項・3項）。

　この大臣職と議員職との兼職禁止の制度は，第五共和制憲法の大きな特徴の一つとなっている。第四共和制下の議員が，大臣ポストを望んで倒閣運動に精励し，内閣の不安定さが助長されたことをふまえて，第五共和制においては，政府の安定性を確保するために，また，大統領の権威の下に，政府を議会から切り離して権力分立制をより明確にするために，設けられたものである[11]。

　当初は，この兼職禁止の制度によって，政府構成員に任命された議員は，任命後1カ月以内にその選択を迫られ，政府構成員となることを選んだ場合には，その議員職を確定的に失い，選挙の際に同時に選出された補充者が議員職を引き継いで，残りの任期を務めることになっていた。

　しかし，2008年7月23日の憲法改正によって，この政府構成員の兼職禁止の制度は，政府構成員がその職を離れた場合には議員職に復帰できるものとされた。すなわち，議員の補充に関する要件を組織法律で定めることを規定した憲法25条2項の規定に，新たに「政府の職務を受諾した場合の一時的な補充」の場合が追加されたことによって，任命時に議員であった政府構成員が，政府の職務を離れた場合には，国民議会議員もしくは元老院議員の議席を回復するものとなった。この改正は，議院内閣制における兼職を事実上容認するのと同様の効果があり，兼職禁止が大幅に緩和されたものといえる。

(5) 合議制機関としての政府

　政府は，首相をはじめとする複数の構成員からなる合議制の機関であるから，その意思決定には合議が必要とされ，政府の活動についても，首相の指導の下に，その連帯性と一体性が求められる。政府は議会にたいして責任を負う（20条3項）とされるが，これは政治的連帯責任であり，具体的には49条と50条の定める要件と手続に従って行われるものである。したがって，政府構成員は，政府の行った決定や行動について，首相の指導の下に，これを擁護し，議会にたいして連帯して責任を負うことになる。

　政府としての意思決定を行う最も重要な会議は，閣議 Conseil des ministres（大臣会議）である。第五共和制では，大統領が実質的な権限を保持する事項が多くあり，大統領が列席する閣議が政府の実質的な意思決定機関となっている。この閣議は，毎週水曜午前に大統領官邸で開催され，大統領が主宰し（9条），首相並びに各大臣が出席する。政府提出の法律案やデクレ，一定の官吏の任命等の案件が審議される。

　大統領が列席せずに政府構成員が出席して開催される会議は，閣内会議 Conseil de cabinet と呼ばれる。第四共和制下では，大統領は名目的な存在であったため，この閣内会議が当時の内閣の実質的な意思決定機関となっていたが，第五共和制では，閣議の重要度が高まったため，実際上の役割はほとんど失われてしまった。しかし，事実上，大統領の実質的権限が狭められるコアビタシオンの状況下の場合や，大統領代行の時期においては，実質的にこの会議が機能することとなった[12]。この閣内会議は，首相府で開催され，首相が主宰し，原則としてすべての政府構成員が出席する。

3. 政府並びに首相の権限

(1) 政府の職権

　憲法20条は，政府の職権について規定し，政府が国政を決定し遂行すること

(1項)，政府が行政及び軍事力を司ること（2項），そして，49条及び50条の要件と手続に従って議会にたいして責任を負うこと（3項），が定められている。

これによって，国家の政策を決定することやこれを遂行することは政府の職権とされているのであるが，そうなると，仲裁者として公権力の適正な運営と国家の継続性を確保することを職務とする大統領（5条1項）との関係を，どのようにとらえるべきか問題が生ずる。とくに，第五共和制発足以来，憲法の運用においては，大統領は単なる仲裁者ではなく，実質的に統治者として行動してきた経緯があるので，このような大統領の主導的な役割と政府による国政の決定・遂行の職権との関係が問題となる。大統領の主導的役割を前提にすれば，政府による国政の遂行の権限は，これと両立しうるとしても，国政の決定の権限は，明らかにこれとは矛盾することになるからである。

この点に関する憲法解釈としては，憲法施行当初から，大きく二つの考え方が存在した。一方の考え方は，憲法5条を根拠に大統領制的な性格を強調して，国政の決定は大統領が行うものと解する立場である。これにたいして，他方の考え方は，憲法20条を根拠に議院内閣制的な性格を強調して，政府が国政の決定を行うものと解する立場である。したがって，これまでの第五共和制の下で，大統領が実質的に決定を行ってきた実際の運用については，前者の立場では，憲法規定に則ったものと評価することになるのにたいして，後者の立場からは，憲法規定に反した運用と批判されることとなる。

しかし，コアビタシオンにおける政治状況の出現とそこにおける実際の運用をふまえて，5条と20条をともに根拠としつつ，国政の決定を行う者については，政治状況によってある程度の可変性を認めようとする柔軟な見解が主張されている[13]。この見解によれば，国民議会の多数派が大統領を支持する大統領与党である場合すなわちコアビタシオンの状況下でない場合には，大統領は，5条の仲裁権によって，国の政策を決定し，政府は，20条に基づいて，大統領が決定した政策を「遂行」することとなるが，国民議会の多数派が大統領に対抗する大統領野党である場合すなわちコアビタシオンの状況下の場合には，政府は，20条に全面的に依拠して，国の政策を自ら「決定」し，これを「遂行」す

ると解されることとなる[14]。

政府が行政及び軍事力を司る（20条2項）のは，国政を決定・遂行する（1項）ための手段であり，政府が執った行動については，議会にたいして責任を負うことになる（3項）。

(2) その他の政府の権限

政府は，閣議において諸種の決定を行うことができる。これには，オルドナンス ordonnance 及びデクレ décret の議決（13条1項, 38条2項），一定の文武官の任命（13条3項・4項），戒厳令の発令（36条1項），政府提出法律案の決定（39条2項），国民議会にたいする政府責任の発動の決定（49条1項・3項），などがある。

また，11条に定められた三種の政府提出法律案については，大統領が国民投票に付託する権限を有するが，この大統領の発議には，両議院の共同の提案か政府の提案に基づいて行われる必要があることから，政府は，これら法律案を国民投票に付託する提案を行う権限を有し（11条1項），この場合には，政府は，各議院において，審議に先立ち声明を発することとなる（2項）[15]。

そして，大統領に事故ある場合には，政府が大統領職を代行する権限が認められている。すなわち，大統領が欠けた場合または障害事由を認定された場合には，大統領職は元老院議長により代行されるが，元老院議長もその職務の代行が妨げられる場合には，大統領職は政府によって代行されることになっている[16]。

政府は，執行府と立法府との間の連結機関としての役割をはたすものであり，議会の立法手続に直接関与する諸権限がある。そもそも第五共和制憲法は，大統領の権威の下に政府の安定化をはかり，執行府の再興をめざしたもので，そのために，執行府に有利になるように，また議会に不利に働くように，諸制度が構築され，議会主義の合理化を徹底して，議会の立法機能を制約し，議会による政府の統制機能を枠づけた点に，大きな特色がみられる。それゆえ，立法過程においても，むしろ政府の主導で手続が進められるようになっているとい

う特徴がある。具体的には，政府の定める議事日程が最も優先的に配慮されること (48条)[17]，議員提出法律案及び修正案にたいして政府が不受理の抗弁を行うことができること (41条1項)，政府も修正権を有すること (44条)，両院合同委員会の手続を経て，法律案が採択に至らない場合に，政府が国民議会にたいして最終的な議決を要求できること (45条4項) などは，政府のための権限ということができる。

(3) 首相の権限

憲法21条1項は，首相の職権として，政府の活動を指揮すること，国防の責任を負うこと，法律の執行を保障すること，命令制定権を行使すること，文武官を任命することを定めている。また，首相は，その権限の一部を大臣に委任することができる (21条2項)。

首相は，政府の首長であり，政府の活動を指揮する権限を有する。この権限において，首相は，政府の具体的な行動を組織したり，指示を出したり，各省間の調整を確保したりすることになる。そして，政府の連帯性を尊重させることや，政府としての立場を表明することは，まさに首相の役割である。このような指導的職務を行使するために，首相は，政府事務総局のような行政スタッフに補佐されることになる。

首相は，また，国防の責任を負う立場から，国防に関する権限を有することになる。しかし，憲法15条は，大統領が「軍隊の長」であり，「国防高等評議会及び国防高等委員会を主宰」することを定めており，ここにおいても，大統領と首相との権限の競合の問題が解釈上生ずる。この点に関しては，国防事項は大統領に留保された領域で大統領の優越性が認められるとする考え方と実際の大統領優位の運用において，また，憲法21条3項で，「国防高等評議会及び国防高等委員会の主宰」について，「首相が大統領の職務を代行する」ことが定められていることからも，国防分野における権限の大統領の優越性については，異論なく理解されている[18]。

そして，首相は，法律の執行を確保する権限を有し，そのために，憲法13条

に規定された大統領の権限の留保の下に，命令制定権を行使する。同様に，文武官の任命に関する権限についても，13条に規定された大統領の権限の留保の下に，文武官を任命することになる。

さらに，首相は，その他多くの憲法上の権限を有する。政府構成員の任命及び罷免について大統領に提案すること（8条2項），憲法改正の発議を大統領に提案すること（89条1項），国民議会の解散前に大統領から諮問を受けること（12条1項），非常事態措置権の発動前に大統領から諮問を受けること（16条1項），議会の臨時会期の招集を請求すること（29条1項），議会の通常会期における補充会議の開催を決定すること（28条3項），閣議の主宰について大統領を代行すること（21条4項），国防高等評議会及び国防高等委員会の主宰について大統領を代行すること（21条3項），法律を発議すること（39条1項），政府の綱領・一般政策の表明・法律案について政府の責任をかけること（49条1項・3項），通常法律の合憲性について憲法院に提訴すること（61条2項），国際協約の合憲性について憲法院に提訴すること（54条），大統領の一定の行為について副署をすること（19条），などが首相の権限として定められている。

(4) 政府構成員の権限

政府構成員は，政府の政策の決定に加わって，これを実施し，政府の行動について連帯して責任を負うものであり，大臣たる政府構成員は，各省のトップとしてそれぞれの所管事項を統括することになる。

まず，政府構成員は，議会において，両議院に出席することができ，さらに，自ら求めるときに意見を表明することができる（31条）。

そして，大臣は，その所管事項に関して，首相の行為について副署を行い（22条），また，大統領の一定の行為について副署を行う（19条）。

4. 政府の責任

(1) 政府の対議会責任

　議会にたいする政府の責任は，一般的に，議院内閣制における本質的要素と考えられている。議院内閣制には，歴史的に二元主義型から一元主義型への発展がみられるが[19]，内閣の対議会責任性を考慮せずには議院内閣制の本質を把握することはできない。

　フランスにおいては，第三共和制期に，各大臣の集合体としての内閣が議会にたいして連帯して政治責任を負うシステムが運用上の慣行として成立し，第四共和制では，憲法規定として内閣の対議会責任制度が位置づけられていた。また，第五共和制憲法の制定に際して条件を付した1958年6月3日憲法的法律においても，政府が議会にたいして責任を負うシステムが，これら条件の一つとして定められていた。そして，現行の第五共和制憲法においては，「政府は，49条及び50条に定める要件と手続に従って，議会にたいして責任を負う」（20条3項）と規定され，政府の対議会責任性が明確に定められている。この点から，第五共和制憲法の統治制度が，政府と議会の関係に関しては，議院内閣制のシステムを採用していることは明らかである。

　議会にたいする政府の責任の発動は，20条3項の規定により，49条及び50条に定める要件と手続に従って行われることが定められている。49条は，政府責任の追及を議会に認める具体的なシステムを定めるものであるが，政府の発案によって発動される場合（1項・3項）と議会（下院たる国民議会）の発案によって発動される場合（2項）があり，一般に，前者は「信任問題 question de confiance」[20]の手続，後者は「不信任動議 motion de censure」の手続とされる。49条の規定によれば，具体的には，① 政府の綱領・一般政策の表明に関する信任問題の手続（1項の手続），② 国民議会による不信任動議の手続（2項の手続），③ 法案の表決に関する信任問題の手続（3項の手続），④ 一般政策の表明について元老院の承認を求める手続（4項の手続）の四つの手続が定められて

いる。そして，50条は，国民議会による不信任動議の可決，政府の綱領・一般政策の表明の否認の場合に，政府が総辞職することを定めている[21]。

　2008年7月23日の憲法改正において，49条3項の信任問題手続に関して，改正が施されている。従前は，法案の法文に関して責任をかけるものであったが，この改正によって，責任をかける対象としては，政府の政策の実施の基本となる予算法律案と社会保障財政法律案を原則とすることとなり，他の政府提出法律案または議員提出法律案の場合も含めて，法案そのものの表決に責任をかけるものとされた。また，新たに設けられた50-1条では，政府は，特定の問題について討議の対象となる表明を行うことができ，責任をかけることなく，この表明を表決の対象とすることができるものとされた。これは，責任の発動にかかわるものではないが，49条4項による一般政策の表明について元老院の承認の場合と同様の効果が認められるものとなる。

(2) 政府の綱領・一般政策の表明に関する信任問題の手続

　「首相は，閣議の審議の後，国民議会にたいして，政府の綱領又は場合によっては一般政策の表明について，政府の責任をかける」(49条1項)。これは，政府の綱領もしくは一般政策の表明について，政府が国民議会の信任を求める手続（政府の綱領・一般政策の表明に関する信任問題の手続）である。

　この信任問題の発案は，閣議の審議の後に，首相が行うものである。すなわち，政府として事前の明確な意思決定に基づいて，政府を代表する首相が提案することになっている。したがって，大臣が独自の判断でこの信任問題を提出するようなことは許されない。

　また，この提案は，国民議会にたいして提出されるもので，元老院にたいするもの（49条4項）とは区別されている。確かに，政府は議会にたいして責任を負う（20条3項）ものであるから，議会を構成する国民議会（下院）と元老院（上院）の両者がその対象となるが，49条の制度は，憲法構造における国民議会の優越性・民主的正当性に基づいて，政府と国民議会との信任関係を重視する形で，対議会責任の発動を国民議会との間で行うシステムをとったものである。

この信任問題の手続においては，首相の発議の後に，国民議会で討議がなされ，その後に表決がなされる。表決は，有効投票の多数で行われるので，国民議会による信任は，単純多数で承認されるか否認されることになる。このことは，政府が形成される際に利用することが想定された手続として考えた場合，政府にとっては，むしろ信任を得やすい条件で表決されることが定められたものといえる。

　責任をかける対象は，49条1項の場合は，「政府の綱領」もしくは「一般政策の表明」についてである。したがって，「政府の綱領」について責任をかける場合と，「一般政策の表明」について責任をかける場合とが区別されている。前者の場合は，新しく政府が形成された際に，総合的な行動計画の承認を国民議会から獲得するために利用されるもので，政府にとっては義務的な手続となるのにたいして，後者の場合は，すでに綱領を承認された政府が一定期間経過後にその政策の発展や変更について国民議会から新たな承認をえることが必要と判断したときに利用されるもので，政府にとっては任意の手続として位置づけられる[22]。それゆえ，49条1項の規定の法的解釈からは，新たに任命された政府は，国民議会の信任をえるために，ただちに国民議会にたいして政府の綱領について信任問題を提出する義務があると考えられることになる。しかし，実際の運用では，そのときの政治状況に応じて，政府に都合よく利用され，政府の形成の際に信任問題を提出して表決を求めたものもあるが，政府形成から数カ月後に提出して表決を求めたものや，提出したものの表決すら求めないというものもあった。しかも，その多くは，「一般政策の表明」について行われたものである。さらに，政府形成後の一定の時期にこの信任問題の手続を利用することには，国民議会の信任を確認するとともに，与党多数派における隊列を強固に引き締めるために行われたという状況がある。

　第五共和制憲法施行後に，この手続によって，政府の信任問題の提案が否認されたことは一度もない。

(3) 国民議会による不信任動議の手続

「国民議会は，不信任動議の表決によって，政府の責任を追及する。この不信任動議は，国民議会議員の少なくとも10分の1によって署名されなければ，受理されない。表決は，動議提出の48時間後でなければ行うことはできない。不信任動議にたいする賛成票のみが数えられ，国民議会議員の過半数の賛成によらなければ，この動議は，採択されない。次項に定める場合を除き，国民議会議員は，同一の通常会期中は三つ，さらに同一の臨時会期中は一つをこえる不信任動議の署名者になることはできない」(49条2項)。これは，国民議会が，政府の責任を追及するため，自発的に政府不信任の動議を提出して，国民議会議員が政府の不信任を求める手続（国民議会による能動的な不信任動議の手続）である。3項に基づく不信任動議の提出が，政府の信任問題提出に対抗する受動的なものであるのにたいして，いわば能動的な不信任動議の手続である。

そもそも，第五共和制憲法は，徹底した議会主義の合理化の精神の下に，政府の安定性をはかるため，議会の権限や活動領域を大幅に制約したという特徴がある。そして，議会による責任追及に関しては，この国民議会による不信任動議の手続においても，その提出や表決について極めて厳格な要件を課して，不信任動議の提出自体を困難にした上で，採択されることを最大限回避させる配慮がなされている[23]。

不信任動議の提出には，国民議会議員の10分の1以上の賛同者がなければならない。議員個人の資格で行いうる問責質問 interpellation とは異なり，国民議会の一定の集団的意思に基づいて行われることが必要とされる。そして，個々の国民議会議員としては，通常会期においては三度，臨時会期においては一度だけ，不信任動議の署名者となることができる[24]。したがって，議員としては，無制限に動議の署名者となることはできず，政府としては，常に不信任動議が提出されうるという状況を回避することができる。ただし，この動議の署名にたいする制約は，3項の受動的な不信任動議の提出の場合には，適用されない。

不信任動議の表決のためには，動議提出後48時間の期限をおかなければなら

ない。一定の冷却期間を設定して，この間に冷静さを議員に取り戻させ，慎重に表決に望むように配慮したものである。また，この間に，政府にとっては，対応策を講じる猶予が生ずることになる。表決によって動議が可決されるためには，国民議会議員の絶対多数の賛成を獲得しなければならず，政府にたいする不信任の成立には絶対多数が必要とされる。しかも，賛成票のみが数えられるという特殊な表決方法がとられている。このような不信任動議の表決の方法では，明示的に政府に反対投票をするのでない限り，棄権者や欠席者並びに白票や無効票も，政府を支持するものと取扱われることとなる。

政府にたいする不信任の成立に関して，この49条2項の不信任動議の手続を1項の信任問題の手続と比較した場合，政府の立場からみれば，1項の手続では，相対多数で不信任が成立するのにたいして，2項の手続では，絶対多数でなければ不信任は成立しない。したがって，政府にとっては，1項の手続よりも，2項の手続のほうが，不信任の危険度が低いことになる。政府が，国民議会において安定多数を保持できていないときには，政府自ら1項の信任問題を提出して信任を求めるよりも，国民議会から2項の不信任動議を提出させて動議を否認させることのほうが，得策ということになる。

第五共和制憲法施行後，この2項の不信任動議は，40回ほど提出されているが，動議が可決されて，政府の不信任が成立したのは，1962年10月5日に，一次ポンピドゥ政府にたいして提出された不信任動議が可決されたときが唯一あるのみである[25]。

(4) 法案の表決に関する信任問題の手続

「首相は，閣議の審議の後，国民議会にたいして，予算法律案又は社会保障財政法律案の表決について，政府の責任をかけることができる。この場合，続く24時間以内に提出された不信任動議が，前項に定める要件に従って可決された場合を除いて，この法律案は採択されたものとみなされる。首相は，さらに，会期中その他の政府提出法律案又は議員提出法律案について，この手続を援用することができる」(49条3項)。これは，政府が提出する予算法律案と社会保

障財政法律案の表決について，政府が国民議会の信任を求める手続（法案の表決に関する信任問題の手続）であり，他の政府提出法律案または議員提出法律案の表決についても援用できるものである。この3項の信任問題の手続は，政府による法案の表決に関する信任問題の提出と国民議会による不信任動議の提出とを結合させたものであり，信任問題にたいして不信任動議の可決によって解決をはかる方法となっている。

この3項の信任問題の発案は，1項の手続の場合と同様に，首相が，閣議の審議の後に，国民議会にたいして行うものである。

1958年の第五共和制憲法の当初の規定では，「法文の表決」について，責任をかけることができるとされ，この手続の利用に制約はなく，立法過程のすべての段階において，信任問題の提出が可能とされていた。しかし，この手続は，不信任動議の提出がなければ法文が採択されたとみなされるので，事実上，国民議会から，法律の審議や表決の権限を奪うもので[26]，批判が多かったものである。2008年7月23日の憲法改正によって，この3項の信任問題手続に関して改正が施され，予算法律案と社会保障財政法律案の表決に限定しつつ，その他の法律案の表決にも責任をかけることができるものとされた[27]。

この3項の信任問題の手続においては，不信任動議の提出との連携で，三つの場合が想定される。第一に，信任問題の提出後24時間以内に，不信任動議が提出されない場合である。この場合には，法案は採択されたとみなされ，政府にたいする信任も承認されたことになる。審議の前提となっていた当該法案そのものについては，信任問題提出後は討議が中断されて，討議自体も表決もなされることがないままに，採択されることになる。第二に，不信任動議が提出されて審議されたが，可決に至らなかった場合である。この場合にも，法案は採択されたとみなされ，政府にたいする信任も承認されたことになる。審議の前提となっていた当該法案そのものについては，第一の想定と同様に，討議も表決もなされずに，採択されることになる。第三に，不信任動議が提出されて，審議の後に可決された場合である。この場合は，法案は否決され，政府にたいする不信任が認められたこととなる。したがって，3項の信任問題が提出され

た場合には，国民議会議員は，結局のところ，政府が責任をかけた法案を採択して，政府にたいする信任を示すか，不信任動議を可決し，政府にたいする不信任を示して，法案も否決するか，二者択一を迫られることになる。

このように，3項の手続は，とりわけ2008年7月23日の憲法改正以前のものは，政府にとって非常に効果的な手段として，50ほどの法文の表決に利用されており，しかも，一度も不信任動議が可決されたこともなく，政府にたいする信任がすべて承認されている。

そして，首相は，これまでに，政府提出法案についても，議員提出法案についても，立法手続のあらゆる段階で活用していた実態がある。従来までは，首相にとって，この手続の利用は，国民議会に必ずしも安定的な絶対多数を保持しない場合に，政府の政策を実施する法案を採択させるための貴重な方法であったし，また，立法過程における審議の段階で，野党反対派による妨害行為を克服するための有効な方法であった。

(5) 一般政策の表明について元老院の承認を求める手続

「首相は，元老院にたいして，一般政策の表明についての承認を求める権能を有する」(49条4項)。これは，一般政策の表明について，政府が元老院の承認を求める手続（一般政策の表明について元老院の承認を求める手続）である。この手続は，政府が責任をかける手段ではないが，20条3項で政府が議会にたいして責任を負うことが定められているように，上院たる元老院にたいしても，政府責任の発動の一環として規定されたものである。それゆえ，政府責任の追及としては限定的な法的効果しかないものの，国民議会に政府与党が多数派を占めることができない場合に，元老院の支持を獲得して，議会における政府の基盤を確保しうる手段として位置づけられたものである限り，その政治的効果は大きいといえる。

この49条4項の手続は，首相が，元老院にたいして，一般政策の表明について，その承認を求めることを可能とするものであるが，政府にとって，義務的な手続ではなく，また，閣議の審議を必要とするものでもない。そして，承認

に関する表決は，相対多数で決せられるので，承認をえることはたやすいが，不承認となることも容易である。ただし，過半数をえられずに，一般政策の表明が不承認となったとしても，責任をかける手続ではないので，政府が辞職する必要はない。

この手続は，1975年6月10日にはじめて利用され，その後10回ほどの利用がなされているが，すべて承認されている。それ以前の1974年までは，元老院は，むしろ政府に敵対的な態度をとっていたことから，政府が元老院にたいして承認を求めることはなかった。

5. 第五共和制における政府

第五共和制憲法における政府は，大統領とともに行政府の一翼を担って行政権を担当し，政府を構成する首相及びその他の政府構成員が大統領により任免され，また，この政府が議会にたいして責任を負う点で，二元主義型の議院内閣制の統治制度の下にある。だが，大統領権限の強化と議会権限の制約を特徴としていた憲法構造と，大統領優位の憲法運用によって，憲法制定後50年間にわたって，大統領中心の統治構造が確立していた。そのなかで，政府は，議会にたいしては，立法過程における政府の優先的な権限などを背景に，主導的な役割をはたしてきたが，大統領にたいしては，コアビタシオンの時期を除けば，基本的に従属的な立場におかれていた。

しかし，2008年7月23日の憲法改正によって，議会権限の強化と執行権の統制がめざされ，政府に関しては，従来認められていた議会の活動にたいする主導的な役割を制約され，憲法構造上は，よりいっそう議会との対等な立場に立たされることになり，権力均衡な方向へ改革が行われたものということができる。

1) フランスにおいては，1875年の第三共和制憲法（三つの憲法的法律から成る）や1946年の第四共和制憲法で，「政府 Gouvernement」の用語は，反民主主義的な面が

あるとして，憲法上は用いられず，これに対応するものとして，前者では「諸大臣 ministres」，後者では，「閣議 Conseil des ministres」の用語が使われていた。また，「首相 Premier ministre」の用語についても，第三共和制下で，「内閣総理 Président du Conseil」として，慣行上成立したものが法令上認められ，第四共和制憲法では，「内閣総理」の用語が憲法上の規定として定められていた。しかし，1958年の第五共和制憲法では，政府の権威の復活のために，「政府」の用語が使われ，また，閣議の主宰者は大統領であることから，「内閣総理」ではなく，「首相」の用語が使われることになった。Roland DEBBASCH, *Droit constitutionnel*, 6ᵉ éd., Litec, 2007, pp. 149-150.

2) 第五共和制憲法においては，政府の安定化のために，徹底した「議会主義の合理化」という方策がとられた。「議会主義の合理化」という傾向は，本来は，議院内閣制の運用上の慣行を制度として憲法規定化することであったが，さらには，内閣・行政府の安定化をはかるために議会による統制を厳密にルール化して倒閣を困難にすること，を目的としたものである。「議会主義の合理化」の特色については，横尾日出雄〔フランス議会制研究会〕「フランス議会制の信任関係について—内閣・議会の構造的関係と内閣・政党の機能的関係—」『比較法雑誌』19巻4号1986年47頁以下，勝山教子「フランス第五共和制における『合理化された議院制』の構造とその改革 (1) (2)」『同志社法学』40巻6号1989年116頁以下，41巻1号1989年125頁以下参照。

3) フランスでは，最初の1791年憲法から，現行の1958年憲法まで，15の憲法を経験している。その平均持続年数は15年に満たず，最長の第三共和制憲法（1875年-1940年）が65年であるが，現行の第五共和制憲法（1958年-）は約50年で，フランス憲法史上第二の長寿をさらに継続している。

4) 2008年7月23日憲法的法律（2008-724号）によって，第五共和制憲法の24回目の改正が行われた。この改正は，憲法89条の改正手続に従って，政府提出の改正案が両院における可決の後に，両院合同会議による承認によって成立したものであるが，この承認に必要な票数をわずか1票上回るだけのギリギリの結果であった。しかし，この憲法改正は，50カ所以上に及ぶ大規模なもので，改正内容も，大統領の三選の禁止，政府の権限の制約，議会の権限の強化，議会における野党の地位と権限の強化，法律施行後の違憲の抗弁と憲法院による合憲性審査，法律制定に関する国民投票における議員発案の手続の導入など，根本的な改正となっている。*Constitution française du 4 octobre 1958*, Documents d'études nº. 1.04, 2008, La documentation française.

5) 政府構成員の分類については，中村・新倉・今関監訳『フランス法律用語辞典』（第2版）三省堂 2002年 205頁，242頁，285頁参照。Roland DEBBASCH, *op. cit.*, pp. 150-151; Louis Favoreu et al., *Droit constitutionnel*, 11ᵉ éd., Dalloz, 2008, p. 676.

6) コアビタシオンの状況下で，大統領が国民議会における大統領野党の支持勢力のなかから首相を任命した例として，①ミッテラン大統領によるシラク首相の任命（1986

年），②ミッテラン大統領によるバラデュール首相の任命（1993年），③シラク大統領によるジョスパン首相の任命（1997年），の3回の前例がある。
7) 憲法19条の定める副署を必要としない大統領の行為は，いわば大統領固有の権限となるが，首相の任命権（8条1項）は，この19条に列挙され，大統領固有の権限と位置づけられているが，首相の罷免権（8条2項）は，列挙されておらず，大統領固有の権限とはいえない。
8) 首相自らの自発的な政府の辞表提出の例としては，ジスカール・デスタン大統領の下でのシラク首相の前例（1976年）がある。また，憲法50条によって，国民議会が政府にたいする不信任動議を採択して，首相が政府の辞表提出を義務づけられた例としては，ドゴール大統領の下でのポンピドゥ首相の前例（1962年）がある。
9) 大統領による首相の「罷免辞職」が実際に行われた例としては，①ポンピドゥ大統領の下でのシャバン・デルマス首相の場合（1972年），②ミッテラン大統領の下でのロカール首相の場合（1991年），③ミッテラン大統領の下でのクレッソン首相の場合（1992年），の少なくとも3回の前例がある。
10) Louis Favoreu et al., *op. cit.*, p. 671.
11) Louis Favoreu et al., *op. cit.*, p. 678.
12) 第三次コアビタシオンの時期（1997年-2002年）に，ジョスパン首相は，定期的に，政府構成員全員を招集して，首相官邸において，非公式な審議を行った。Louis Favoreu et al., *op. cit.*, pp. 676-677.
13) Louis Favoreu et al., *op. cit.*, p. 680.
14) この点で，2008年7月23日の憲法改正の基礎となったバラデュール委員会の憲法改正提案では，大統領の地位・職務を定める憲法5条に，大統領が国政を決定するという規定を3項に追加し，政府の職務を定める憲法20条1項から，「決定する」の部分を削除して，単に国政を遂行するという規定に修正することによって，両者の権限配分上の不明確さを解消しようとしたが，与野党の批判を受けて，実現には至らなかった。Comité de réflexion et de proposition sur la modernisation et le rééquilibrage des institutions de la Ve République, *Une Ve République plus démocratique*, Fayard, La documentation française, 2008, pp. 28-35.
15) 憲法11条による国民投票は，これまでに8回実施されており，いずれも政府の提案に基づいて大統領が決定したものであるが，実質的には，すべて大統領の発案によるものである。
16) 7条4項に基づく大統領職の代行は，これまでに2回，ともに元老院議長によって行われている。1回目は，ドゴール大統領の辞職によるもので，ポーエル元老院議長が代行した（1969・4・28-1969・6・19）。2回目は，ポンピドゥ大統領の死去によるもので，これもポーエル元老院議長が代行した（1974・4・2-1969・5・24）。
17) 第五共和制憲法の当初の48条の規定では，政府提案の議事日程が優先的に取扱わ

れ，議員提出のものは補充的に取扱われるものとなっていた。しかし，1995年8月4日の憲法改正により，各議院に月1回の優先的な議事日程が認められ，さらに，2008年7月23日の憲法改正によって，議事日程の制度が根本的に改革され，議会の決定により，政府の優先事項を保障するものだけではなく，政府の活動の統制と公の政策の評価のためのものや野党会派の発案によるものにも，優先的な議事日程が組まれることが規定された。したがって，政府の優先的な議事日程が憲法上保障されているが，従来のように政府の独占的な状況は解消されている。

18) 2008年7月23日の憲法改正に際して，バラデュール委員会の憲法改正提案や，これに依拠とした憲法改正案においては，この点を明確にするために，首相は国防事項において15条に定められた条件でなされた決定を実施するという内容に，憲法21条を改正する案が示されていたが，国民議会の審議で退けられたという経緯がある。Comité de réflexion et de proposition sur la modernisation et le rééquilibrage des institutions de la Ve République, *op. cit.*, pp. 28-35.

19) 議院内閣制の二元型から一元型への発展については，横尾日出雄　前掲注2) 49頁参照。

20) 「信任問題 question de confiance」の表現は，第五共和制憲法の規定には存在しないが，第三共和制下の運用上の慣行と第四共和制憲法の規定から，今日でも一般的にこの呼称が使われている。

21) 第五共和制憲法における49条の信任手続については，横尾日出雄　前掲注2) 54-59頁参照。

22) 政府の綱領と一般政策の表明に関する責任発動の手続上の相違については，横尾日出雄　前掲注2) 56頁参照。Louis Favoreu et al., *op. cit.*, p. 742.

23) 不信任動議の提出と表決における厳格な条件の設定については，横尾日出雄　前掲注2) 56-57頁参照。Louis Favoreu et al., *op. cit.*, p. 743.

24) 不信任動議の署名の回数が限定されることに関して，第五共和制憲法の当初は，年2回の会期であり，これを前提として，不信任動議が採択されなかった場合には，動議の署名者はもはや同一会期中には，新たな動議に署名できないものとされていた。1995年8月4日の憲法改正によって，会期制度が年1回のものに改革されたことにともなって，現行制度のような制約が定められている。

25) ドゴール大統領が，直接普通選挙による大統領の選出を内容とする憲法改正案を，89条の手続ではなく，11条の手続によって，国民投票に付託することを決定したことにたいして，国民議会が当時の一次ポンピドゥ政府にたいして不信任動議を提出し，これを採択した (1962年10月5日)。しかし，大統領は，12条によって，国民議会を解散し (10月9日)，続く国民議会選挙では，むしろ，大統領並びに政府を支持する勢力が安定多数を占めることになり，10月28日の国民投票でも，大統領が提示した改正案が承認されている。

26) 国民議会の法律案表決の権限を剥奪する結果になることについては，横尾日出雄前掲注2) 56頁参照。Louis Favoreu et al., *op. cit.*, p. 744.
27) 2008年7月の憲法改正における49条3項の改正に関して，バラデュール委員会の憲法改正提案では，信任問題の対象を予算法律案と社会保障財政法律案の表決に限定していたが，実現した改正では，その他の政府提出法律案や議員提出法律案にも援用できるものとされた。Comité de réflexion et de proposition sur la modernisation et le rééquilibrage des institutions de la Ve République, *op. cit.*, pp. 74-76.

第5章

議　　会

藤 野 美 都 子

1. 概　　説

　1789年の革命以降，フランスの政治制度は，共和政，帝政あるいは王政と目まぐるしく変遷してきた。第三共和制に入り，選挙により選出された議員で構成される議会が，民主的正統性を有する機関として，安定的な地位を獲得するに至り，現在の議会制度の基礎が築かれた。立法過程は，民意を背景とする議会が主導した。議会により選出される大統領よりも議会が優位に立ち，大統領には議会解散権が認められていたものの，解散権はほとんど行使されなかった。強い議会によって次々に内閣が倒されるという政治状況であった。違憲審査制度は，一般意思の表明である法律優位の原則により否定された。こうして議会中心主義が確立されたのであった[1]。第二次大戦後に誕生した第四共和制においても，基本的には第三共和制と同様，強い議会と不安定な内閣という構造であった。

　強い政府を追求する第五共和制憲法は，第三共和制以来の伝統である議会中心主義から大統領中心主義へと舵を切った。議会に関する規定は，第1章主権，第2章共和国大統領，第3章政府の後，第4章に盛り込まれている。第四共和制憲法が，議会に関する条文を第1章主権のすぐ後においていたのとは，対照的である。

立法過程の主導権は政府に委ねられ、議会が採択した法案は、憲法院による合憲性審査に付される。欧州統合が進展し、議会で審議される法案の過半数が欧州連合由来となっている。立法機関としての議会の地位が大きく揺らいでいる。他方、現代行政国家においては、政府統制こそが議会の重要な役割であると認識されており、フランスにおいても、政府統制に力点をおいた活動が展開されてきた。さらに、近年、議会は、政策評価の活動にも取り組んでいる。

2. 議会の構成

(1) 二 院 制

憲法24条2項は、「議会は、国民議会 Assemblée nationale と元老院 Sénat からなる」と規定し、二院制を採用する。フランスでは、立法権・行政権・司法権が一院に集中した1792年から1795年の国民公会時代の行き過ぎに反発する形で、二院制が採用された。1795年憲法は、立法権を二つの議院に分け、五百人会 Conseil des Cinq-Cents の正当性を創造におき、他方、長老会 Conseil des Anciens の正当性を良識においた。フランスの二院制の基礎は、第三共和制下で固まった[2]。第二次世界大戦後は、1946年の第四共和制憲法制定の際と1969年の憲法改正国民投票の際の二度の危機を乗り越え、二院制が維持されている。

第三共和制憲法は、直接普通選挙により選出される代議院 Chambre des députés と元老院 Sénat から構成される二院制を採用した。元老院議員は、代議院より選出される終身議員と、代議院議員と地方議会議員により間接選挙で選ばれる議員から構成され、後者は、任期9年で、3年ごとに3分の1を改選することとなっていた。なお、元老院の組織と元老院議員選挙に関する組織法律を修正する1884年12月9日法により、終身議員の制度は廃止された。財政法律の先議権は代議院に付与されていたが、それ以外では元老院は代議院と対等な権限を有するものとされ、法案について両院の一致があるまで両院間回付手続が繰り返された。代議院には最終議決権が認められていなかったのである。

1946年4月19日の憲法草案では，強すぎる元老院の弊害を避けるべく，純粋な諮問機関を伴う一院制が提案されたが，5月5日の国民投票により否決された。一般には，この"Non"は，4月草案に盛り込まれた国民公会的一院制にたいする拒否であったと理解されている。第二憲法制定会議は二院制を採用した。1946年10月27日の第四共和制憲法では，第三共和制における完全な二院制と4月草案の厳格な一院制との妥協がはかられ，第一院としての国民議会と第二院として諮問的役割をはたす共和国評議会 Conseil de la République が設けられた。共和国評議会議員にも制限付きの法案提出権は認められていたが，すべての法案は国民議会で先議され，法案の両院間回付手続が認められないことと，絶対多数による拒否権が共和国評議会に付与されているものの，法案は最終的には国民議会の意思のみによって議決されることから，第四共和制憲法の二院制は，「不完全な二院制」，「緩和された一院制」と評されていた[3]。共和国評議会議員の選出には，国民議会の関与と二段階にわたる比例代表制の採用という政党主導の方法が採用されており，共和国評議会の議員構成は国民議会のそれと類似していた。政治状況の変化により，共和国評議会議員選挙に関する1948年9月23日法は，1884年12月9日法に定められた元老院議員の選出方法に類する制度を導入した。その結果，地方名望家層が元老院議員として多数選出されるようになり，第三共和制の元老院の伝統である対等な二院制を思い出させることとなった。併せて，共和国評議会は，調査委員会の制度や質問手続の活用をはかり，非公式ながらも両院間回付手続も利用されるようになった。政府が共和国評議会に信任案を提出することもあった。そして，憲法7, 9, 11, 12, 14, 20, 22, 45, 49, 50 及び52条を改正する1954年12月7日の憲法的法律により，厳格な期間の制限つきながら法案の両院間回付手続が認められ，法案は両院どちらにも付託できるようになった。こうして，共和国評議会は徐々に政治的議院としての地歩を固めていったのである[4]。

　第五共和制憲法は，国民議会と元老院からなる二院制を採用した。両院の権限は，基本的には対等である。しかしながら，国民議会のみが，政府にたいする不信任決議権を有し，政府の介入により国民議会に最終議決権が付与される。

一般に，国民議会は，その時々の人口動態と世論を反映することにより，選挙民の代表を確保し，元老院は，地理と共同体を，言い換えれば，継続性を表現することにより，共和国の地方公共団体の代表を確保すると解されている[5]。国民議会と元老院は，パリに置かれ，国民議会はブルボン宮殿に，元老院はリュクサンブール宮殿に居を構えている。ブルボン宮殿は，1798年に五百人会の議員が集合して以来，下院の会議場とされてきた。またリュクサンブール宮殿は，1799年以来，元老院の会議場とされてきた。なお，憲法改正手続の一つとして召集される両院合同会議 Congrès は，ヴェルサイユ宮殿において開催される。

(2) 国民議会

国民議会の議員は，直接選挙で選出される（24条3項）。第5共和制の諸制度の現代化に関する2008年7月23日の憲法的法律により，国民議会議員の定数の上限は577と定められた（同3項）。また，各院の議員の任期，定数，歳費，被選挙資格の要件，被選挙欠格及び兼職の禁止については，組織法律が定める（25条1項）。

国民議会議員の被選挙権年齢は23歳で，任期は5年である。選挙から5年後の6月の第2木曜日に任期は切れる。その期限が切れる前60日以内に総選挙が行われる。ただし，大統領には国民議会の解散権が認められており（12条1項），解散により国民議会議員の任期は短縮される。解散の場合，総選挙は，解散の後，20日以降40日以内に行われる（同2項）。

国民議会議員の選挙に関する1958年10月13日のオルドナンスにより，小選挙区二回投票制が採用された。この選挙制度は，1873年に採用されて以来，第三共和制の終わりまで数度の変遷を経験しつつも維持されてきたものである。第四共和制下では，県単位の比例代表制が採用されたが，小党乱立を招き，政権を不安定にしたことから，第五共和制は，再び小選挙区二回投票制を採用することとなった。この選挙制度では，第1回投票で絶対多数の票，言い換えれば過半数の票をえた候補者で，かつ登録有権者の4分の1以上の票をえた候補者がいなければ，第2回投票を実施する。第2回投票は，第1回投票の上位得

票者により行われるが，多くの場合，上位得票者2人により実施される。第1回と第2回投票の間に，当選の可能性を高め，また政策実現をめざし，候補者間あるいは政党間で政策協定を結ぶなどの交渉が行われるからである。また，第1回投票で登録有権者の12.5%以上を獲得した候補者でなければ，第2回投票に臨めないとする制限が付されている。その結果，政党の二極化が進んだ[6]。

　577のうち555は各県に配分され，22が海外領土に配分される。各県の定数は2から24である。各県への定数配分は人口比例によるが，人口にかかわらず各県に2議席を配分する特例措置があるため，投票価値の平等は貫徹されない。さらに，1958年以来，大幅な人口移動がみられたにもかかわらず，格差の是正がほとんど行われず，選挙区人口の不均衡が拡大していた。ミッテラン政権は，1985年に国民議会議員の選挙に比例代表制を導入したが，1986年に成立したシラク内閣は，直ちに小選挙区二回投票制に戻した。その際の選挙区割をめぐって，憲法院は，1986年7月1日・2日の判決及び1986年11月18日の判決において，法の下の平等に関する憲法2条1項（現行1条1項），国民主権に関する3条1項，普通・平等・秘密選挙に関する同条3項，国民議会議員選挙に関する24条2項（現行3項）及び平等原則に関する人権宣言6条によれば，「普通直接選挙で指名される国民議会は本質的に人口の基礎にもとづき選挙されなければならない。立法府はこの根本的準則を緩和し得る一般利益の諸要請を考慮し得るとしても，限られた限度でそうし得るにすぎない」と判示した[7]。なお，2008年7月の憲法改正により，国民議会議員の選挙区割及び両院議員の定数配分に関する選挙法改正案について，独立委員会が公開の意見を表明し裁定するとする25条3項が新設された。

　また，男女平等に関する1999年7月8日の憲法的法律により，公職への男女平等なアクセスを促進するための憲法改正が行われた。いわゆるパリテparitéの導入である。2008年7月の憲法改正により，平等アクセスの対象が「職業的及び社会的要職」に拡大され，当該規定は1条に盛り込まれた。1条2項は，「法律は，選挙によって選出される議員職と公職，並びに職業的及び社会的要職にたいする平等なアクセスを促進する」と定め，4条2項は，政党及び政治団

体は，1条2項で表明された原則を尊重しなければならないとする。憲法改正を受け制定された選挙により選出される議員職及び公職への男女平等なアクセスを促進する 2000 年 6 月 6 日法（パリテ法）は，比例代表一回投票制をとる元老院議院選挙，欧州議会議員選挙については，候補者名簿登載順を男女交互とし，比例代表二回投票制を採用する人口 3,500 人以上の市町村議会議員選挙，州議会議員選挙については，候補者名簿登載順6人ごとに男女同数とし，小選挙区二回投票制を実施する国民議会議員選挙については，男女の候補者数の差に応じた政党助成金の減額などを定めた[8]。国民議会議員における女性議員の比率は，1997 年の時点では 10.9% であったが，2007 年時点で 18.5% となった。元老院議員における女性議員の比率は，2008 年現在，21.9% である[9]。

(3) 元 老 院

元老院の議員は，各県を単位とする間接選挙で選出され，地方公共団体を代表する。各選挙区に割当てられる議員数は，1人から12人である。2008 年 7 月の憲法改正により，元老院議員の定数の上限は 348 と定められた（24 条 4 項）。

元老院議員の任期は，6年である。3年ごとに半数が改選される。元老院議員の任期及び被選挙権年齢並びに元老院の構成の改革に関する 2003 年 7 月 30 日の組織法律は，元老院議員の任期を従来の9年から6年に短縮し，被選挙権年齢を 35 歳から 30 歳に引き下げ，選挙区を2グループに分け3年ごとに半数を改選することとした。長い任期と被選挙権年齢の高さから，元老院の保守性が強められていると批判されていたためである[10]。元老院の間接選挙は，県を選挙区とし，選挙人は県選出の国民議会議員，州議会議員及び県議会議員の全員，市町村議会議員から選出される代表で構成される。人口 9,000 人未満の市町村では，議員の互選により選挙人が選出される。人口 9,000 人から 30,000 人未満の市町村では，議員全員が選挙人となる。人口 30,000 人以上の市町村では，人口補正措置として，30,000 人を 1,000 人超えるごとに1人の補充選挙人を議員以外から選出することができる。選挙人が人口の少ない市町村に厚く配分されていることから，選挙人の9割以上が市町村議会議員であり，元老院は「全国

小市町村議会」,「農村議院」と揶揄されてきた[11]。

　元老院議員選挙に関する 2000 年 7 月 10 日法は,従来,定数 5 以上の県においては比例代表制,定数 4 以下の県においては多数代表制としていたものを,定数 3 以上は比例代表制,定数 2 以下は多数代表制によると改めた。同法律案は,同時に,市町村議会にたいする選挙人割当の不平等を是正するため,市町村人口 500 人(国民議会における審議で 300 人に引き下げられた)ごとに選挙人 1 人を配分することとしていた。元老院議員選挙についても,選挙権の平等が問われていたからである。しかしながら,同法律の合憲性審査に臨んだ憲法院は,2000 年 7 月 6 日の判決において,以下のように判示した。元老院選挙についても人口比例原則の尊重を求めつつ,「元老院は共和国の地方公共団体の代表を確保し得る方法にもとづいて,それ自体がこれら地方公共団体に由来する選挙人団によって選挙されなければならない」とし,人口比例の原則は地方公共団体の代表としての性格を歪めない限りで適用されるとした[12]。選挙人を人口 300 人に 1 人とすると,人口補正措置として採用される議員以外の補充選挙人の割合が大幅に増加し,選挙人団が本質的に地方公共団体の議員によって構成されなければならないという点に反するとされ,選挙人割当の不平等是正措置は,違憲とされたのである。なお,元老院議員選挙改革に関する 2003 年 7 月 30 日法は,多数代表制により選挙を行う県を,定数 2 以下の県から定数 3 以下の県に改め,比例代表制により選挙を行う県を定数 3 以上の県から定数 4 以上の県に改めた。

　このような選挙制度の特徴から,国民議会議員の構成とは異なる議員構成をとってきた元老院は,「保守の牙城」であり,民主主義にたいする脅威であると批判されてきた。しかしながら,国民議会とは議員構成が異なるがゆえに,さらに,憲法改正や組織法律の制定に関して比較的強い権限を有しているがゆえに,元老院はフランスの政治生活において独自性を発揮することが可能であったとも指摘されている[13]。民主主義の観点から,元老院の地域代表的性格をどう評価するか,議論が活発に展開されている。さらに,共和国の地方分権化された組織に関する 2003 年 3 月 28 日の憲法的法律により,1 条に,「その組織は,

地方分権化される」とする規定が盛り込まれ，中央集権的であったフランスの政治制度においても地方分権の進展がみられることも，この議論に影響を及ぼしている。

なお，従来，海外在住フランス人は，元老院に代表されると定められていたが，2008年7月の憲法改正により，24条5項は，海外在住フランス人は，国民議会及び元老院に代表されると規定することとなった。

3. 議院の自律権

権力分立の原理から，立法権は，行政権及び司法権から独立した存在であることが求められる。さらに，二院制を採用する場合には，各院が相互に独立した会議体であることが要請される。このような議院の自律権は，一般に，組織自律権，運営自律権，財務自律権の三つの次元で把握される[14]。組織自律権とは，議院が内部組織について自ら決定することができることをいう。議員の資格審査や不逮捕特権に関わる許諾がこれに含まれる。運営自律権は，議院の手続準則を決定し，議院の内部秩序を規律する権限を内容とする。さらに，財務自律権は，財政法律案の作成が政府に委ねられるなかで，権力分立の原理から必要不可欠なものとされる。各院の年度予算案は，議院理事部の管理担当理事の下で準備される。ついで，両院の管理担当理事6人により構成され，会計検査院の評定官により主宰される合同委員会で決定され，財政法律案に盛り込まれる。また，予算の執行については，各院の内部委員会が統制する。

運営自律権に由来する議院の手続準則の決定権は，議院自律権の根幹をなすものとされてきた。しかしながら，第五共和制憲法は，従来各院の議院規則に委ねられていた議事手続の多くを自ら規定する。さらに，憲法61条により，各院の議院規則は，施行前に憲法院による合憲性審査を受ける。憲法院は，憲法で制限された議院権限の回復や政府統制手段の強化をはかる議院規則の諸規定を否定することにより，「合理化された議会制」を徹底する役割をはたすものとされている。国民議会の議院規則にたいする最初の憲法院判決であった1959年

6月24日判決は，多数の規定を憲法違反とする厳しい内容であった[15]。その後，憲法院は，1966年7月8日の判決において，「議院規則の合憲性は，憲法それ自体，憲法が予定する組織法律，および憲法92条1項に基づき諸機関の創設に必要とされた立法措置に照らして判断されなければならない」と判示し，議院規則の合憲性審査基準としての憲法ブロックを拡大した。1995年8月4日の憲法的法律により削除される前の92条1項に基づく立法措置については，法律の効力を有するオルドナンスにより定められると規定されており，当該オルドナンスを憲法ブロックに編入することは，議院規則制定権をさらに制約することとなった[16]。

2008年7月の憲法改正により，両院は，決議 résolution を議決することができることとなった。そもそも決議は，一院の単独意思表示行為であって，単に当該議院を拘束するにとどまるものであり，これを憲法がことさらに認めると規定することは奇異なことである。第三共和制・第四共和制下のフランスでは，問責決議が乱発され政府の不安定性がもたらされた。それゆえ，第五共和制憲法は，49条及び50条で不信任決議案の提出と表決に厳格な条件を付したのであり，憲法上に根拠を有しないそれ以外の決議は禁止されていると解されてきた。前述の1959年憲法院判決も，同様の解釈を示していた。議院としての政治的意思や歴史認識等を表明するための，問責ではない決議の議決も許されず，議院が政治的意思等を表明する場合にも，わざわざ法律を制定しなければならなかった。このような不都合を解消するため，34-1条が創設されたのである[17]。ただし，同条2項は，決議が政府の責任を問うものあるいは政府にたいする命令を含むものと政府が判断する場合には，当該決議案は受理されず，議事日程に登載されないとし，問責決議については，従来通りの厳しい制限が付されている。

4. 議員の地位

国民代表たる議員が職務を独立して遂行するため，議員にたいして，一方で

は，兼職の禁止が求められ，他方では，歳費受給権，免責特権，不逮捕特権という議員の特権が認められている。

(1) 議員の地位

1) 国民代表

議員は，国民代表である[18]。これは，1791年憲法において「各県において選任された代表は，特定の県の代表ではなく，国民全体の代表であり，代表者にはいかなる委任も与えることはできない」と規定されたことに由来する。代表は，各県「において」選任されるのであり，各県「により」選任されるのではない。ここにいう「委任」とは，命令委任 mandat impératif のことをさす。代表を選任する選挙区と選ばれた代表との間には，いかなる法的なつながりも存在しない。命令委任の禁止という原理は，その後の憲法が繰り返し規定し，第五共和制憲法27条1項においても，「命令委任は，すべて無効である」と定められている[19]。ただし，「国民代表」の意味については，つぎにみるように，純粋代表制 régime représentatif pur から半代表制 régime semi-représentatif への移行，そして半直接制 régime semi-direct への変化の過程で，変遷がみられる。

1791年憲法は，「主権は，単一，不可分，不可譲でかつ時効によって消滅することがない。主権は国民に属する」として国民主権原理を謳い，「すべての権力は国民のみに由来する。国民は委任によってしかそれを行使することができない。フランス憲法は代表制をとる」として，国民代表制を採用した。国民は，具体的な人々から切り離された，抽象的な国籍保持者の総体であると把握され，主権の具体的な行使は，国民代表に委ねられる。主権の帰属主体である国民が，主権の行使主体である議会にたいして一般的に権限を委任することが，選挙の役割である。全国民の代表であるということは，議員にたいする選挙民の命令委任は禁止されること，議員は選挙民の個別的な命令には拘束されず，独立して職権を行使しうることを意味している。議員の地位は，古典的な意味における国民代表であり，純粋代表 représentation pure といわれる。このような代表

制理論は，ブルジョア成年男性である能動的市民のみが選挙権と被選挙権を有するとする制限選挙制度と密接に結びついていた。

その後普通選挙制度が採用され，具体的な存在である国民による選挙が定期的に実施されるようになると，議員は，事実上，選挙民の意思に沿った活動を展開せざるをえなくなる。この段階で，議員の地位は，純粋代表から半代表 semi-représentation へと変化したといわれる。すなわち，議員は，法的には選挙民の命令に拘束されず自由に行動しうるが，選挙民の意思に事実上拘束されるようになり，議員はあたかも選挙区の代理人であるかの如くとなるのである。

第四共和制憲法3条1項は，「国民の主権は，フランス人民に属する」と規定し，1791年憲法にいう国民主権 souveraineté nationale 原理から人民主権 souveraineté populaire 原理への傾斜を示し，人民の直接的な意思決定手続を憲法改正に取り入れ，半直接制を採用する。第五共和制憲法も，この流れを汲み，人民投票 référendum の制度を導入した。選挙権は，人民の権利であり，普通選挙制度が要請され，事実上，選挙民の意思を議会に正しく反映する選挙制度が要請される。人民は，人民投票等の制度により，その意思を直接的に表明しうる。ただし，命令委任は禁止されており，議員の地位は，ここにおいても，半代表と理解される。なお，人民主権原理の下では，議員は，法的にも選挙民の意思に拘束され，選挙民の命令に反した場合には，選挙区の有権者により罷免されると解すべきであるとする立場もある。

2）兼職の禁止

議員の独立を確保するため，古くから議員には兼職の禁止が求められてきた。両院の議員職を兼ねることはできない。議員は，経済・社会・環境評議会の構成員，憲法院の構成員（57条），及び大統領を兼務することはできない。選挙によらないすべての公職は，議員職との兼職が認められない。

しかしながら，フランスの政治文化においては，議員が地方の公選職を兼ねることは一般的な事柄である[20]。地方公共団体を代表するとされる元老院議員のみならず，国民議会議員の間でも，兼職は広がっている。2010年現在，577人の国民議会議員のうち，264人が市長であり，123人が県議会議員であり，70

人が州議会議員である。343人の元老院議員のうち117人が市長であり，102人が県議会議員であり，15人が州議会議員である。兼職により，地方の声を国政に反映しうるという利点も生まれるが，兼職のため議会の審議を欠席する議員が多いことにたいする批判も強く，兼職を禁止すべきであるとする声もある[21]。

　ミッテラン政権の下，選挙により選出された議員の兼職の禁止に関する1985年12月30日の組織法律により，兼職数が制限された。さらに，選挙により選出される議員職と議員により選出される公職の兼職制限に関する2000年4月5日の組織法律により，厳格な制限が付された。地方分権が進み，地方の公選職が担う職責が重くなったことを受けての制度改革である。州議会議員，コルシカ議会議員，県議会議員，パリ議会議員，人口3,500人以上の市町村議会議員については，兼職はいずれか一つまでとされた。また，同法律により，欧州議会議員との兼職は禁止された。ただし，この兼職制限は，立候補の制限ではなく，当選後30日の猶予期間が与えられている。

　憲法23条1項は，政府構成員が議員等の職を兼ねることを禁止している。しかしながら，実際の政府構成員の多くは，議員から任命されている。政府構成員に任命される場合に備え，議員は立候補する際，補充候補者suppléantを予め指名する。2008年7月の憲法改正により，政府構成員ではなくなった場合，議員への復職が認められた。

　私的な活動の多くは兼職可能であるが，議員職との兼職が適切ではないと考えられるいくつかの範疇に関しては，兼職が禁止されている。国営企業あるいは公営企業の管理職，公的助成金を受ける企業の管理職，不動産開発及び不動産建設会社の管理職等の場合である。

(2) 議員の保護

1) 議員歳費

　1848年の普通選挙制度の登場以来，議員が独立してその職務を全うするため，相応の歳費indemnitéを受給する権利が認められてきた。

　議員は，高級公務員の待遇に準拠する基本歳費，歳費の3％相当額の住居手

当，歳費の4分の1の職務手当を受給する権利を有する。また，様々な職務遂行にともなう経費にあてるための職務経費手当，議員秘書3人分の雇用手当が支給される。さらに，国鉄の無料パスや事務所の設備も提供される。

2) 議員特権

議員特権 immunité として，議員には，免責特権 irresponsabilité と不逮捕特権 inviolabilité が認められている。

免責特権は，議員が十全に職務を遂行できるように，一般国民であれば負うべき法的責任を免れることを保障するものである。憲法26条1項は，「議員は，その職務の執行中に表明した意見もしくは表決について，訴追・捜索・逮捕・拘禁または裁判されない」と定める。さらに，プレスの自由に関する1881年7月29日法41条1項においても，「国民議会あるいは元老院における演説，報告書，及び両院のいずれか一方の規則に基づいて作成されたその他すべての書類は，いかなる訴訟の対象にもならない」と定められている。

この免責特権がどこまで及ぶかが問題となる。憲法院は，1989年11月7日の判決で，1881年7月29日の法律を改正し，政府任務を委嘱された議員の作成する報告書にも免責が及ぶようにした議員特権に関する法律について，議員が行う政府要求の任務は，議員の職務行為に含まれず，憲法26条1項の保障は及ばないとして，違憲と判示した[22]。学説の多くは，憲法上の免責の対象になる議員の職務行為を，本会議及び委員会における職務行為，議院に委嘱された任務に限られると限定的に解釈しており，憲法院の判断もこれと一致する[23]。

議員の不逮捕特権については，憲法26条2項が，「その所属議院の理事部の許諾がなければ，……逮捕あるいは自由を剥奪ないし制約するいかなる措置の対象にもならない。この許諾は，現行犯あるいは確定した有罪判決の場合には求められない」と定め，同条3項が，「議員の拘禁，自由を剥奪ないし制約する措置，または訴追は，その所属議院の要求がある場合には，会期の期間中停止される」と規定する。さらに，同条4項は，「当該議院は，必要に応じ，前項の適用を目的とする補充の本会議として当然に集会する」とする。

5. 議会の組織

(1) 議院の内部組織

1) 議　長

　国民議会議長は立法期ごとに，元老院議長は半数改選ごとに選ばれる（32条）。議長は，議院における審議を統率し，議院の内部秩序を維持するほか，下記の事項を行う。大統領が国民議会を解散する前と非常事態措置権を発動する前に，諮問を受ける（12条1項及び16条1項）。首相が補充日程の本会議を開催する場合，当該議院の議長は諮問を受ける（28条3項）。各院の議長は，憲法院の構成員を3人ずつ任命し，憲法院への付託権を有する（56条1項及び61条2項）。元老院議長は，大統領の職務を代行する（7条4項）。国民議会議長は，高等法院を主宰する（68条3項）。

2) 議院理事部

　対外的には議院を代表し，対内的には議院運営に責任をもつ議院管理機関として，フランスでは，合議制の組織である議院理事部 bureau が存在する。国民議会の理事部は，議長のほか副議長6人・管理担当理事3人・書記官12人の合計22人から構成される。元老院の理事部は，議長のほか，副議長8人・管理担当理事3人・書記官14人の計26人から構成される。管理担当理事は，議院の管理・経営上の責任を担う。前述したように，管理担当理事は各院の予算案を作成する。書記官は，本会議の際に，表決の管理につき議長を補佐し，投票結果を統制し，口頭手続を認証するため議長の署名に副署する。

　議院理事部は，議員の不逮捕特権の解除に関する許諾権限（26条2項）や議員の兼職禁止に関して憲法院に付託する権限を有する。

3) 議長協議会

　議長協議会 conférences des présidents は，国民議会においては1911年から，共和国評議会においては1947年から設置されてきたが，2008年7月の憲法改正により，憲法上の組織として規定された。39条4項において，政府提出法案

の議事日程への登載を統制する機関として，さらに45条2項において，政府による審議促進手続の統制機関として規定されたのである。

議長協議会は，議事日程を統制し，立法手続，及び政府統制・政策評価について協議する。各院の議長協議会は，議長，副議長，各会派の長，常任委員会委員長，財政委員会総括報告者，欧州問題委員会委員長，社会問題委員会委員長（元老院のみ）及び政府構成員で組織される。

4）会　派

会派 groupes parlementaires は，政治的に類似した傾向をもつ議員が政策等について一定の関係を保つ院内の団体で，議院運営の基礎的な単位となる[24]。政党を背景にしているが，政党とは明確に区別されるとともに，両院にまたがることはない。会派により，委員会の構成や発言時間の配分等が行われる。

フランスでは，会派の要件が議院規則で定められている。従来は，国民議会では20人以上とされていたが2009年に改められ，現在は両院とも15人以上によることとされている。構成員全員の署名と議長への届出が必要とされる。会派には，通常，投票規律が設けられるが，当該会派と政策的に近い立場にある議員が，会派の規律に拘束されることなく，政策協定を結び，会派システムの恩恵に浴すること apparentement も認められている。元老院では，政策連携 rattachement administratif というより柔軟な関係も認められている。

なお，2008年7月の憲法改正により，48条5項は，月に1回の本会議は，各院の野党会派及び少数会派の発議に基づき，各院が定める議事日程に留保されると定め，51-1条は，議院規則が院内会派の権利を定め，当該議院規則は野党会派及び少数会派にたいして特別の権利を承認すると定める。後述する政府統制については，野党会派及び少数会派の存在意義が高く，この改正は政府統制機能をさらに強化するものと解されている。

5）委　員　会

委員会 commissions législatives は，議事運営の効率化をはかり，専門性を確保するために，本会議で審議・決定すべき議案を，予備的に少数の議員により審議する機関である。これには，常任委員会 commissions permanentes と特別

委員会 commissions spéciales がある。

　第三共和制の下では，常任委員会が強力な権限を行使し，強い議会の象徴とされていたが，第五共和制憲法は，これを警戒してその機能を限定するため，旧43条1項で，法案は，政府もしくはそれを付託された議院の請求に基づき，特別委員会に送付され，同条2項で，当該請求がない場合に限り常任委員会に送付されるとして，特別委員会を原則とするとした。また，常任委員会の数は6に制限されていた。しかしながら，実際には，法案は常任委員会に送付されることが常態とされてきた。2008年7月の憲法改正により，43条1項は，法案は，常任委員会の一つに送付されるとし，委員会数の限度も8に引き上げられた。なお，常任委員会は，議案審議の機能に加え，政府統制の機能もはたしてきた。

　調査委員会 commissions d'enquête は，憲法上の制度ではなく，両院の機能に関する1958年11月17日のオルドナンスにその根拠を有する組織であったが，2008年7月の憲法改正により，憲法上の組織として規定されることとなった。51-2条は，24条1項に規定する監視及び評価の任務を遂行するため，各院に調査委員会が設置されると定める。

　議員代表団 délégations parlementaires は，個別の法律に基づき設置される[25]。これは，専門分野の情報の収集と政府統制の機能をはたすための機関である。憲法で常任委員会の数が限定されていたため，これを補う形で設置されるようになったものである。各院に個別に設置される場合と，両院合同で設置される場合とがある。1979年には，欧州共同体諸機関の活動に関する情報を各院に政府を通して提供することを目的として，欧州共同体に関する議員代表団 commissions chargées des affaires européennes が創設された。なお，2008年7月の憲法改正により，憲法88-4条3項が，各院に欧州問題を扱う委員会を設置すると規定することとなった。このほか，1983年に設置された議会科学技術選択評価局 office parlementaire d'évaluation des choixs scientifiques et techonologiques が有名である。

(2) 会　　議

1) 会　　期

　通常会期 session ordinaire について，当初の第五共和制憲法28条は，秋会期を10月2日から80日間，春会期を4月2日から90日間と規定していたが，人民投票の適用範囲の拡大，単一の通常会期の制度化，議員の不逮捕特権制度の修正，フランス共同体に関する規定及び経過規定の削除に関する1995年8月4日の憲法的法律により，10月の最初の開会可能日から，翌年6月の最終開会可能日までと改められた (28条1項)。このことにより，議会が効率的に立法し，継続的に政府を統制できるようになった[26]。

　議会は，首相もしくは国民議会議員の過半数の請求に基づき，特定の議事日程に関して，臨時会期 session extraordinaire として集会する (29条1項)。国民議会議員の請求に基づく場合には，会期は議事日程の終了後直ちに，かつ，開会から起算して12日以内に，閉会のデクレが発せられる (同条2項)。国民議会議員は，前例の臨時会期の終了後1カ月以内には，新たな臨時会期の請求をすることができない (同条3項)。

　議会が当然に集会する場合のほか，特別の臨時会期は，大統領のデクレによって，開会され，閉会される (30条)。議会が当然に集会する場合は，つぎの通りである。国民議会解散による選挙の場合 (12条3項)，大統領による非常事態措置権発動の場合 (16条4項)，大統領が会期外において両院に意思を伝達する教書を送ることを希望した場合 (18条3項)，及び議員の不逮捕特権に関する場合 (26条4項) である。

2) 議 事 日 程

　議事日程 ordre du jour は，本会議開催の日時と本会議に付する案件と順序を記載した議事次第である。議事日程への登載により，当該案件が本会議における審議の対象になる。

　制定当初の第五共和制憲法48条1項は，「両院の議事日程では，優先的にかつ政府の確定した順序により，政府提出法案及び政府により受理された議員提

出法案の討議が行われる」と定め，議員質問と政府答弁にあてられる週に1回の会議を除き，議事日程の決定は，ほぼ全面的に政府に委ねられていた。1995年8月4日の憲法的法律により，月に1回の会議については，各院で決定できると改められた。さらに2008年7月の憲法改正により，48条1項で，「第28条末尾の3項目が適用される場合を除き，議事日程は，各院によって定められる」とされた。48条2項で，4週のうち2週は，政府が議事日程に登載することを要請する法文の審査と討論のために留保され，同条4項で，4週のうち1週は，政府活動の統制と公共政策の評価にあてられ，同条5項で，月に1回の本会議は，野党会派及び少数会派の発議に基づくこととされ，同条6項で，少なくとも週1回の本会議が，議員質問と政府答弁に留保されると規定されているので，実際には，各院に広い裁量権が委ねられるようになったわけではない。しかしながら，政府が確定するという文言から，各院により定められるとする文言に改正されたことは，立法過程における議会権限の強化を象徴するものと受け止められている[27]。

3) 本 会 議

憲法28条2項は，通常会期に開会しうる期日を，120日以内と限定する。開会する週日については，各院が定める。開会日が不足する場合には，首相は，当該議院の議長への諮問を経た後，各院の議員はその過半数の請求により，補充日程の本会議開催を決定することができる（同条3項）。さらに，会議の日程及び時間は，各院の規則によって定められる（同条4項）。

33条1項は，両院の本会議 séance は公開であるとし，完全な議事録が官報 Journal officiel で公表されると規定する。議会チャンネルを創設する1999年12月30日法により，テレビ放映のためのチャンネルが創設された。33条2項は，首相もしくは各院の議員の10分の1の請求に基づき，秘密会を開くことができると規定する。この規定は適用されたことはない。

31条1項は，政府構成員は，両院に出席することができ，自らの要求に基づき意見を表明できると定める。

6. 議会の機能

　憲法24条1項は「議会は，法律を議決する。議会は，政府の行為を監視し，公共政策について評価を行う」と規定する。この規定は，2008年7月の憲法改正により新設されたものである。さらに，48条4項は，議事日程につき，4週のうち1週の本会議は，政府行為の監視，及び公共政策の評価のために留保されると定める。

(1)　法律の議決

　立法機能は議会の重要な役割であり，憲法24条1項は，議会は，法律を議決すると定める。39条1項で，法律の発議権は，首相及び議員に競合的に属すること，44条1項で，議員及び政府は，法案の修正権を有すること，45条1項で，法案は同一の法文の採択をめざし，両院で順次審議されることが規定されている。

　フランスに限らず現代行政国家においては，議会で審議され成立する法案の大半は政府提出法案である。特に，第五共和制憲法は，「合理化された議会制」の下で，立法手続の主導権を政府に委ねた。しかしながら，第6章でみるように，数次にわたる憲法改正等により，立法過程における議会の地位向上がはかられてきた。

(2)　政府の統制[28]

　2008年7月の憲法改正により，憲法24条1項は，「政府行為の監視」が議会の役割であると定めることとなった。これは，一般意思の表明たる法律をつくる機関として議会を把握する近代的・伝統的なフランス流の議会観の転換を示すものと指摘されている[29]。さらに，35条2項は，外国にたいする軍事的介入について，政府は3日以内に議会に報告し，同条3項は，介入が4カ月を超える場合は，議会の承認を経るものと規定する。フランスの議会は，従来から政

府統制機能をはたしてきたが，今回の改正により，政府行為の監視機能はさらに強化されることとなった。政府統制の制度は，情報収集のための制度と政府の政治責任を追及する制度とに分けることができる。

1) 情報収集のための制度

情報収集のための制度としては，質問，調査委員会，常任委員会，及び議員代表団をあげることができる[30]。

質問には，書面質問 question écrite と口頭質問 question orale とがある。

書面質問は，議員の書面による質問とそれにたいする大臣の書面による答弁からなる。質問と答弁は，官報に掲載される。1909 年 6 月 30 日の決議により代議院で採用されたことにその起源が求められる。現行の手続については，各院の議院規則が定める。この手続は，議員個人の問題関心のみならず有権者からの要求によっても利用されており，質問の内容は，市民生活に関わる社会的経済的なものが多い。また，質問件数は会期年度に 3 万件弱にのぼり，フランスの議員活動が活発であることを示している[31]。

口頭質問は，予め提出される議員の書面による質問と質問日になされる大臣の答弁からなる。討論をともなう口頭質問 question orale avec débat と討論をともなわない口頭質問 question orale sans débat とがある。議事日程に登載される際に議長協議会により質問が選別されること，答弁にあてられた金曜日が選挙区に戻る議員や大臣にとって不都合であったことなどから，期待されたほどの効果を発揮していない。これにたいして，1974 年にジスカール・デスタン大統領の提案により国民議会に導入された対政府質問 question au gouvernement は，積極的に活用されている。議長協議会による選別を経ることなく本会議直前に議長に付託できること，閣議後の時間があてられたことから大臣の出席が容易なこと，野党会派にも平等な質問時間が割り当てられたことなどが，その要因と考えられる。現在は，火曜日と水曜日の午後の時間があてられている。1982 年からは，元老院でも木曜日の午後に実施されている。1993 年の春会期からは，事前の付託を不要とする大臣質問 questions à un ministre という手続も採用されるようになった[32]。

調査委員会は，特定の事件について情報を収集し，公役務あるいは国有企業の管理について調査するために組織され，議院にその調査結果を報告することを目的として設置される。前述のように，2008年7月の憲法改正により，調査委員会に関する規定が憲法に盛り込まれた。調査委員会の設置は，決議案の表決による。調査委員会は，司法手続が開始されるとき及び司法手続が継続されている間は，設置できない。これを受け，調査委員会の設置を目的とする決議案が付託されると，議長は司法大臣にこれを通告し，司法大臣から当該事件につき司法手続が継続している旨の連絡があったときは，決議案の採択を行うことができない。その活動は，非公開とされ，活動期間も，最大限6カ月と限定されている。比較法的にみるとフランスの議院調査権は不十分なものであった。それが第五共和制憲法の下で，さらに弱体化され，調査委員会には，当初十分な調査権限が認められていなかった。議会権限の強化が求められるようになる1970年代後半に入り改革の機運が高まり，調査・統制委員会の活動手段を明確にするため1958年11月17日の組織法律を修正する1977年7月19日法により，証人の出頭及び証言の義務が明記されることとなり，強制的な調査権限が行使できるようになった。1996年以降は，常任委員会にも同様の調査権を付与することが可能となった。

　常任委員会は，議案の予備的な審査を行うのみならず，一定の政府統制機能をはたしてきた[33]。常任委員会は，特定の問題について情報をえるために，聴聞 audition を行うことができる。政府構成員にたいする聴聞は，頻繁に行われている。大臣に出席義務はないが，概ね委員会の要求に応えている。また，高級官僚にたいしても聴聞を要求しうるが，これには，所管の大臣の許可が必要とされており，それほど多く活用されているわけではない。また，常任委員会は，その所管する事項について必要な情報をえるために，派遣調査団 mission d'information を設置することができる。これは，国内外において活動できる。前述の調査委員会については法的な制約が多いことから，これらの制約を回避するために，この組織が活用されている。活動期間に制限がなく，作業の非公開は課されておらず，司法手続が開始されても活動を中止する必要はない。た

だし，調査委員会のような強制的な権限を有するものではない。派遣調査団は，主として法律の施行統制を行っているが，その活動は，しばしば立法評価・政策評価に及び，後述する公共政策の評価との関連も強い。

なお，2008年7月の憲法改正を受け，元老院では，各会派にたいして，会期年度ごとに，調査委員会あるいは派遣調査団を設置する権利を認めることとし，設置された調査委員会あるいは派遣調査団の委員長と報告者は，多数会派と野党会派との間で配分されるものとしている（元老院規則6-1条）。国民議会においても，野党会派あるいは少数会派は，調査委員会設置の決議案を議事日程に登載することを要求しうるとされるが，その否決には5分の3の特別多数を要するとするにとどまる（国民議会規則141条2項・3項）。ただし，設置された調査委員会の委員長あるいは報告者には，設置要求をした会派の議員が就任するものとされている（同143条3項）。従来の調査委員会あるいは常任委員会による政府統制は，会派構成に応じた運用がはかられてきたため，野党会派あるいは少数会派にとっては有効に活用することが困難な手段であった。近年の諸改革は，野党会派あるいは少数会派こそが政府統制を主導すべきであるとの認識の高まりを反映したものと理解されている[34]。

議員代表団は，専門分野の情報を収集し，政府統制機能をはたすために設置される機関であり，調査活動は主として文書あるいは聞き取りにより実施されるが，6カ月の期間を限定し，議院の調査委員会の権限を自らに付与することを要求することもできる。常任委員会の数が制限され，調査委員会の活動に制約があることから，これら制約を乗り越え，政府統制のために議会あるいは議院が発案した手段である点は，高く評価されている[35]。

2) 政府の政治責任を追及する制度

政府の政治責任を追及する制度としては，信任問題 question de confiance と不信任動議 motion de censure の制度がある[36]。

憲法49条1項は，首相は，国民議会にたいして，政府の綱領または一般政策の表明について，政府の責任をかけると規定する。この規定からは，政府の義務とされるのか，あるいは政府の裁量に委ねられているのか判然とせず，組閣

後に信任要求を全く行わなかった政府もあり，また，一般政策についてのみ信任要求をする政府もあった。

　49条2項は，国民議会は，不信任動議の表決により，政府の責任を追及すると規定する。この不信任動議については，厳格な手続要件が課されている。国民議会議員の少なくとも10分の1により署名されなければ受理されない。動議の付託後48時間を経過しなければ表決を行うことはできない。公開投票によって不信任動議にたいする賛成票のみが数えられ，国民議会議員の過半数の賛成によらなければ採択されない。国民議会議員は，同一の通常会期中は3回，同一の臨時会期中は1回を超えて不信任動議の署名者になることはできない。議院内閣制を採用する憲法の下で，このような不信任動議が採択される例は稀であり，第五共和制憲法の施行以来今日まで，可決された例は1962年10月のポンピドゥ内閣にたいする1回のみである。ドゴール大統領により，大統領選挙を間接選挙から直接選挙に改める憲法改正が人民投票により企図されたときであった。

　49条2項の単独の不信任動議とは異なり，同条3項は，信任問題と不信任動議とを組合せる方式を規定する。首相は，財政法律案または社会保障財政法律案の表決について，国民議会にたいして政府の責任をかけることができる。また，会期ごとに一つの政府提出法案または議員提出法案について，同様の手続をとることができる。続く24時間以内に不信任動議が提出されなければ，法案は採択されたものとみなされる。また，不信任動議が提出されても採択されない場合も，同様である。これらの場合，法案の採択を経ずに，その法案は可決されたことになる。この手続は，第四共和制下において，国民議会が，政府の政策に必要な法案の採択を拒否することにより，政府を辞職に追い込む事態が頻繁にみられたため，これを避けるために設けられたものであった。しかしながら，この手続は単に政府の安定化をもたらしただけでなく，政府に国民議会にたいする強力な対抗手段を提供することとなった。実際，この手続は比較的頻繁に利用されてきた。なお，2008年7月の憲法改正以前は，単に「法文の表決について」と規定しており，この手続をとることができる場合が限定されて

いなかった。

　国民議会が政府の綱領または一般政策を承認しなかった場合，あるいは，不信任動議が提出され採択されると，50条に基づき，首相は，大統領に政府の辞表を提出しなければならない。

　49条4項は，首相は，元老院にたいして，一般政策の表明について承認を求めることができると規定する。不承認の場合にも，内閣は辞職する必要はない。この規定は，国民議会と対立した政府が，元老院の承認をえることにより，政治的立場を強化しうることを想定して憲法上盛り込まれたものと解されている。

　2008年7月の憲法改正により，憲法50-1条が付け加えられた。政府は，政府の発議あるいは会派の要請に基づき，特定の事項について，一院もしくは他院において，討論に付すための声明を発することができる。政府が決定した場合には，政府の責任をかけることなく，表決の対象とされる。

(3)　公共政策の評価

　議会は，1980年前後から，政策評価機能を強化してきたが，2008年7月の憲法改正により，公共政策の評価は，議会に期待される重要な機能の一つとして憲法に規定されることとなった。24条1項は，議会は，公共政策について評価を行うと定め，47-2条1項は，会計検査院 Cour des comptes は，公共政策の評価について，議会及び政府を補佐すると定める。

　国民議会は，これを受け，2009年に公共政策評価・統制委員団 comité d'évaluation et de contrôle des politiques publiques を創設した[37]。個々の常任委員会の管轄領域を超える範囲の公共政策を評価し，議院の評価・統制活動を統括する機関として位置づけられている。国民議会議長を委員長とし，常任委員会委員長及び欧州問題担当委員会委員長，財政委員会総括報告者，議会科学技術選択評価局長，女性の権利及び男女機会均等議員代表団の長，各会派の長，及び議院の政治勢力に応じて選任される15人の議員により構成される。評価計画を決定する際には，各会派からの政策評価要求や常任委員会の派遣調査団の法律施行調査報告書が考慮される。少数派に配慮し，政策評価要求の権利を認める

とととともに，2人の報告者のうち1人は野党会派の議員をあてるものとされている。また，委員団は，憲法48条4項に規定される公共政策の評価にあてられた4週のうちの1週の本会議を活用し，評価報告書を本会議の審議の対象とし，あるいは質問の対象とすることができるとされており，本会議を利用し，その影響力を高める方策が採られている。なお，元老院では，公共政策の評価機能を，常任委員会に付与することとしている。

1) 樋口陽一『比較憲法（全訂第3版）』青林書院 1992年 154頁以下。
2) Jean-Pierre MARICY, *La deuxième chambre dans la vie politique française depuis 1875*, LGDJ, 1969, pp. 89 et s.
3) *Ibid.*, p. 160.
4) François CHEVALIER, *Le sénateur français 1875-1995*, LGDJ, 1998, pp. 70 et s.
5) Pierre AVRIL et Jean GICQUEL, *Droit Parlementaire*, 4e éd., Montchrestien, 2010, p. 62.
6) 樋口陽一 前掲書 98頁以下。
7) Décision n° 86-208 DC des 1er et 2 juillet 1986, *JO* du 3 juillet 1986, p. 8282; Décision n° 86-218 DC du 18 novembre 1986, *JO* du 19 novembre 1986, p. 13769. 只野雅人「国民主権・平等選挙と選挙区画定」フランス憲法判例研究会編・編集代表辻村みよ子『フランスの憲法判例』信山社 2002年 261頁以下。
8) パリテについては，糠塚康江『パリテの論理』信山社 2005年参照。
9) Pascal JAN, *Les assemblées parlementaires françaises*, La documentation française, 2010, p. 40.
10) Vincent BOYER, *La gauche et la seconde chambre de 1945 à nos jours*, L'Harmattan, 2007, pp. 50 et s.
11) Maurice DUVERGER, *Le système politique français*, 21e éd., PUF, 1996, pp. 227 et s.
12) Décision n° 2000-431 DC du 6 juillet 2000, *JO* du 11 juillet 2000, p. 10486. 大山礼子「元老院議員選挙における選挙権の平等」フランス憲法判例研究会編 前掲書 272頁以下。
13) Cf., Olivier DUHAMEL, *Droit constitutionnel et institutions politiques*, Édition du Seuil, 2009, pp. 682 et s.
14) 議院の自律権については，大石眞『議会法』有斐閣 2001年 155頁以下。
15) Décision n° 59-2 DC du 24 juin 1959, *JO* du 3 juillet 1959, p. 6642.
16) Décision n° 66-28 DC du 8 juillet 1966, *JO* du 24 juillet 1966, p. 6376. 勝山教子「国民議会規則の憲法適合性」フランス憲法判例研究会編 前掲書 282頁以下。

17) 南野森「フランス―2008年7月の憲法改正について」『法律時報』81巻4号2009年93頁。
18) 国民代表については，大石眞 前掲書49頁以下，杉原泰雄『憲法Ⅰ憲法総論』有斐閣1987年207頁以下，辻村みよ子『比較憲法』岩波書店2003年25頁以下及び39頁以下，辻村みよ子『フランス憲法と現代立憲主義の挑戦』有信堂高文社2010年62頁以下，樋口陽一 前掲書424頁以下。
19) Pierre AVRIL et Jean GICQUEL, *op. cit.*, pp. 31 et s.
20) François CHEVALIER, *op. cit.*, p. 295.
21) Pascal JAN, *op. cit.*, p. 43.
22) Décision n° 89-262 DC du 7 novembre 1989, *JO* du 11 novembre 1989, p. 14099.
23) 新井誠「政府が国民会議議員に委嘱した任務に対する免責特権の保障」フランス憲法判例研究会編 前掲書278頁以下。
24) 会派については，大石眞 前掲書69頁以下。
25) 議員代表団については，勝山教子「フランス第五共和制における『合理化された議院制』の構造とその改革(2・完)」『同志社法學』41巻2号1989年138頁以下，福岡英明『現代フランス議会制の研究』信山社2001年53頁以下。
26) Jean-Claude ACQUAVIVA, *Droit constitutionnel et institutions politiques*, 11e éd., Gualino, 2008, p. 173.
27) Francis HAMON et Michel TROPER, *Droit constitutionnel*, 31e éd., LGDJ, 2009, pp. 693 et s.
28) 政府の統制については，大石眞「フランスの議会による行政統制」フランス行政法研究会編『現代行政の統制』成文堂1990年245頁以下。
29) 南野森 前掲論文98頁。
30) 情報収集のための制度については，福岡英明 前掲書39頁以下。
31) Pascal JAN, *op. cit.*, pp. 157 et s.
32) *Ibid.*, pp. 159 et s. 福岡英明 前掲書43頁以下。
33) 大石眞 前掲注29) 261頁以下，福岡英明 前掲書49頁以下。
34) 勝山教子「委員会の二重の機能と政府の統制」『公法研究』」72号2010年179頁以下。
35) 福岡英明 前掲書54頁以下。
36) 政府の政治責任を追及する制度については，大石眞 前掲論文263頁以下。
37) Pascal JAN, *op. cit.*, pp. 166 et s. 勝山教子 前掲論文「委員会の二重の機能と政府の統制」181頁以下。

第6章

立法過程

藤 野 美 都 子

1. 概　　説

　法律は，特別に定められた手続により議会が議決した法規範である。法律は一般的な効力を有し，法律の遵守はすべての人々の義務とされる。フランスでは，この義務の根拠を，ルソーが，社会契約論 Du contrat social のなかで，「法律は一般意思の表明 expression de la volonté générale である」としていることに求めるのが一般的である[1]。1789 年の人権宣言 6 条にも同様の表現をみることができる。このような観念が，法律を超える法規範は存在しないとする法律万能主義の基礎とされ，議会の主権は，一般意思の表明としての法律の絶対的権力に由来すると解されてきた。第五共和制以前においては，統領政府時代や帝政時代を除き，立法手続は，議会の主権（少なくとも一院の主権）をあらわすものであり，議会は，法律の発議と議決に関して絶対的で無制約な権限を有しており，立法手続の進め方や法律に盛り込む内容の決定について広範な権限を有していた[2]。

　このように，法律の制定は議会の主要な役割であるとされてきたが，第五共和制においては，法律制定手続の主導権は，政府に委ねられることとなった。「合理化された議会制」である。このことは，制定当初の憲法 28 条が会期を限定していたこと，34 条で法律事項が限局され，38 条により法律事項であっても

議会の授権によりオルドナンス ordonnance という行政立法により定めることができるとしていること，40条により議員の法案提出権及び修正権が制限されていること，2008年7月の憲法改正以前の42条が，本会議での政府提出法案の審議は，委員会修正案ではなく，政府提出の原文について行われると定め，さらに43条では常任委員会の数が6以下と規定されていたこと，44条に政府の請求による法案の一括投票が認められていること，47条で財政法律の，そして47-1条で社会保障財政法律の審議期間が限られていること，当初48条において議事日程の決定権が政府に託されていたこと，49条で法案の表決に政府の信任をかける手続が規定されていること等にあらわれている[3]。

　しかしながら，現実には，立法のインフレーションが問題となるほど，議会における立法活動は活発である。1960年の法律集は620頁であったが，2007年の法律集は3,500頁にのぼる[4]。ジスカール・デスタン大統領の時代以降，徐々に議会の権限を強化する動きがみられ，「議会の復権」という傾向にあると指摘されている。さらに，2008年7月の憲法改正では，改革の柱の一つが「強化された議会」とされ，以下にみるように議会の立法機能の充実がはかられた。

2.　法律事項と命令事項

　憲法34条は，法律で定める事項を限定し，37条1項は，「法律の領域に属する事項以外の諸事項は，命令の性格を有する」とし，法律事項以外は命令事項とされる。法律で定めうる事項に制限はないということが法律万能主義の特色とされるが，第五共和制憲法は，立法権のすべてを議会に委ねることをやめ，あたかも命令事項が原則であるかの如く規定する[5]。

　政府は，法律執行のための命令に加え，自律的な命令も定めることができる。ただし，実際には，自律的な命令はほとんど存在せず，命令のほとんどは執行命令である。

　37条2項は，憲法施行前の命令事項に関する法律は，コンセイユ・デタの意見を徴した後，行政行為であるデクレ décret により変更できるとし，憲法施行

後の法律については，憲法院が命令事項であると宣言した場合に，デクレにより変更することができるとする。また，41条は，議員提出法案もしくは修正案が，法律事項ではないことが明らかになった場合には，政府または法案等が提出された議院の議長は，不受理をもって対抗できるとし，同条2項は，政府と当該議長との間に意見の不一致がある場合，憲法院は，いずれかの請求に基づき8日の期間内に判断を下すと定める。憲法制定者は，議会が法律事項の領域を越え命令事項を侵すことがないよう，憲法院の審査制度を導入することにより，憲法院に命令事項の擁護者としての役割を与えたのであった[6]。

38条1項は，法律の領域に属する措置についても，政府は，議会が承認する場合，オルドナンスという形式で立法を行うことができるとしており，第三・第四共和制下において違憲の疑いがあると指摘されていたデクレ・ロワ décret-loi の慣行を，制度として導入している。また，11条は，大統領は，公権力の組織に関する法案，国の経済・社会，または環境政策及びそれに関わる公役務をめぐる諸改革に関する法案，あるいは諸制度の運営に影響を及ぼすであろう条約の批准を承認する法案を，人民投票 référendum に付託する権限を有するとし，さらに，16条1項は，大統領に非常事態の際の措置権を認めている。このように，憲法は，立法府優位の統治機構から行政府優位のそれへと転換をはかっている。

34条は，下記のように法律で定める事項を規定する。① 公民権，及び公的自由の行使のため市民に認められる基本的保障。メディアの自由，多元性及び独立性。国防のため，市民にたいし，その身体及び財産に課せられる義務。② 国籍，人の身分及び能力，夫婦財産制，相続及び無償譲与。③ 重罪及び軽罪の決定，並びにそれらに適用される刑罰。刑事訴訟手続。大赦，新たな裁判制度の創設及び裁判官の身分。④ あらゆる性格の租税の基礎，税率及び徴収の態様。通貨発行制度（以上34条1項）。⑤ 両院，地方議会，フランス国外のフランス人代表機関の選挙制度，及び，地方公共団体議会議員の選挙による議員職及び公職の遂行のための諸条件。⑥ 公施設の類型の創設。⑦ 国の文官及び武官に認められる基本的保障。⑧ 企業の国有化及び公的部門から私的部門への企業所有

の移転（以上同2項）。また，3項では，つぎの基本原則を法律で定めるとする。① 国防の一般原則。② 地方公共団体の自由な行政，その権限及びその財源。③ 教育。④ 環境の保全。⑤ 所有制度，物権及び民事上・商事上の債務。⑥ 労働権，労働組合の権利及び社会保障。さらに，4項で財政法律，5項で社会保障財政法律，6項，7項で計画策定法律について規定する。そして，これ以外は，命令事項とされているのである。

　しかしながら，フランス革命以来の議会及び法規範の伝統を打破するのは容易なことではなく，実際には，法律事項を限定する憲法の規定に逆行するかのように，法律事項の拡大という現象がみられた。第一に，憲法改正により，新たに法律事項が追加されたこと，第二に，41条により，議会が法律事項の枠を超えて法律を制定しようとした場合に，政府が憲法院の判断を求めることができると規定されているものの，憲法院が法律の領域を広く解釈してきたこと，加えて，政府が憲法院への付託を自制してきたこと，第三に，議会内に多数派が安定的に存在する政治状況下では，法律の制定はそれほど困難なことではなく，あえて命令で規定せずとも，法律制定が可能であったことによる[7]。

　第一の憲法改正による法律事項の拡大とは，社会保障財政法律を制度化する1996年2月22日の憲法的法律により，社会保障財政法律の制度が創設されたこと，環境憲章に関する2005年3月1日の憲法的法律により，34条3項の基本原則に「環境の保全」が追加されたこと，第五共和制の諸制度の現代化に関する2008年7月23日の憲法的法律により，34条1項に「メディアの自由，多元性及び独立性」が，同条2項に「地方公共団体議会議員の選挙による議員職及び公職遂行のための諸条件」が追加されたこと，同条6項に「計画策定法律」が盛り込まれたことをさしている[8]。

　第二の点は，命令事項の擁護者として期待された憲法院が，憲法制定者の意図に反して，法律事項の拡大に寄与することになったことを意味する[9]。憲法院は，結社の自由に関する1971年7月16日の判決で，憲法前文が言及する1946年憲法前文及び1789年の人権宣言，さらに1946年憲法前文に謳われている「共和国の諸法律によって承認された基本的諸原理」が，合憲性審査の基準

となる「憲法ブロック」を構成することを認めた[10]。一般意思の表明である法律を讃歌する人権宣言を，合憲性審査の基準として採用したのである。以後，憲法院は，議会で制定される法律が人々の権利と自由を尊重することを求めながら，人権保障機関として積極的に行動することとなった。憲法院は，このような立場から，法律を制定する議会を権利と自由の擁護者として位置づけ，結果として，法律事項の拡大に寄与するようになったのである。

物価凍結に関する1982年7月30日の判決では，憲法61条の法律の合憲性審査は，命令事項と法律事項との間の配分問題には利用できず，「憲法は，法律に含まれる命令の性格を有する諸規定の違憲性を問うことを期待していない」と判示した[11]。憲法41条及び37条2項の不受理の抗弁という手続は，任意の性格を有しており，政府がこれを利用しない場合は，議会が命令事項に介入することを暗黙のうちに認めていると解されるからである。憲法院は，命令事項を侵害する法律の違憲審査は行わないという立場に立つことを明言したのであった。ただし，小学校の将来のための進路及び計画法に関する2005年4月21日の判決において，命令事項に関する条文は，命令の性格を有するのであって法律と同格の効力を有しないと宣言した[12]。この判決は，1982年判決を変更はしなかったものの，法律が命令事項を侵害することに一定の歯止めをかけたものと解されている。しかしながら，法律は有効とされ，後日，政府がデクレで改廃しうるとしたにすぎない[13]。

3. 通常法律の立法手続

(1) 発議権

通常法律 loi ordinaire の立法手続に関して憲法39条1項は，法律の発議権 initiative は，首相及び議員に属するとする。政府が提出する法案を政府提出法案 projet de loi，議員が提出する法案を議員提出法案 proposition de loi という。議員提出法案は多数提出されるが，実際に法律として成立に至るものの多くは，政府提出法案である。2007-2008年でみると，法律として成立した政府提出法

案は121，これにたいして，議員提出法案は14，2008-2009年では，前者が73，後者が11であった[14]。その背景には，第一に，法案の準備のための人員や資料の蓄積の点で，議員に比べ，政府の方が圧倒的に有利であること，第二に，議員提出法案には，選挙のための人気取りとなるような法案の提出は認めないとする制限等があることなどがある。

ただし，政府提出法案の多く，ほぼ60％は，共同体法とりわけ指令の国内法化をはかるもので，立法過程全体にたいする欧州連合の影響は，今日かなりのものになっている[15]。

1) 政府提出法案

政府提出法案は，39条2項に定められた手続に従い，発議される。法案は，大臣あるいは政府により準備され，コンセイユ・デタの意見を徴する。場合によっては，コンセイユ・デタの意見に従い，修正される。その後，閣議で審議され，両院いずれかの理事部に提出される。どちらを選択するかは任意であるが，財政法律と社会保障財政法律は，先に国民議会に付託しなければならず，また，地方公共団体の組織をおもな対象とする法案については，先に元老院に提出しなければならない。

立法のインフレーションという現象に対処するため，2008年7月の憲法改正により，39条3項は，両院のいずれかに提出する政府提出法案は，組織法律の定める要件を満たすものでなければならないと定める。同条4項は，付託を受けた議院の議長協議会が，組織法律の定めが遵守されていないと判断する場合には，政府提出法案は議事日程に登載することができないと規定する。議長協議会と政府の意見が一致しない場合には，当該議長または首相は，憲法院の裁定を求めることができ，憲法院は8日以内に判断を下すこととされている。これを受けて制定された34-1条，39条及び44条の適用に関する2009年4月15日の組織法律8条は，「政府提出法案は，影響調査 études d'impact の対象とされる」として，影響評価制度を導入した。コンセイユ・デタに当該法案を送付する際には，影響調査のための説明資料を政府提出法案に付ける。これらの資料は，政府提出法案と合せて，先議の議院理事部に提出される。資料は，政府

提出法案の目標を明らかにし，新たな法律制定以外の選択肢についても提示するものと定められている。立法のインフレーションを抑制するための新たな仕組みの一つと理解されている[16]。

2) 議員提出法案

議員提出法案は，議員一人でも複数でも提出しうるが，同じ会派の議員が協力して提出するのが一般的である。議員提出法案は，議員が属する議院理事部に提出される。議員提出法案については，憲法40条が「議員によって作成された議員提出法案及び修正案は，その採択によって，歳入の減少もしくは歳出の創設または増加の結果を生じさせるときは，受理されない」と定めている。これは，議員が，選挙を念頭に選挙民の人気をえるため，利益誘導型の法案を多数提出することの弊害が問題となり設けられたものである[17]。

従来41条1項において，議員提出法案が，法律の領域に属さず，また38条によって付与された委任に反することが明らかになった場合，受理しないことができるのは政府のみとされていたが，2008年7月の憲法改正により，これに両院の議長が加えられた。また，39条5項は，所属議員一人により付託された議員提出法案について，提案者が反対する場合を除き，委員会審議に付される前に，当該議院の議長がコンセイユ・デタの意見を徴することができると定めた。議員提出法案の質の確保がはかられている[18]。

(2) 修　正　権

憲法44条1項は，「議員及び政府は，法案の修正権を有する」と規定する。議員にとっては，成立の見込みが少ない法案の発議権よりも，修正権の行使が重要であり，フランスでは，多数の修正案が議員から提出される。政府も，審議の展開をみながら，多くの修正案を提出する。ちなみに，国民議会では，2006-2007年には，144,014件の修正案が提出され，3,116件が採択された。エネルギーに関する法律案にたいする修正が，137,000件もあったため，膨大な数の修正案となったものである。2007-2008年には，13,778件の修正案が提出され，2,598件が採択された[19]。

議員の修正権には，40条及び41条1項に規定される制約がある。40条による規制については，議院規則に定められており，委員会の審議の際に考慮される。さらに，44条2項は，「政府は，討議開始後，事前に委員会に付託されなかったすべての修正案の審理を拒否することができる」とし，同条3項は，「政府が請求する場合，法案を付託された議院は，審議中の法文の全部もしくは一部につき，政府によって提案されあるいは認容された修正案のみを留保して，単一の表決により議決する」と定める。多数の修正案を処理するための仕組みである。しかしながら，2008年7月の憲法改正により，45条1項は，40条及び41条の適用は別として，付託されあるいは送付された法文に間接的であっても関連がある場合，すべての修正案を第一読会において受理することができると定め，修正案の提出と審議にたいする配慮が払われることとなった[20]。

委員会審議及び第一読会の前であれば，修正権の完全な行使が可能であるが，第二読会が開始されると，修正権は制約を受ける。第二読会では，審議の対象とされている法文に直接関連のある修正案しか受理されない。また，2006年1月19日の憲法院判決は，第二読会では，憲法遵守を確保するための修正案，当該修正案により両院が協働できるもの，単純に誤りを訂正する修正案しか受理されないと判示した[21]。後述する両院間回付手続が，際限なく繰り返されることを避けるためである。

(3) 審　　　議

議院理事部に付託された法案は，議院における審議に付される。法案は，同一の法文を対象に，両院により採択されることを基本とする。各院における法案の審議を読会 lecture という。第一読会は，委員会における審議，議事日程への登載，本会議での審議，そして，他院への法案の送付という段階を経る。

1) 委員会審議

法案が提出されると，すべての法案は，委員会の審議に付される。当該法案の審議のために特別に設置される特別委員会に付される場合もあるが，多くの法案は，常任委員会で審議される。常任委員会の数は，憲法43条で各院8以下

と制限されており，現在国民議会では8，元老院では6の常任委員会が設置されている。第五共和制以前の強い議会の伝統は，常任委員会の活動に支えられてきたものであり，常任委員会の権限が強く，立法作業の遅滞が生じることもしばしばであった。このような事態を避けるため，第五共和制憲法は常任委員会の数を6以下と制限していた[22]。2008年7月の憲法改正により，制限が緩和された。当該法案に関係する委員会が複数ある場合，一つの委員会が審議し報告書を作成するが，他の委員会は意見を採択し，所属議院の議員すべてにその意見が伝えられる。

2008年7月の憲法改正は，委員会審議に関して，二つの改革を行った。今回の改正は，立法過程における委員会審議を重視するものと評価されている[23]。

第一に，改正以前は，政府提出法案の第一院における審議は，「政府の提出した法文」について行うと定められていたが，42条1項は，議員提出法案のみならず政府提出法案についても，「委員会で採択された法文」について行われることを原則とすると改められた。従来であれば，政府提出法案が委員会の審議のなかで修正されても，本会議では政府原案をもとに審議を始め，委員会修正については改めて審議し可決しなければならず，立法過程における政府の優位を示す仕組みの一つとされていたものである。なお，42条2項により，憲法改正法律案，財政法律案，社会保障財政法律案については，先議の議院の第一読会では，政府提出の原文をもとに審議を行うこととされている。

第二に，改正された42条3項は，「政府提出法案または議員提出法案の本会議第一読会における審議は，法案提出後6週間経過後でなければ先議の議院で行うことはできず，後議の議院では，送付後4週間後でなければ行うことができない」と規定し，委員会審議の時間を十分に確保することとしている。

委員会では，当該法案の報告者が指名され，報告者は報告書を作成し，本会議に提出する。政府提出法案の場合には，担当大臣及び政府委員も委員会に出席し，政府の見解を説明する機会が与えられる。多くの場合，公聴会が開催され，逐条ごとに慎重な審議が行われる。

2) 本会議審議

委員会の報告が整うと,法案は議事日程に登載される。本会議における審議は,一般討論,そして,詳細審議の二段階を踏む。

一般討論は,法案の提示を行う機会となっており,議長は,政府提出法案の場合には,担当大臣により代表される政府に,ついで,委員会の報告者に,発言の機会を提供する。さらに,会派の代表者が発言する。議員提出法案の場合には,第一に,委員会の報告者に発言の機会が与えられる。議長協議会が,会派ごとに審議時間を割り振りながら,全体の討論時間を確定し,法案の一般討論を統括する。一般討論の段階では,表決は行われない。

詳細審議は,法案の逐条ごとに行われる。討論の主たる対象は,修正案による法案の修正である。修正案の提案者,委員会の報告者,大臣,そして,修正案に反対の議員の順に発言が許される。一般的な修正から,特殊な修正へと審議が進められる。一つ一つの修正案について,投票が行われる。

詳細審議が終わると,法文全部あるいは一部について,再度審議が行われる。そして,議長は,法文全体を投票に付す。

3) 両院間回付手続

「すべての政府提出法案または議員提出法案は,同一の法文の採択をめざし,議会の両院で順次審議される」と定める憲法45条1項は,両院間回付手続 navette をあらわしている。第一読会が終わると,採択された法案が他院に送付される。送付を受けた議院において,委員会審議と本会議審議の第一読会が展開され,送付された法案が採択されると,法案は成立する。送付を受けた議院で法案が修正された場合には,先議の議院に修正された法案が回付される。回付を受けた先議の議院では,第二読会が開始される。ここで回付案が採択されると,法案の成立である。第二読会で修正が施された場合には,修正案が他院に送られ,第二読会が行われる。このように両院間を法案が行き来することを両院間回付手続という。なお,法案が否決された場合には,立法手続はそこで中断される。

両院間回付手続で両院一致に至らない場合,審議促進のための手続が用意さ

れている。45条2項は，各院で2回の読会の後に法案が採択されなかった場合，あるいは議長協議会が反対することなく政府が審議促進手続を採用する場合には両院の第一読会の後に，首相，または議員提出法案については両院の議長が共同で，両院同数委員会 Commission mixte paritaire の開催を求めることができると定める。両院同数委員会は，国民議会議員7人と元老院議員7人で構成され，両院の審議に付す成案を作成する。両院同数委員会の成案が，両院で採択されると，法案の成立となる。45条4項は，両院同数委員会が成案の作成に至らない場合，あるいは成案が両院によって採択されない場合，政府は，両院における1回の読会の後，国民議会にたいして，最終的な議決を要求することができると定める。国民議会は，両院同数委員会の成案，あるいは，国民議会で採択された，場合によっては，元老院で採択された修正案について，議決することができる。国民議会の多数派に支持される政府にたいして，法案の成立に反対する元老院に対抗しうる手段が付与されているのである。なお，2008年7月の憲法改正以前は，両院同数委員会の開催を要求しうるのは首相のみであったが，これに両院の議長が加えられた。首相は，議員提出法案の成立には無関心なことが多く，従来の規定では，議員提出法案の成立を促進させる手続に欠けるところがあった。両院の議長に首相と同様の権限を付与することで，議院提出法案についても，その成立をはかるための手続が準備されたのであった[24]。

(4) 採　　　択

1) 簡略化審議手続

議院において審議すべき法案の数は増加の一途であるが，審議時間には限界がある。そこで，簡略化審議手続 procédure d'examen simplifié が採用されることがある。この手続が採られると，一般討論が省かれ，修正の対象となる条文のみが表決の対象とされる。修正がない場合には，法文全体にたいする表決が行われる。議長，政府，委員会委員長，会派の代表の要求で，議長協議会が採用を決定する。ただし，反対派議員にも配慮がされており，簡略化審議手続に反対の意思表明があると，当該法文は，通常手続により審議される。

この手続は，条約の批准等を承認する政府提出法案の審議の際に利用されている。ただし，この場合も，委員会審議は行われる。

2) 一括投票

一括投票 vote bloqué は，憲法44条3項が定める手続で，この手続によれば，政府は，議院にたいして，政府が提案した修正案あるいは政府が認容した修正案を留保し，審議中の法文全部もしくは一部につき，単一の表決により議決することを要求できる。政府は，この手続をいつ採用するかの決定権を有し，一括投票の対象を法文の全部とするか，もしくは一部（一条文から可能）とするかの選択権を行使しうる。さらに，修正案を留保するか否かの判断権も有している。

この手続が採用されると，修正案にたいする表決が制限され，法文が単一の表決の対象とされる。この手続は，逐条の審議と政府により受け入れられない修正案の審議を省略し，審議の促進をはかるものである。

3) 信任投票

憲法49条3項は，首相は，閣議の審議の後，政府提出の財政法律案または社会保障財政法律案の表決について，国民議会にたいして政府の責任をかけることができると定める。これを信任投票 engagement de responsabilité という。さらに，会期に一つの政府提出法案あるいは議員提出法案についても，この手続を採ることができる。

一括投票の場合と同様，首相は，この手続をいつ採用するかの決定権を有している。一括投票の場合とは異なり，この手続が採られると，即時に法案審議が中止される。

この手続が採用されたのち24時間以内に不信任動議が提出されない場合，あるいは提出された不信任動議が，49条2項に定められた手続により可決されない場合，当該法案は採択されたものとみなされる。不信任動議が採択された場合は，50条により，首相は大統領に政府の辞職を申し出なければならない。ちなみに，1958年以降，フランスはこのような事態を経験していない。

(5) 審署及び公布

　憲法10条1項は，大統領は採択された法律を審署すると規定する。審署 promulgation は，憲法が定める手続により法律が採択されたことを認証し，それに執行力を付与する行為である。

　10条1項は，法律が政府に送付された後15日以内に大統領は審署すると定めるが，実際には，憲法院への付託等により，審署は遅れがちである。61条2項は，大統領，首相，国民議会議長，元老院議長，または60人以上の議員は，憲法院に合憲性審査のための，付託をすることができると規定する。61条4項は，憲法院への付託は，審署までの期間の進行を停止すると定める。憲法61条を改正する1974年10月29日の憲法的法律により，60人以上の議員による付託が認められ，法案に反対であった野党議員にとっては，重要な異議申立手段となっている。憲法院が採択された法律の憲法適合性を認めた場合，大統領による審署が行われる。憲法院が法律全体を憲法違反であると判断した場合には，憲法を改正して再度法案の成立をめざさない限り，法案をつくり直し，議会の審議を経ることとなる。法案の一部が違憲とされた場合には，大統領は，違憲とされた当該部分を削除したうえで，審署することができる。

　10条2項は，大統領に法律あるいはその一部の再審議を議会に要求する権利を認める。議会は，再審議を拒否することはできない。これまで3回再審議が行われたが，そのうち，1985年8月9日と2003年4月4日の場合は，憲法院の判断の後，問題とされた部分に対処するための再審議であった。

　審署の後，法律は，官報 Journal officiel に掲載することにより，一般に公布 publication される。官報に掲載されると，法律の効力が発生する。

4. 特別な立法手続

　通常法律の場合とは異なる立法手続として，憲法改正のための憲法的法律，組織法律，財政法律と社会保障財政法律，計画策定法律，そして条約承認に関

する法律の制定手続がある。

なお，議会外の立法としては，憲法38条に規定されているオルドナンス，11条に規定されている国民投票法律 loi référendaire，そして16条に規定されている大統領の非常事態措置権がある。

(1) 憲法的法律

憲法的法律 loi constitutionnelle は，憲法改正を目的に制定されるもので，法律という名称が付されているものの憲法に属する。憲法改正の発議については，89条1項が大統領及び議員に競合的に属すると定め，大統領の発議は首相の提案に基づくものとされている。

憲法改正手続は，次の二点において，通常法律の立法手続と大きく異なる。第一は，89条2項により，憲法改正案は，両院により同一の文言で表決されることが求められており，両院不一致の際，通常法律の場合とは異なり，国民議会にたいして最終議決権を付与しうる権限が政府に認められていないこと。第二に，同一文言にたいする両院の一致の表決のみでは手続は完結せず，同条2項後段で，人民投票による承認が必要とされていること。ただし，同条3項で，政府提出改正案については，大統領が両院合同会議 Congrès に付託することを決定した場合，人民投票は不要である旨定められている。この場合，少なくとも，有効投票の5分の3の多数による承認が必要とされる。

憲法改正手続においては，通常法律の場合よりも元老院の地位が強化されており，憲法改正を企図する政府は，元老院との交渉を避けて通ることはできない[25]。後述する憲法に「欧州共同体及び欧州連合」の章を追加する1992年6月25日の憲法的法律の場合にみられるように，元老院は，憲法改正の際に，政府から譲歩を引き出すことに成功してきた。このような元老院の憲法改正に関する強い権限にたいしては，批判の声もある。

(2) 組 織 法 律

組織法律 loi organique は，公権力の組織と運営の態様を定めるもので，法類

型としては，憲法的法律と通常法律の中間に位置づけられる。

　憲法は，憲法の適用に関する重要事項について組織法律で定めることを求めており，その数は多数にのぼる。たとえば，6条で，普通選挙による大統領選挙の態様について，25条で，議員の任期・両院の議員定数・歳費・被選挙資格の要件等について，あるいは，63条で，憲法院に関する組織及び運営に関する規則，憲法院の手続等について，組織法律が定めるとする。2008年7月の憲法改正により，あらたに七つの組織法律の関与が求められることになった。

　第四共和制から第五共和制への移行期であった1958年当初は，多くの組織法律がオルドナンスの形式で定められたが，通常は，46条の規定に従って組織法律が制定される。組織法律の立法手続は，次の三点において，通常法律の場合と異なる。第一に，通常法律では，42条4項により45条の審議促進手続が政府により採用されると，42条3項で要求される法案の第一読会における審議前の期間の適用は排除されるが，組織法律については，46条2項により，法案提出から15日の期間満了後でなければ，先議の議院の審議に付すことができない。第二に，両院不一致の場合，政府は，45条4項により国民議会に最終議決権を付与することができるが，46条3項は国民議会議員の絶対多数による可決が必要であると定める。この手続は，たとえば，大統領の任期を短縮することを受けて制定されることになった国民議会議員の任期満了の時期を修正する国民議会の権限に関する2001年5月21日の組織法律の採択の際に利用された。第三に，46条5項は，「組織法律は，憲法院によって憲法適合性に関する判断が下された後でなければ審署されない」と定め，憲法院の審査を必須とする。61条1項においても，組織法律は，審署前に憲法院の合憲性審査に服すると規定されている。

　なお，憲法的法律と同様，元老院に関する組織法律（46条4項）とフランスに居住する欧州連合市民の市町村議会選挙権ならびに被選挙権に関する組織法律（88-3条）については，両院によって同一の文言で表決されなければならない。ただし，前者の元老院に関する組織法律については，憲法院が，その判例により厳格に解することを求めている。たとえば，国民議会議員選挙に関する

組織法律の立法手続が問題とされた1985年7月10日の憲法院判決は，国民議会議員の定数は，元老院議員選挙の選挙人団の構成に間接的には影響を及ぼすものの，これを定める組織法律は，「元老院に関する」ものとは解されないと判断した[26]。元老院議員の定数，任期及びその地位に関する事項等を定める，元老院に直接的な関わりを有する組織法律のみが対象となるのである。後者の欧州連合市民の市町村議会選挙権等に関する組織法律については，元老院がマーストリヒト条約承認のための憲法改正案を承認することと引き換えに，元老院の承認を必要条件とすることを求めたものである[27]。元老院議員選挙の選挙人団の5分の4は市町村議会議員の代表で構成されており，元老院は，市町村議会の選挙制度にたいして強い関心を寄せていたためである。

(3) 財政法律と社会保障財政法律

財政法律 loi de finances は，国の歳入と歳出の性質，額及び充当について決定する法律の総称である。年度財政法律 loi de finances de l'année，補正財政法律 loi de finances de rectifiative，及び決算法律 loi de règlement が，これに含まれる。基本的には，予算単年度主義が採られており，年度財政法律（ここでは以下，単に財政法律とする）が重要である。憲法34条4項は，「財政法律は，組織法律に定める要件及び留保のもとで，国の歳入と歳出を定める」と規定する。45年以上にわたり，財政法律に関する1959年1月2日のオルドナンスが，財政法律に関する規定であったが，新たに財政法律に関する2001年8月1日の組織法律が制定された。なお，決算法律等も，下記にみる財政法律と同様の手続で採択される。

財政法律は公役務の実施に不可欠なことから，憲法47条は，通常法律よりも容易に採択されるよう，また，両院が厳格に定められた期間を遵守するよう，財政法律の立法手続を定める。39条2項により，財政法律は先に国民議会に付託される。47条2項は，「財政法律案の提出後40日の期間内に，国民議会が第一読会で議決しない場合，政府は，元老院に付託し，元老院は，15日の期間内に採決しなければならない」と定める。両院不一致の場合，政府は両院間回付

手続の継続を避けるため，45条で定められている通常法律に関する手続を利用できる。47条3項は，「議会が70日の期間内に議決しない場合，財政法律案の規定を，オルドナンスによって施行することができる」とする。政府は，議会の承認を回避できることになるが，あくまでも，議会への財政法律案の付託に遅滞がないにもかかわらず議会が期間内に議決しない場合等に限られる。47条4項は，財政法律が，その施行開始前に審署されるに適した時期に付託されなかった場合，政府は，議会にたいして，租税徴収権の承認を緊急に請求し，デクレにより，表決された役務に関する予算額の支出を開始する」と規定する。

　財政法律は，特別な迅速手続により採択されるので，政府あるいは議員が，財政の性格を有しない規定を財政法律に潜ませることにより，当該規定がほとんど討議なしに採択される危険性がある。これを財政法律への便乗 cavalier budgétaire という。国民議会規則121条は，「財政法律に関する組織法律の諸規定に反する修正は，受理されない」と規定する。また，憲法院の判例でも，通常法律の制定手続等を回避する財政法律への便乗という慣行は禁止されている。たとえば，2005年12月29日の憲法院判決は，県議会が県の公施設以外の公施設に代表を送ることを許可する規定，あるいは，学生の住居に関わる財産でありかつ公施設に属する財産を，市町村あるいは市町村共立の公施設に移譲しうるとする規定は，2001年8月1日の組織法律が規定する財政法律とは領域を異にし，これらを財政法律として採択することは，違憲の手続によることとなると判示した[28]。

　社会保障財政法律 loi de financement de la sécurité sociale は，財政法律に倣い，1996年2月22日の憲法的法律により制度化されたものである。従来は，34条3項が，社会保障の基本原則を法律が定めるとしていただけであった。議会は，新たな社会保険料や社会保障給付を創設する権限しか有せず，社会保険料率や給付額の決定は，命令事項とされてきた。1996年以前は，社会保障財政は，議会の採択の対象とはされず，制度的には議論の対象ともされていなかったのである。議会には，「国民の社会予算」と題して，財政法律の資料として提出されるのみであった。しかしながら，社会保障財政の額は多額であり，国家財政

からの拠出額も大きいことから，1996年に憲法を改正し，社会保障財政法律制度を導入し，社会保障財政にたいする議会統制の強化をはかることとしたのである。

34条5項は，「社会保障財政法律は，組織法律に定める要件及び留保のもとに，社会保障に関する財政均衡の一般的諸条件を決定し，かつ，収入の見通しを勘案し支出の目標を定める」と規定する。

社会保障財政法律は，毎年，財政法律の場合と同様の手続で採択されるが，財政法律の場合よりも，期間の限定が厳しい。47-1条2項は，「社会保障財政法律案の提出後20日の期間内に，国民議会が第一読会で議決しない場合，政府は元老院に付託し，元老院は，15日の期間内に採決しなければならない」と定め，同条3項は，「議会が50日の期間内に議決しない場合，社会保障財政法律の規定を，オルドナンスにより施行することができる」と規定する。社会保障財政法律案の場合も，財政法律と同様，採択手続の簡略化がはかられており，「便乗」の問題が生じる。社会保障財政への便乗 cavaliers sociaux となる修正案は受理されない。

(4) 計画策定法律

2008年7月の憲法改正により，憲法34条6項の文言が改められ，計画策定法律 loi de programmation は国の活動目標を定めると規定された。さらに，公財政の複数年の方針は計画策定法律が定めるとする同条7項が新設され，複数年度予算の概念による財政管理の手法が憲法上導入された。また，70条は，政府は，公財政の複数年の方針を定める計画策定法律案について，経済・社会・環境評議会 Conseil économique, social et environnemental に諮問することができるとし，さらに，経済的・社会的・環境的性格をもつすべての計画または計画策定法律案は，意見を徴するために経済・社会・環境評議会に付託されると定める。なお，計画策定法律に関しては，経済・社会・環境評議会との関わりが密接であること以外，立法手続上からみると，通常法律と変わるところはない。

ちなみに、2009-2012年の公財政に関する2009年2月9日の計画策定法律は、国家、社会保障、及び地方政府について、この間の財政方針を定めている。

(5) 条約を批准あるいは承認する法律

憲法53条1項は、平和条約や通商条約、国際組織、国の財政、法律の性格をもつ規定の変更、人の身分、あるいは領土の変更を内容とする条約もしくは協定は、法律によらなければ批准 ratification され、または承認 approbation されないと規定する。55条は、正規に批准または承認された条約もしくは協定は、法律に優越する効力を有すると定める。憲法は、国際法優位説に立つものと理解されている。しかしながら、54条は、憲法院が憲法に違反する条項が含まれていると判断を下した国際協約は、憲法を改正しないかぎり批准または承認されないと規定し、国内法優位の立場から、国際法と国内法の抵触を回避する配慮もしている。憲法に抵触する条約を批准するには、事前に憲法を改正することが求められており、1992年のマーストリヒト条約の批准の際には、欧州共同体と欧州連合に関する章が新設されるなど、必要とされる憲法改正が先行した。

当該法案は、通常法律の立法手続により採択される。ただし、議会は、条約もしくは協定自体に関する修正権を有しないことから、当該法案は、逐条審議を省略し、一般討論も経ることなく採択されることが多い。実際、2000年には、国民議会において、37の当該法案のうち30が、簡略化審議手続により採択された[29]。

憲法院に付託された場合には、議会の審議前においては、条約もしくは協定の条文自体を審査の対象として、あるいは審署前には、条約等の批准あるいは承認を認める法案について、合憲性の審査が行われる。議会の審議前というのは、憲法54条に基づき、大統領、首相、両院の議長、60人の議員が憲法院に付託する場合である。他方、審署前の憲法院の関与は、61条2項による。

なお、88-5条は、欧州連合及び欧州共同体への国家の新規加盟に関する条約の批准を認める法案は、大統領により国民投票に付されると定める。ただし、同条2項は、議会は、各院の5分の3の多数で採択された動議により、89条3

項に定める手続により当該法案を採択することができると規定する。もともとはトルコが欧州連合へ加盟する際には，人民投票を実施すべきであるとする声に対応するものであったが，2008年7月の憲法改正により，人民投票を回避する道も別途用意されたのである[30]。

1) Jean-Pierre CAMBY, *La procédure législative en France*, Documents d'études, n° 1-12, La documentation française, 2010, p. 3.
2) *Ibid.*, p. 6.
3) Cf., Laurence BAGHESTANI, *Fiches de droit constitutionnel*, 3ᵉ éd., Ellipses, 2010, pp. 143 et s. 大山礼子『フランスの政治制度』東信堂 2006 年 86 頁以下。
4) Olivier DUHAMEL, *Droit constitutionnel et institutions politiques*, Édition du Seuil, 2009, pp. 635 et s.
5) Cf., Francis HAMON et Michel TROPER, *Droit constitutionnel*, 31ᵉ éd., LGDJ, 2009, pp. 759 et s. 滝沢正『フランス法（第4版）』三省堂 2010 年 141 頁以下。
6) Anne-Marie Le POURHIET, *Droit constitutionnel*, 2ᵉ éd., Economica, 2009, pp. 401 et s.
7) *Ibid.*, p. 402.
8) Pascal JAN, *Les assemblées parlementaires françaises*, La documentation française, 2010, pp. 105 et s.
9) Anne-Marie Le POURHIET, *op. cit.*, pp. 403 et s. Pierre AVRIL et Jean GICQUEL, *Droit Parlementaire*, 4ᵉ éd., Montchrestien, 2010, pp. 163 et s.
10) Décision n° 71-44 DC du 16 juillet 1971, *JO* du 18 juillet 1971, p. 7114.
11) Décision n° 82-143 DC du 30 juillet 1982, *JO* du 31 juillet 1982, p. 2470.
12) Décision n° 2005-512 DC du 21 avril 2005, *JO* du 24 avril 2005, p. 7173.
13) Pascal JAN, *op. cit.*, p. 107; Francis HAMON et Michel TROPER, *op. cit.*, p. 772.
14) Jean-Pierre CAMBY, *op. cit.*, p. 18.
15) Manuel DELAMARRE et Valéry MULLER, *Droit constitutionnel*, Ellipses, 2009, p. 155.
16) Francis HAMON et Michel TROPER, *op. cit.*, p. 774.
17) *Ibid.*, p. 775.
18) *Ibid.*, p. 775.
19) Pascal JAN, *op. cit.*, p. 141; Pierre AVRIL et Jean GICQUEL, *op. cit.*, p. 200.
20) Manuel DELAMARRE et Valéry MULLER, *op. cit.*, p. 159.
21) Décision n° 2005-532 DC du 19 janvier 2006, *JO* du 24 janvier 2006, p. 1138.

22) 大石眞「フランスの議会による行政統制」フランス行政法研究会編『現代行政の統制』成文堂 1990 年 259 頁以下。
23) 南野森「フランス―2008 年 7 月の憲法改正について」『法律時報』81 巻 4 号 2009 年 93 頁以下。
24) Francis HAMON et Michel TROPER, *op. cit.*, p. 788.
25) *Ibid.*, p. 795.
26) Décision nº 85-195 DC du 10 juillet 1985, *JO* du 11 juillet 1985, p. 7835.
27) Francis HAMON et Michel TROPER, *op. cit.*, p. 793.
28) Décision nº 2005-530 DC du 29 décembre 2005, *JO* du 31 décembre 2005, p. 20705.
29) Francis HAMON et Michel TROPER, *op. cit.*, p. 805.
30) 南野森 前掲論文 96 頁。

第7章

財　政

佐　藤　信　行

1. はじめに

　あらゆる国家活動は，多かれ少なかれ財政的裏付けを必要とするが，その財源は，究極的には国民の負担によるものであるから，歳入・歳出について定める予算・財政制度をどのように構築するかは，重要な憲法的関心事となる。このことはフランスにおいてももちろん例外ではない。

　第五共和制憲法34条4項は，まずもって「財政法律は，組織法律に定める要件及び留保の下で，国の歳入及び歳出を定める」と規定しているが，この条文は，フランスにおいては，①予算は財政法律 lois de finances という形式の法律として定められること，②したがってその制定権限は国会にあること，③ただし国会の財政法律制定権限は，憲法のみならず組織法律にも拘束されることを含意している。なお財政法律には，日本における一般予算に相当する予算法律，決算に相当する年次決算法律のほか修正予算法律等複数のものが含まれるが，本章では，予算法律と決算法律に議論を限定する。

　そこで問題は，憲法及び組織法律がどのような枠組みを規定しているかということになるが，第五共和制憲法下のフランスにおけるこの点に関する憲法政策は，大きくみて「財政法律についての組織法律に関する1959年1月2日オルドナンス第59-2号」[1]（以下，「1959年オルドナンス」という）下のものから，

「財政法律に関する2001年8月1日組織法律第2001-692号」[2] (以下「LOLF」という) 下のものへと展開してきている。ごく簡単にいえば，前者は，第五共和制当初における「合理化された議会」の流れを構成するものの一つであり，国会の予算権限を制限することを主要な目的として，かなりに詳細な制度を構築していたものであるのにたいして，後者は，少なくとも部分的にはこの分野における国会の権限拡大を図ったものである。

しかし，行政府が強力なイニシアティブを発揮できるはずの予算プロセスが，なぜ改革されねばならなかったのだろうか。そこで本章では，この二つの制度を比較することによって，フランスの予算・財政制度の今日的特徴を検討する[3]。

2. 1959年オルドナンス下の制度

第五共和制憲法は，第三・第四共和制の不安定な政治運営への反応として，全体として執行府の権限を拡大し，国会の権限を縮小する，いわゆる「合理化された議会」を導入したことで知られるが，これは財政問題についても例外ではなかった。上述したように，その34条5項は，予算法律等の財政法律を組織法律の下に置くが，このためにまず制定されたのが，1959年オルドナンスなのであった[4]。憲法と同オルドナンスによって導入された第五共和制当初の財政システムは，おおよそ次のような特徴を有するものとして説明できよう。すなわち，

① 予算法案作成についての政府の強力なイニシアティヴを確保すること
② 予算法案を迅速に国会を通過させること
③ 予算法案を可能な限り修正なしで国会を通過させること

の三点である。これは，第四共和制までの国会中心の予算モデルを，全面的に行政府中心予算モデルに置き換えること，換言すれば国会の財政権限を弱体化することを企図したものであった。

以下，具体的に検討する。なお，第五共和制憲法は2008年に大改正されてい

るが，1959年オルドナンスが適用されていた時期には，同改正は存在していなかったことから，原則として，本節における説明には，同改正は反映していない。

まず，第五共和制憲法34条1項は「法律は，国会により議決される」[5]とし，さらに同条2項は「法律は，次に掲げる事項に関する規則を定める」としているが，そのなかに「あらゆる性格の租税の基礎，率及び徴収方式。通貨発行制度」が含まれている。また，同条5項は「財政法律は組織法律に定める要件及び留保の下で，国の歳入及び歳出を定める」と規定する。この結果，第五共和制においても枠組みとしては，歳出・歳入の両面について予算を決定するのは，国会の権限，換言すれば，法律事項であることとされた。

もっとも，予算法案作成のイニシアティヴが政府にあることは予め指摘しておく必要があろう。これは第五共和制憲法47条及び1959年オルドナンス37条によって，予算法案提出権が政府にのみ属するとされていることによって確保されているとともに，さらには同オルドナンス2条が，通常の法律によっては予算を変更することができないとすることによって，確固たるものとされている。この結果，国会の予算決定権はそもそも政府が提出した予算法案にたいする決定権であるという構造を与えられているのである。そして，国会の予算決定権には，さまざまな制約のための装置が付されている。これらによって，国会の財政権限は極めて形式化されていたといえよう。そこでこれらの装置について示す。

まず第一の装置は，予算法案を組織法律の留保の下におくことである。これによって，予算決定は法律事項ではあるが，実際には，憲法典とは別のより具体的で詳細な規制が行われていた。このうち，最も重要なものが，1959年オルドナンスである。

第二の装置は，国会の予算法律修正権に関するものである。第五共和制憲法40条は「国会の構成員によって作成された議員提出法案及び修正案は，その採択によって，歳入の減少もしくは歳出の創設または増加の結果を生じさせるときは，受理されない」と規定する。これによって，歳出側のいわゆる「増額修

正」が禁止されたのみならず、歳入側の「減額修正」も禁止されたのである。これは、第四共和制以前のフランス、あるいは現在のアメリカ合衆国における制度である、歳入減少・歳出増加についての制約を設けないというやり方とは異なっている。さらにこの点に関しては、1959年オルドナンス42条1項は、「いかなる条文の追加あるいは修正も、それが歳出を抑制もしくは効果的に減少させ、あるいは歳入を増加させもしくは歳出にたいするコントロールを確保するものである場合にのみ提出できる」と規定し、上記憲法規定よりも厳格な制限を加えている。結果として、議員は以下の三つの場合に限って、予算法案にたいする修正を提案できることとされたのである。すなわち、① 歳出を抑制しあるいは効果的に減少させる場合、② 税収を増加させる場合、③ 歳出にたいするより効果的な統制を確保する場合である。

しかしながら、さらに重要なのは、1959年オルドナンス42条1項の「効果的に effectivement」という文言である。この文言は一種のバスケット・クローズとなっており、さらに議員の修正権を限定する機能を有している。実際には次のようなタイプの修正が問題となる。第一のタイプは、議員が実際には政府に政策を再検討させ、歳出増修正をなさしめることを目的として、形式的に歳出の減額修正を提案するものである。このような修正案は「効果的」ではないとされている。第二のタイプは、「抱き合わせ」修正案 amendments compensés である。すなわち、一方で歳出の増加をなし他方で歳出の減少もしくは歳入の増加をなすことによって差引で歳入増加をなす「抱き合わせ」も、「効果的」ではないとして禁止されるのである。さらに第三のタイプとして、「相乗り cavaliers budgétaires」が禁止される。「相乗り」とは、アメリカ合衆国連邦議会における rider と類似した立法技術であり、政府が同意せざるを得ない法案と予算法律修正案を一体のものとして提出し、結局予算法律修正案を通過させようとするものである。

ところで第五共和制憲法40条、オルドナンス第42条1項に関しては、さらに問題がある。これらの条文は、それが適用されるか否かの判断が誰によってなされるかについて規定していないのである。これについては、国会の判断に

委ねられた。結果として，国民議会と元老院で異なった取扱いがなされている。国民議会においては，修正案が本会議に提出された場合，国民議会議長が決定する。議長において疑いがある場合には財政委員会委員長及び総括報告者に諮問し決定する。また修正案が委員会に提出された場合，委員会委員長が決定し，委員長において疑いがある場合には委員会理事部で審議される。これにたいして，元老院においては財政委員会が決定する。

　第三の装置は，第五共和制憲法34条が全体として規定する法律事項の枠である。確かに，予算は予算法案の形式を必要とする法律事項である。しかしながら，1959年オルドナンス1条は予算法律の内容に関して，非常に詳細な規定をおいている。そこで，政府は第五共和制憲法34条5項の組織法律の留保規定と同オルドナンス1条の予算法律の内容規定を組み合わせ，国会に提出された修正案を法律事項の範囲外であるとして争うことが可能であった。実際に第五共和制の極めて初期の段階において，すでにこの種の紛争が発生している。例をあげれば，1960年補正予算において，国有ラジオ・テレビネットワークRTF会計にたいする追加支出は会計年度終了後の調査まで延期するとの修正案が提出された際，政府は，これが法律事項の枠を越えるものとして争った事件が指摘されよう。政府と国会の間で調整がつかなかったために，1958年第五共和制憲法41条の規定に従って問題は憲法院へ送付されたが，憲法院は，この問題は純粋に会計処理上の問題であり，関係大臣のみが権限を有する領域に国会が介入するものであると判示した[6]。

　第四の装置として，政府の議事日程決定権が存在する。第五共和制憲法48条は，両院の議事日程を政府が決定することを規定しているが，これは予算法案についても当然に適用される。これによって，政府は予算法案を優先的に審議させることができるとともに，場合によってはもっと巧妙な方法で，予算審議を形式化することが可能となるのである。たとえば，1964年には他の重要法案の洪水のなかに予算法案審議日程を組み込んだ結果，諸委員会の予算法案審議が実質的には非常に短時間に制約されたことが報告されている。

　審議時間の規制という点に関しては，第五の装置が別に存在する。第五共和

制憲法47条は，予算法案の審議方法について規定するが，同条1項によれば，39条により国民議会に先議付託された予算法案は，40日以内に議決されることが要求されている。これが満たされない場合には，予算法案は政府によって元老院に付託され，同院は15日以内に採決することが要求される。この後，予算法案は両院の意思が一致しなかったものとして，45条の調整手続に回されることとなっている。ただし，1971年6月22日の組織法律は，1959年オルドナンスを改正し，元老院の採決期間を20日とした。財務法案審議期間は全体として70日，国民議会の審議期間は40日のままであるために，結局この改正によって，両院の意思が不一致である場合の往復navette期間が15日から10日に短縮されたことになる。

また憲法47条2項は，先に述べたように財務法案審議期間として最長70日を規定するが，これを徒過しても国会の議決が得られない場合には，政府はオルドナンスをもって予算法案を施行することが可能である。この政府の予算法案執行権限は，いわゆる暫定予算制度とも，大日本帝国憲法下の日本で用いられていた前年度予算執行制度とも異なるものであり，国会の予算権限に基づかない予算執行を可能とする極めて強力な権限である。

第六の装置として，政府の修正権がある。第五共和制憲法44条1項は政府が法案にたいして修正権を有することを明文で規定しており，これは当然に予算法案についても適用される。政府はこの規定を極めて有効に利用してきているといわれている。すなわち，議員から提案された修正案と原案との妥協をはかる政府側修正案の提出や，国民議会で修正の上可決された予算法案にたいして元老院段階で再修正案を提出するなどの方法である。とりわけ政治学的分析によれば，政府は当初の予算案において，与党との間で，少額であっても，一般うけする妥協をなすために，予算総額の一定部分を確保しておく態度をとる傾向にあったといわれるが，これを配分するためにも政府の修正権は有効に利用することができるのである。

第七に，一括投票の要求が可能である。第五共和制憲法44条3項は，法案の全部または一部について政府が提案または承認した修正を留保して，単一の投

票に付することを要求する権限を政府に認めている。この権限は，予算法案審議に際しても政府に有利に働くのである。すなわちこの一括投票手続は，予算法案の全部もしくは重要な部分につき，承認するかしないかの二者択一的な選択をせまるという機能に加え，政府が歓迎しない修正案を圧殺するという機能をも有しているのである。たとえば，政府側が議員の提出した修正案を第五共和制憲法40条あるいはオルドナンス42条に抵触すると考えた場合であっても，時間的な理由その他から憲法院の判断を仰ぎたくない場合には，この一括投票を要求し実質的にその修正案を葬り去ることが可能となる。

　第八に，合同委員会制度がある。第五共和制憲法45条に規定されているこの制度は，そもそも国民議会と元老院の意思が不一致であった場合に，それを調整するために設けられたものであるが，そこにおいても政府の優位性が確保されている。すなわち，合同委員会における修正案にはすべて政府の同意が必要とされるために，政府はこの段階で法案を政府原案もしくはこれに極めて近似したものに再編成することが可能であることに加えて，とりわけ予算法案に関していえば，その審議期間がトータルで70日に制限されていることが，この合同委員会における政府の優位を補強していることを指摘しておく必要があろう。すなわち，通常の法案と異なり予算法案の場合には，合同委員会で成案が得られない場合の国民議会での最終的決定要求のほかに，時間切れによる政府原案の執行の手続を踏むことが可能であるからである。

　第九の装置として第五共和制憲法49条3項の規定する「信任問題」の手続がある。これは国民議会においてしか用いることはできないが，政府の意思を貫徹する最終的な手段である。

　最後の装置として，常任委員会の弱体化を数えることができよう。第四共和制においては常任委員会制度は国会の要であり，第四共和制国会の最大の特徴であったといえる。常任委員会の数も通常で19と多く，専門性も高かった。しかしながら，一方で，そこにおける審議は必ずしも「合理化された」ものではなかった。各委員会の専門性は高かったが，これは必ずしも排他的な管轄権を意味するものではなく，他の委員会が提出する法案・報告書について審査し，

追加的報告書を提出する権限を主張することが許されたのである。これらによって，予算案審議はほとんどの場合かなりの遅滞を生じた。第五共和制憲法はこういった事態にたいして，常任委員会の数を6に制限し[7]特別委員会による法案審議に委ねることとしている。また，第四共和制下においては本会議に上程される法案は委員会によって修正されたものであったが，2008年憲法改正前の42条1項においては，委員会段階での修正に関わらず，本会議に提出される予算法案は政府法案であるとされていた。これによって，政府案が委員会審議の段階でまったく別のものに置き換えられてしまうという事態は，構造的に発生しないこととなった[8]。

さて以上で，1959年オルドナンスを中心として，第五共和制初期の段階から約40年の間，予算に関してどのように国会が「合理化」されていたかを検討した。結果として，旧システムは，予算に関して政府に強力なイニシアティヴを与え，政府案を迅速かつ修正なしで国会を通過させることに適合的であったということがいえよう。換言すれば，上述の諸装置は大きくみて二つの要素に還元できる。第一の要素は，政府提出の予算法案にたいする修正を可能な限り封じ込めるというものである。議員の予算法案修正権の制約や法律事項の規制，さらには本会議上程案が委員会案ではなく政府原案とされていること等にこの要素を見出すことができる。第二の要素は，予算法案を迅速に国会を通過させるというものである。これは，予算法案の審議期間が70日に限定されていることに典型的に示される。

ところで，ここで重要なのは，この二つの要素は複雑に結合されており，「迅速『かつ』修正なし」の国会通過が確保されることとなっていたという点である。この結果，予算決定権は憲法上明白に法律事項とされているにもかかわらず，極めて形式化されていたのであった。

3. LOLFの背景

2001年，フランスはそれまでの1959年オルドナンスに代えて，新たな予算・

財政制度の枠組みを規定する組織法律「財政法律に関する 2001 年 8 月 1 日組織法律第 2001-692 号 Loi organique n° 2001-692 du 1 août 2001 relative aux lois de finances」を制定した[9]。同法は，第五共和制のはじめから用いられてきた同オルドナンスの枠組みを全面的に改める，きわめて大規模な予算制度改革を導入するものであった。この LOLF に基づく新しい予算プロセスは，2005 年度に審議された 2006 年度予算から全面適用され，現在に至っており，現行予算制度であるということができる。

この LOLF は，大きくみて二つの視点から従来の予算プロセスを改革しようとしている。第一は，予算を政策目的ごとに編成することによりその効率性・透明性を高めるという試みであり，第二は，議会による統制の拡大である。

これらの点について考えるためには，そもそも 1959 年オルドナンス下での予算が，きわめて膨大な予算費目からなる複雑に絡み合ったドキュメントとなっていたことに注目する必要がある。そもそも，フランスでは，第三共和制の時代からいくつかの予算原則が用いられており，1959 年オルドナンスに組み込まれたものは，憲法院においても憲法規範性が認められてきた。そのなかの一つが，「個別予算の原則 le principe de la specialité budgétaire」（あるいは「特定性の原則」）と呼ばれるものであって，要するに歳出承認は大枠で認められるのではなく，具体的な費目をともなって行われなければならないとするものである。このことは，予算法律が特定した項目を逸脱する財政支出は認められないということを帰結する。この原則は古くは，たとえば，1871 年 9 月 19 日法 30 条が「予算は項 chapitres を単位として投票に付す」と規定していたことで知られている。1959 年オルドナンスの下では，予算は，まず行政機関 ministres ごとに構成され，それが「章 titres」，「部 parties」，「項 chaptires」に区分されており，国会の議決の単位は行政機関及び章であったが，なお項が予算特定の基準であった。

確かにこの方法は，政府が国会によって承認されていない財政支出を禁ずるという意味があり，議会による事前の財政統制として有用であることは否定できない。しかしながら，他方では次のような問題がある。

一つには，予算の特定性を高めるためには項を増やすことが求められるが，これが行き過ぎると，個々の項と政策との関係が切断されやすくなるという現象がある。別の表現をすれば，一度支出項目が設定されると，当該支出項目に割り付けられた予算支出自体が目的となり，本来の政策目的が背後に退いてしまうという現象ともいえよう。このことは予算法案を審議する国会にとってだけでなく，法案作成に当たる政府にとっても問題となる。一度割り付けられた予算は，しばしば固定化し，予算法案全体を硬直化させるからである。

また，国会における予算法案審議，ひいては国会による財政統制の困難がある。項の数は時期によっても異なるが，多いときでは1,500以上，少ないときでも800以上に達しており，予算法案を不透明かつ複雑な文書としていた。他方，1959年オルドナンス下での国会における予算審議は，前年度から継続する事業にかかる既定費と新規経費が区分して行われており，前者においては全既定費を一括して審議・議決されていた。この点については，2007年にフランス予算省の幹部が国際通貨基金で行ったセミナー報告資料[10]が参考になる。そこでは，2004年までの予算法案審議では，94%が既定費であって単一の投票によって可決されており，わずか6%の新規経費のみが個別の審議と投票に付されたと報告されている。このようにして，本来は国会による事前の予算統制のために存在している「個別予算の原則（特定性の原則）」が，その具体化手法のあり方に規定されて，実質的に空洞化するという現象が生じていたのである。

さらにいえば，外的環境の変化との関係でも問題がある。「特定性の原則」を具体化するために，「項」を結節点とし，かつ既定費については一括審議・投票するという予算法案編成は，構造的に前年度予算を出発点とする微調整型の予算編成に傾くが，その問題性は，いわば「変化のない時代」には顕在化することが少ない。しかしながら，EU発足（1993年）や現金通貨としてのユーロの導入（2002年）に象徴されるような変化が大きく，また，それにともなって国家財政活動に透明性と機動性が求められる時代においては，機能不全，典型的には前例主義による弊害を起こしがちになる。たとえば，ユーロ導入国は，1997年の安定・成長協定 Pacte de stabilité et de croissance[11] に基づき，単年度の

財政赤字が GDP の 3％ まで，国債発行残高は 60％ 未満であることが求められるが，フランスはこれを遵守できていない。

そこで，LOLF は，大きくみて二つの改革を実施するに至った。第一は，従来の「項」を中心とする予算編成をやめ，政策目的ごとに予算を編成する方式の導入であり，第二はこの領域における国会権限の強化である。

4. LOLF の特徴——その 1　政策目的別予算の導入

LOLF の第 1 の特徴は，予算法案の編成方式を，政策目的ごとに大括りとし，その内部で階層化するいう方法へ変更したことである。現在の予算法案は，ミッション mission，プログラム programme，アクション action の 3 層構造を有している（7 条 1 項）。

ミッションは，「特定の公共政策に資するプログラムを全体を包摂し，一つまたは複数の行政部局に属するもの」（7 条）と定義される。換言すれば，国が実施する施策を政策分野ごとにまとめたものであり，単一の行政部局と対応するとは限らない。国会はこのミッション単位で議決を行う。ミッションを設定できるのは政府提出案のみであり，国会がこれを創設することはできない。LOLF は 2006 年度予算から全面施行されたが，そこでは，一般予算で 34 のミッションが設定された。

プログラムは，「一つの省庁の所管に属する一つまたは複数のアクションの統一的全体を実施するための予算費目であって，一般の利益の合目的性と関連して定められた明確な目的及び期待され，かつ，評価の対象となる結果と関連付けられたものをグループ化したもの」（同）と定義される。ミッションが予算の議決の単位であるのにたいして，国会は，ミッション内部のプログラム単位で予算額を変更する権限を有する（47 条）。プログラムは，実際の予算執行の単位であり，各省庁の内部に実施のために，局長級のプログラム責任者が置かれる。2006 年度予算のプログラム数は 132 であった。

アクションは，プログラムをさらに細分化したものであり，2006 年度予算で

は601であった。アクシォンごとの予算額は，予算審議においては参考値としてのみ扱われるが，執行段階及び業績評価に際しては重要な単位となる。具体的には，予算法案の添付文書の一つである「年次業績報告書」にアクシォンごとのコスト分析会計（アクシォン実施に必要とされた総コストの計算）が記載される。

ミッシォン・プログラム・アクシォンの関係は，たとえば，労働と雇用 Travail et emploi というミッシォンには，雇用開発 Développement de l'emploi をはじめとする五つのプログラムが設定され，雇用開発のなかには，社会保障負担の軽減 Allégement de cotisations sociales と雇用促進 Promotion de l'emploi という二つのアクシォンが設定されるというものである（2006年度予算の例）。

この予算編成方式の組み替えは，膨大な既定費によって硬直化し，政策目的と歳出との関係が不透明なものとなっていた予算を，政策を単位とするものとし，予算プロセスにいわゆる PDCA サイクルを導入して，政策評価に基づく予算編成を可能にすることを目的としている。

5. LOLF の特徴——その 2　議会権限の強化

LOLF の第二の特徴は，国会による予算統制を拡大したことである。もとより統制といっても，そこには各種の段階，態様がある。そこで，ここではまず，予算過程の流れに沿って紹介する。

(1) 決算法案の事前審議

まず，フランスの予算年度は暦年に一致しており，毎年1月〜12月であるが，年度予算編成の最初のステージは，前年度の年次業績報告書 rapports annuels de performances; RAP の分析である。これは毎年春に政府部内で行われるが，LOLF 46条によれば，それらは6月1日までに決算法案と共に国民議会に提出されなければならない。これは LOLF 41条が，次年度の予算法案の国民議会における審議は，前年度の決算法案の第1回審議後でなければならないと規定し

ていることとあわせると，前年度予算のPDCAサイクル後に，予算法案審議を行うことを担保しているといえる。

(2) 予算法案提出前の手続

他方，次年度予算そのものに係る国会手続は，6月頃政府から「経済状況と財政の方向付けに関する報告書」が送付されるのを受け（法48条），両院で「予算の方向付けに関する討論」が行われることに始まる。両院財務委員会及び関連委員会は，7月10日までに政府にたいして質問を送付するが，政府はこれにたいして10月10日までに文書回答する義務がある（法49条）。

(3) 予算法案の提出と審議期間制限

年次予算法案は，9月頃に閣議決定され，10月の第1火曜日に添付文書と共に国民議会に提出される（法39条）。また年次予算法案には，法50条及び51条に規定する文書が添付されるが，その中で重要なものは，年次成果計画 projets annuels de performances; PAPと呼ばれる文書である。

PAPは，決算法案の添付文書である年次業績報告書（RAP）といわば対になるものであり，ミッション中の各プログラムの目標となる成果指標を示すものである。これを付することによって，LOLFの下での予算法案は，単に「これだけの金銭支出をしたい」という文書ではなく，ある政策分野において，特定の目的を実現するために，どのような政府活動を行うのかを示し，かつ，その政府活動の費用対効果を含めた結果予測までも必要とされるものになっている。具体的にいえば，PAPでは，プログラムについて，①社会経済的効果 efficacité socio-économique，②業務の質 qualité du service rendu，③管理効率 efficience de la gestion の三つの視点から，成果指標を設定することが行われ，RAPでは前年度の事業をPAPの成果指標に照らして評価するという作業が行われるのである。この手法が導入されたことにより，国会は，1959年オルドナンス下での予算法案審議に比して，政策と歳出の関係を容易に把握することが可能となった。

他方，予算法案の審議について，第五共和制憲法が直接に期間の制限を設定していることは変更されていない。憲法47条2項によれば，国民議会が予算法案の提出を受けて40日以内に第1回の読会の議決に至らない場合，政府は，予算法案を元老院に付託するが，元老院は，15日以内に議決しなければならないとされ，さらに両院の意思を調整するために，45条が定める両院協議会の手続に移行するとされている。また両院が予算法案提出から70日以内に議決を行わない場合には，政府は，オルドナンスによって予算法案を執行することが認められている (47条3項)。

なお，ここでいう読会は，イギリス型の法案審議における読会とは意味が異なる点に注意を要する。すなわち，古典的なイギリス型の法案審議では，法案は本会議においてその提出のため一度読まれ，逐条審議のため再度読まれ，議決のためにもう一度読まれるという手続が採用されていたのであって，それぞれの段階を第1，第2及び第3読会と呼んできた。これにたいして，現在のフランスでは，国民議会で可決された法案が元老院で否決・修正されたものを国民議会で再度審議するための読会を第2読会と呼んでいる。そこで本章では，混乱を避けるために，イギリス流の制度を想起させる「第1読会」とせずに「第1回の読会」という用語を用いている。

(4) 予算法案の審議

両院での予算法案審議は，委員会審査と本会議の二段階を経る。常任委員会のうち，予算法案を主管するのは財務委員会であり，報告者たる委員の報告書が重要な資料となる。委員会の報告を受けて，本会議での審議と議決が行われる。

(5) 予算法案の修正と議決

上述したように，第五共和制憲法40条は「国会の構成員によって作成された議員提出法案及び修正案は，その採択によって，歳入の減少もしくは歳出 charge publique の創設または増加の結果を生じさせるときは，受理されない」と規定

し，さらに1959年オルドナンス42条1項は，「いかなる条文の追加または修正も，それが歳出を抑制もしくは効果的に減少させ，または歳入を増加させもしくは歳出にたいするコントロールを確保するものである場合にのみ提出できる」として，第五共和制憲法40条よりも厳しい制限を加えていた。LOLF 47条は「許容費の修正に際しては，憲法34条及び40条にいう歳出は，ミッションを意味する。いかなる修正も理由が明示され，かつ修正を正当化するための手段を伴わねばならない。本条の規定に合致しない修正は受理されない」と規定する。したがって，国会は政府予算法案が定めるミッションごとの許容額の範囲内であれば，プログラムを新設することも，あるいはプログラム間の許容額を変更することも可能となった。

他方，国会による議決回数は減少している。予算法案では，歳入の部が第1部とされ，これは一括して投票に付されることに変わりはないが，第2部についてはかつては章 titres，現在ではミッションが単位として投票に付されている。これにより，投票回数は150回程度から30回程度に減少した。このことは，形式的にみれば，国会によるきめの細かい政策決定を阻害しているかのようにみえるが，かつては予算額の94％程度を占めていた既定費については，区分審議と一括投票が行われていたことに比すれば，既定費と新規経費の区分をなくして全体についてミッション単位での審議投票を行うことができる現在の方式の方が，実質的には議会による統制が強化されているといえよう。

(6) 両院の意思の調整

国民議会での議決後，予算法案は元老院へ送付され，同様に審議・議決される。両院の議決が一致すると予算法として成立するが，不一致の場合は，予算法案は再度国民議会へ送付されて，委員会審査後に本会議で第2回の読会で議決される。この国民議会における第2回の読会での議決がなお元老院の議決と一致しない場合は，第五共和制憲法45条の手続によることになるが，これを含めて70日の審議期間制限を超えれば，47条3条に基づき，オルドナンスによる政府予算法案執行がなされうる。

(7) 予算の執行

LOLF は，予算執行段階における統制への国会関与を拡大している点でも，重要である。

そもそも予算執行について国会が統制を行うという発想は，原理的にいえば，アメリカ合衆国の連邦予算制度のように，行政府とは独立して議会が予算を決定できる場合においてその必要性が高いものである。もとよりアメリカ合衆国でも大統領は，予算教書の形で行政府予算案を連邦議会に送付しており，実質的な予算案策定を行っているのであるが，原理的にいえば，そもそもの予算編成権が連邦議会に認められていることから，連邦議会は歳入・歳出の両面について，増額・減額いずれの修正をも行うことが可能である。このような構造の下では，予算と大統領の政策が合致している保障はなく，議会は自らが議決した予算の執行状況についても重大な関心（典型的には，議会予算を行政府が歪めることへの危惧）を寄せざるを得ないことになる。このようにして，アメリカ合衆国では，予算執行段階に議会が介入的に統制を加えるための努力がなされ続けているのである（その代表的なものが，行政府が自らの政策判断で議会予算を執行しないという現象にたいして，議会の承認という手続を導入することで，これを認めつつも統制しようとする予算執行留保統制法 Impoundment Control Act of 1974, Pub. L. 93-344, 88 Stat. 297 (1974) であった。）[12]。

これにたいして，フランスの予算制度は，憲法及び 1959 年オルドナンスによって「合理化」されており，議会が可決した予算法律と政府の意思の間には，構造的なギャップが生じることは少ない。したがって，フランスにおいては，アメリカ合衆国的危惧感から導かれる，予算執行にたいする議会統制の必要性は高くないことになる。

このようにしてフランスにおける予算執行とそれにたいする統制は，伝統的に，行政府の内部統制と会計検査院による外部統制を中核として構成されてきた。すなわちまず重要なのは，行政府による予算執行段階において，出納命令官と出納官を分離するという仕組みである。出納命令官は，各省の大臣または

その委任を受けた者であり，歳出・歳入を発令する。これにたいして，出納官が実際の出納業務を行うが，出納官は歳出・歳入命令の合法性を審査し，違法があると判断する場合にはこれを拒絶する権限を有しているのである。なお，1959 年オルドナンス下の体制では，財務省の官僚である財務統制官が各省に派遣され，出納命令官の発令にたいして事前承認を与えるという制度が採用されていたことも重要である。これによって，出納命令官の歳出命令は，事前（財務統制官）及び事後（出納官）の二段階のチェックを受けるという相当程度強力な内部統制下に置かれていたのである。ただし，2005 年 1 月 27 日のデクレは，人件費を除いて財務統制官の事前承認の制度を廃止している。これは，LOLF それ自体の帰結ではないが，これと併せてみるならば，同デクレ以降，財務統制官は財務検査を中心とする業務を担当することとなっており，PDCA サイクルにおける CA 部分への任務移行がなされているということもできよう。

　他方で外部統制機関としては，国会というよりも，会計検査院に重きをなす制度設計がなされてきた。具体的には，上述のように出納官は個々の歳出・歳入命令について，それが違法である場合には拒絶する権限を有しているが，逆に，国庫に損害を与えた場合には，司法機関としての会計検査院が審判を行い損害賠償を命じることになる。また，会計検査院は，財務行為について，かなりに包括的な調査権限が与えられていることも重要である。

　これにたいして，1959 年オルドナンス体制下における国会は，予算執行段階においては，限定的な機能，具体的には，いわゆる情報収集型の統制権限を認められていたにとどまる。たとえば，1959 年オルドナンス 164 条は，政府が国会にたいして提供しなければならない財政関係ドキュメントを規定し，国会への政府からの定型的情報提供を定めるとともに，委員会の報告者が，書類調査，実地調査及び会計担当公務員に係る調査の権限を規定していたのである。しかしながら，LOLF は，政策を出発点としてミッション・プログラム・アクションの三層からなる予算を作成し，これを執行，評価し，次の政策決定につなげるといういわゆる PDCA サイクルを組み込んでいるから，この視点からの予算執行統制の重要度が増している。そこで，同法は次のような点で国会の関与，

とりわけ両院の財務委員会の関与を強化している。

　まず上述のように，予算法案はミッションを単位として投票されるが，額の設定はプログラムを単位としている。そこで，LOLFは，同一省内であれ（12条1項），異なる省間であれ（12条2項），プログラム間での経費流用を一定の範囲で認める一方で，手続的要件を付加している。すなわち，12条3項は，流用は両院の財務委員会及び関係委員会への通知の後に，財務大臣の報告に基づくデクレによって認められるとするのである。

　またLOLF13条は，政府にたいして，緊急時において，年度予算法で定められた収支を変更しないで（すなわち，歳出側の取り消しまたは歳入側の追加が必要となる），当初予算の1%の範囲内で，追加的な経費を計上する追加予算をデクレで定めること（前払命令 décrets d'advance）を認めている。このデクレによる追加予算については，従来，コンセイユ・デタの意見を徴することのみが求められていたが，LOLF13条は両院財務委員会の意見も徴することを求めている。

　さらにLOLF14条は，逆に，政府が，年度予算法に定められている歳出を取消す等の措置をデクレで行うことを認めている。そもそも歳入予算が予測に基づく以上，歳入・歳出バランスの悪化は不可避な現象であるが，これにたいして予算執行留保をもって対応することは，とりわけ政策を単位として予算を編成している場合においては，必要な政策プログラムが実施されないというきわめて不都合な結果を導きかねない。そこで，LOLF14条は，予算総額の1.5%の範囲内で取消しを認める一方で，政府は，当該デクレ発出の前に，両院財務委員会及び関係委員会に通知しなければならないと規定したのである。1959年オルドナンス13条では，関係諸大臣の承認に基づき財務大臣がこれを行うことが可能であったものを変更したものである。この仕組みは，アメリカ合衆国の1974年予算執行留保統制法で導入されていたものとは異なり，財務委員会及び関係委員会の「承認」までは要求していないが，個別の予算執行にたいする議会統制の試みとしては，類似した方向性をもつといえよう。

　なお，上述の1959年オルドナンス164条は，LOLF57条に引き継がれてい

るが、そこでも財務委員会の権限は強化されている。すなわち、両院の財務委員会は、「予算法律の執行を追跡及び統制し、公財政にかかるすべての問題を評価する」との一般的役割が規定されており、調査権も認められている。これに対応して、守秘例外をともなうものの、文書等の提出義務及び聴聞に応じる義務も同条に規定されており、さらに、LOLF 59 条は、相当な期間内に文書等が提出されない場合、財務委員会が裁判機関に出訴して、その障害の除去を求めることができるとしている（罰金による強制をともなう）。また、1999 年以降、財務委員会中には評価統制部会 mission de contrôle et d'évaluation が設置されているが、同部会が政府にたいして見解を示した場合、政府は 2 カ月以内に文書回答をすることが義務づけられている（LOLF 60 条）。

6. LOLF の特徴――その 3　会計検査院の活用

　LOLF の第 3 の特徴は、会計検査院 Cour des comptes の活用を企図していることである。

　そもそもフランスにおける会計検査院の役割については、2008 年 7 月 23 日の憲法的法律による憲法改正（以下「2008 年憲法改正」という）後の 47-2 条 1 項で次のように規定されている。「会計検査院は、政府の行為の監視について国会を補佐する。会計検査院は、予算法律の執行及び社会保障財政法律の執行の監督、ならびに公共政策の評価について、国会及び政府を補佐する。会計検査院は、公開報告によって市民の情報収集に寄与する」。なお、この条文は改正前の 47 条 6 項と 47-1 条 5 項において、それぞれ、「会計検査院は、財政法律の執行の監視について、国会及び政府を補佐する」「会計検査院は、社会保障資金調達法律の適用の監視について、国会及び政府を補佐する」とされていたものを統合の上、強化したものであり、予算法律の執行に留まらず、一般的に政府の行為の監視について国会を補佐すること、さらに、公共政策の評価について、国会及び政府を補佐すること、公開報告によって市民の情報収集に寄与することが加えられている。

この条文だけをみると会計検査院の組織的位置づけは必ずしも明示的ではないが，歴史的には，フランスの会計検査院は司法機関の一つとして位置づけられてきており，今日でもその基本構造は変化していない[13]。すなわち，会計検査院のスタッフのうち約3分の1（200人強）を占める会計検査官は，司法官magistratsとしての身分を有しており，かつ，その業務内容にも司法的行為が含まれる。上述したように，フランスにおける予算執行では，財務省の職員である出納官が適法性審査を行い，これを怠ったことにより国庫に損害を与えた場合，個人として損害賠償責任を負うこととなっているが，その審判を行うのが会計検査院の権限なのである。実際には，この個人賠償責任が発動されることは極めてまれといわれているが，原理的にみると，違法行為に起因する賠償を命じるという司法権限を基底に置くことによって，会計検査院を司法機関として位置づけるという意味で，現在でも重要な制度である。

他方で，2008年憲法改正は，会計検査院が有する国会補助機関としての機能を強化した。すなわち，会計検査院は，2008年憲法改正以前においても，上述の出納官にたいする法的統制のみを行ってきたのではなく，大きくみて三つの機能を有してきた。①会計の統制，②管理の統制，③報告書の作成であり，このうち，①が出納官が行う会計行為の適法性に関する司法的統制として行われてきたものである。これにたいして，②は直接には出納命令官が行う行為にたいする統制であり，日本における会計検査院の検査と同様に，司法的統制ではなく，業績の検査・評価として位置づけられる。また，③は①，②に基づいて，各種勧告を行うものである。このようにして，会計検査院は，司法機関でありながら，他方では，政策評価に至る統制機能を有してきたのであって，その高い専門性と権威をさらに活用しようとするのが，2008年憲法改正の一つの眼目であるといえよう。

ところで，こうした方向性は，2008年憲法改正で突如登場したものではない。これは，すでにLOLFのなかに組み込まれていたのである。たとえば，LOLF 58条は，国会との関係における会計検査院の職務を規定しているが，その2号は，会計検査院は，両院の財務委員会からの調査要請があれば8カ月以内にこ

れを実施して報告する義務があること，また委員会はそれを公表することを決定できる旨，換言すればその報告を守秘することを義務づけられていないことを規定する。この規定は，専門性に欠ける国会が，新たなPDCAサイクルのなかで，必要とする情報収集を行うために専門機関の補佐を求める基盤を提供すると共に，国会自身が国民にたいする情報提供者として機能することも担保している。

　また同条は，国会の予算法案及び決算法案審議に有用な情報提供を，会計検査院の任務としている。たとえば5号は，国家会計の適法性，誠実性及び正確性の認証を会計検査院の任務としているが，さらに，当該認証は説明と共に決算法案に添付することをも義務づけているのである。また6号は，予算法案にたいしても，会計検査院の報告書を添付することを求めている。

　さて，このうち，5号の任務は，とくに重要であるが，その意義を理解するためには，LOLFが導入した会計制度について若干の理解を必要とする。同法は，国の財政を管理するために，三種類の方法で会計を表示することを求めている。それは，①現金の流れに基づいて表示（現金主義）し，歳入歳出を管理するために用いられる「予算会計」，②現金の流れではなく，歳入歳出の原因となる事象（たとえば権利義務の発生等）を基準として表示（発生主義）し，国の資産及び財務状況を正確に把握するための「財務会計」，③アクシォンごとのコストを分析するための「コスト分析会計」，である（同法27条）。このうち，財務会計が5号の認証対象となるが，これをごく単純化していえば，企業におけるものとほぼ同様の財務諸表が作成され，単なる金銭の流れを超えて，国の財務状況全体を一覧することを可能とするものである。たとえば，予算会計では，道路建設に公金がいくら支出されたかは把握できるが，当該道路が現時点において，どの程度の資産価値を有しているかは把握できない。こうした点を補い，PDCAプロセス型の政策評価の基礎資料となるのが財務会計なのである。この財務会計の財務諸表が誤っているならば，決算ひいては政策評価が行えないことになる。そこで，LOLFは，この財務会計について会計検査院が適法性，誠実性及び正確性の認証を行い，国会はそれを基礎として決算法案を審議する

こととしたのである。この任務は、伝統的な会計検査院の3任務に加えられた第四の任務ということができよう。

このようにして、LOLFの下では、会計検査院がその専門性を基礎として多様な活動を行い、国会はそれを自らの財政統制に活用するという構造になっているのである。

7. 二つの制度の比較

さて、本章の最後に、1959年オルドナンス下の制度とLOLF下の制度を比較し、現在のフランス統治システムにおける予算・財政制度の特徴を整理してみることとする。

1959年オルドナンスは、総じて、第五共和制憲法の「合理化された議会」に適合的なものであって、具体的には、政府予算案を迅速かつ修正なしに通過させることに資するものであったことは疑いがない。しかしながら、そこで採用されていた「項」を結節点とする予算案編成の仕組みは、予算法案提出者である政府自身にとっても政策実現のツールとして予算法案を用いることを困難にしていた。他方で、憲法上は国会が予算法律を制定するという枠組みが存在するにもかかわらず、これが極めて形骸化し、国民からみても予算が不透明なものとなっていた。こうした下で、ユーロ導入に伴う外部からの財政改革圧力や、国会・国民からの批判を背景として導入されたのが、LOLFによる新たな制度であった。

新制度は、予算編成の方法を政策目的ごとに大括りにしてミッション・プログラム・アクションの三層に階層化し、もって可視性を増大させ、政策評価を基礎とするPDCAサイクルを導入することを目的とし、そのPDCAサイクルに国会権限の拡大を組み込んだものである。LOLFは、憲法改正をともなわずに議員立法として成立したために、憲法が予定する「合理化された議会」の枠組み内ではあるが、相当程度に国会の権限を拡大するものである。しかもそこには、政府予算案がミッションに割り当てた総額を超えることはできないが、

プログラム単位でみれば増額修正を行うことも可能とするという予算法律制定そのものに関する権限拡大と，予算執行過程における国会関与の拡大，情報収集機能の強化といった多元的内容を含んでおり，総体として政策評価に基づく予算・財政過程において，国会が重要なプレイヤーとなることを指向している。

問題は，新制度の評価である。新制度は，2006年度予算法案審議から全面適用されたが，依然として，制度そのものの問題点と運用上の問題点の切り分けが十分になされていない（たとえば，2007年に会計検査院が示した財務会計への認証では，監査期間が不足しているとの一般的問題点のほか，政府の内部統制が十分ではなかったことなど13の個別問題を指摘し，留保条件を付しての認証が行なわれた）こともあり，一致した見解を見いだすことには，やや無理があるものの，これまでの「合理化された議会」の方向性を，部分的に変更し，議会による統制を強化することに資するものであるとして肯定的に評価されているといえよう。それは，典型的には，2008年憲法改正における会計検査院条項の新設（47条の2）に示されており，また予算・財政問題を超えて，一般的に政府活動の監視及び公共政策の評価権限を国会に付与したこと（24条1項）に引き継がれている。

もっとも，LOLFも2008年憲法改正も，憲法47条を中核とする予算法案審議方法には原理的変更を加えていない。その意味で，これらによって導入ないし変更された憲法政策というものは，古典的な議会主義への回帰というものではなく，むしろ議会を政府の監視機関として位置づける方向の延長線上に，予算・財政という問題領域の特徴から強く求められる政策評価と可視化の要請のゆえに，新たなタイプの議会権限強化がなされていると評価すべきであろう。

1) Ordonnance n° 59-2 du 2 janvier 1959, portant loi organique relative aux lois de finances.
2) Loi organique n° 2001-692 du 1 août 2001 relative aux lois de finances.
3) 現在のフランスの予算財政法については，Joël Mekhantar, *Finances publiques de l'Etat: La LOLF et le nouveau droit budgétaire de la France*, Hachette Supérieur 2009．LOLF以前の状態については，Louis Trotabas et Jean-Marie Cotteret, *Droit*

budgétaire et comptabilité publique, 5ᵉ édition, Editions Dalloz-Sirey, 1995 を参照。また，歴史的背景を含めた制度理解のためには，木村琢麿『財政法理論の展開とその環境』有斐閣 2004 年，小沢隆一『予算議決権の研究』弘文堂 1995 年が重要である。

4) なお，「組織法律」での立法を求められているものがオルドナンス形式で規定されているのは，憲法 92 条 1 項が経過措置としてオルドナンスでの制度創設を認めているからである。

5) 2008 年憲法改正により 24 条 1 項第 1 文へ移動。「国会は法律を議決する」となった。

6) Conseil constitutionell, Décision nᵒ 60-8 DC, Recueil, p. 25– *JO* 13 août 1960, p. 7599.

7) 2008 年憲法改正により 8 に増加。

8) なお，2008 年憲法改正により，委員会に付託された法案については，委員会案を本会議に上程することが原則となった。

9) 同法についての紹介分析としては，木村琢麿「フランスの 2001 年『財政憲法』改正について」『自治研究』78 巻 9 号 57 頁 2002 年，同「フランスにおける予算会計制度改革について」『千葉大学法学論集』19 巻 2 号 1 頁（通巻 204 頁）2004 年，同「財政の現代的課題」『岩波講座憲法 (4)―変容する統治システム』岩波書店 2007 年 161 頁，松浦茂「イギリス及びフランスの予算・決算制度」『レファレンス』2008 年 5 月号 6 頁等がある。

10) Xavier Hürstel, *FAD seminar on the implementation of the budget and accounting reforms in France: The budgetary aspects of the reforms.*, Dec. 7, 2007. Washington. D.C., http://blog-pfm.imf.org/pfmblog/files/hurstel_budget_reform.ppt

11) Résolution du Conseil européen relative au pacte de stabilité et de croissance ― Amsterdam, 17 juin 1997〔Journal officiel C 236 du 02.08.1997〕.

12) 佐藤信行「アメリカ合衆国議会の財政権限―予算執行留保を例として―」植野妙実子編『憲法構造の歴史と位相』南雲堂 1991 年 241 頁参照。

13) 会計検査院と LOLF の関係を紹介したものとしては，『平成 19 年度会計検査院委託業務報告書　フランスの公会計・予算制度改革と会計検査院の役割に関する調査研究』新日本監査法人 2008 年，http://www.jbaudit.go.jp/effort/study/pdf/itaku_h20_2.pdf を参照。

第8章
憲 法 院

植 野 妙 実 子

1. はじめに

　フランス第五共和制憲法は，いわゆる司法権 autorité judiciaire とは別に，憲法院 Conseil constitutionnel について定めている。この憲法院の役割をどうとらえるのかは難しい問題である。というのも，フランスの憲法院は，他のヨーロッパ諸国の憲法裁判所と同様に違憲立法審査権を行使しているが，この審査権は事前審査という形で立法過程の中に組み込まれていた。さらに付託権者も政治的役割をはたす者に限られていた。そこで，憲法院は裁判機関というよりも政治的機関であるという批判が根強くあったのである。2008年7月の憲法改正により漸く市民の申立てによる事後審査の道が開かれた。

　ところで，フランス人権宣言16条は，憲法が権力分立と人権保障からなることを示すが，その権力分立とは，立法機能と執行機能の分立をさす。司法権は法の創造にはかかわらないが，裁判官は実際に「規範の生産」にはかかわるとされている。一方では，裁判官は，紛争当事者にとって規範となる判決文を生み出すという点で，他方では，裁判官は，適用できる条文を解釈し，法律条文や憲法条文など，より高い次元の規範の内容を決定するという点でかかわる。憲法は，まず憲法自身の適用にかかわる紛争を解決することを管轄する機関を定めている。同時に自由のために重要な役割をはたす裁判組織の基本原理も定

めている。このようにして第五共和制憲法は，憲法院と司法機関についてそれぞれ定める。行政裁判については憲法は明示していないが，それは憲法的価値を有する原理として認められるとされている[1]。

ここでは，憲法裁判の歴史をふりかえり，憲法院の組織，機能などの考察を通して，憲法院の統治構造のなかではたす役割を考える。

2. 合憲性審査の歴史

(1) 1958年までの審査

フランスにおける合憲性審査の歴史は，1715年から1958年の憲法制定にいたるまでに，三つの時期に区分できるとされている[2]。

1) 1814年までの状況

第一の時期は1715年から1814年憲章までの時期である。

フランス国王は，原則的に，君主国家の不文の慣習憲法とでもいうべき王国基本法を尊重していた。1715年に始まったルイ15世の統治下において，国家の主要な裁判機関であったパルルマン（高等法院）が，裁可 sanction という任務を負っていた[3]。このような形で，王国の最高規範に当時の法的価値をもつ行為が適合しているかどうかの審査は行われていた，とされている。

革命は，まさにこのことが引金となり，すなわちパルルマンが国王の命令を認めなかったので，ルイ16世が1789年5月5日に三部会を召集したことに起因する。ルイ16世にとっては，三身分によって代表される国民の正当性に基づいてパルルマンの抵抗を抑えることが重要な問題であった。しかしながら三部会は，1789年6月17日，国民の意思の受託者として，制憲議会へと性格を変えていった。ここには，国王の必要性と人民の意思の接合がみられるという[4]。

このような状況があったので，革命期の立法においては，過去の裁判官の役割は廃止されることとなった。裁判官の役割は，国民主権を代表する資格を与えられている政治的権力保有者にたいして，建言をなすものではなくなったのである。憲法の存在と権力分立機構は同一視されるが（人権宣言16条「権利の

保障が確保されず，権力分立が定められていない社会は，憲法をもっているとはいえない」)，これは，立法権や執行権と対等に対立する司法機関の導入を考えるものではない。もっとも，公権力によって憲法の限界を超える危険性が配慮されなかったわけではない。『第三身分とは何か』の著者であるシーエスは，1795年（共和暦3年テルミドール2日），憲法審査官 jurie constitutionnaire を導入することを共和国憲法起草者に説いているが，そのときの議論が，明確に合憲性審査の導入にたいする拒絶を示している。「憲法にたいする侵害への抗議を判断する特別な任務とともに真の代表者団体を創設すること」が問題となった。シーエスは，「憲法に保護を与えたい，有益な歯止めをかけたいとするなら，憲法審査官を設けるべきだ」と主張している。彼の案は満場一致で否決された。ここには裁判官政治に対する不信がみてとれる[5]。

1799年11月，ブリュメールのクーデタによって権力を掌握したナポレオンは，共和暦8年憲法を制定する。この憲法においては，シーエスの影響により，憲法の尊重に配慮するいわゆる護憲元老院 Sénat conservateur が創設された。その21条には「護憲元老院は，護民院 Tribunat または政府により違憲として提出されたすべての行為を支持もしくは無効にする」と定められた。しかし，護憲元老院はその役割をはたしたとはいえなかった。実際には，護憲元老院はナポレオンによる憲法の侵害を支援したのであり，合憲性審査は，破毀院の判決によって行使されていた[6]。

2) 1875年までの状況

第二の時期は，1875年までであり，第三共和制の成立前までである。1814年憲章，1830年憲章，そして1848年憲法のいずれも，合憲性審査にはふれていない。

ルイ18世による1814年憲章は，ナポレオン体制より自由主義的といわれるが反革命的であった。この憲法は，既述したように合憲性審査については定めておらず，さまざまな訴訟を通して法律や命令の規定に合憲性の問題が生じたときは，裁判所自らが解決をはかっていた。7月王政や第二共和制の下では，抗弁の方法による合憲性審査が受け入れられていた[7]。

ルイ・ナポレオンによるクーデタが国民投票で承認され，ルイ・ナポレオンを大統領とする1852年憲法が制定される。この憲法は，元老院に憲法の尊重を監視する新しい権限を与えた。すなわち，その26条には次のように定められた。

「元老院 Sénat は，次なる公布に反対する。

1号　憲法，宗教，道徳，信仰の自由，個人的自由，法の前の市民の平等，所有の不可侵，裁判官の身分保障，これらに反する，もしくはこれらを侵害する諸法律。」

そこで破毀院の判決による合憲性への言及は抑制されることとなった。といっても，1852年から1870年までの元老院の憲法尊重のための監視機能はこれも十分働いていたわけではない。結局は，1814年の状況に後戻りすることになる。また元老院自体は1870年5月21日憲法にみられるように，第二の立法議会へと変身していった。このことは他方で二つの帝政の「憲法の番人」にたいする共和主義者の反感を買うことにつながっていく。ディディエ・モスによれば，「法律の合憲性審査と国民主権とは根本的に相容れないと理解される」ことになるのである[8]。

3）　第三共和制

第三の時期は，第三共和制，第四共和制の時期である。第三共和制についてはディディエ・モスが，学者，裁判所の双方の態度について詳細に述べている。

第三共和制の1875年の憲法的法律（憲法律）の起草においては，合憲性審査の問題は意味をもたなかったという。それは，一方では，「憲法」とされるものが存在せず，三つの組織にかかわる法律は，基本法として尊重されるには足りないものだという事実があったからである。他方で，この時代の支配的な考え方は議会主権 souveraineté parlementaire というものであった。カレ・ド・マルベールは，1875年の憲法律の学説上の基礎となるものを説明している。すなわち『一般意思の表明としての法律』のなかで，「主権者を体現する議会の観念からは，結果として，事件に適用される法律条文と憲法の間の衝突があることを申し立てられた場合に，裁判官には，内容を画定するために憲法を解釈するというような権限はない，ということである」としている[9]。

『比較的フランス憲法の諸要素』を著したエスマンは,「裁判所が法律の合憲性の裁判官たりうるかについては,1875 年以降,少しも問題としてあがったことはない」と述べている。しかしエスマンは,1894 年 3 月 15 日に一院制支持のナケが下院において,一院制の問題点を正すための確かな方法の一つとしてアメリカの制度を紹介していることを示している。ナケは,「市町村長のアレテ（命令）が法律に違反するときに,裁判所が阻止できるのと同様に,法律が違憲の場合には,違憲の法律に従うことをやめさせることのできるアメリカのような司法最高裁判所の導入をすべきである」と説いていた[10]。

オーリュウは,『憲法提要』のなかで,「法律の違憲性の宣言は,行政命令の違法性の宣言と同じものである」と述べている。彼は,抗弁・申立てによる憲法適合性の審査を支持していた。フランスにおける法律の合憲性の裁判上の審査を実現する実際の方法として,二つあると述べ,一つは特別裁判所の創設であり,もう一つは通常裁判官に,申立てを受けた事件のなかで,憲法問題があるときにはそれを判断する完全な権限を認めることであるとしている。そして解決方法として後者を勧めている[11]。

カレ・ド・マルベールもその著書の最後では,「一般意思と法律の同一視ができない状況になれば,法律が憲法に合致しているか確認するために,法律にたいして司法審査をすることに反対する理由はない」と述べている[12]。

デュギーも『憲法概論』の第三版において,「この本の第一版においては,迷いはあったが,フランスの裁判所に法律の合憲制審査の権限を認めないとした。しかしそれはまちがっていた。今日では,迷いなく,それを受けいれることができる。私はさらに,裁判所にこうした権限を認めない国は,真の法治国家体制にないということも付け加えておこう」と述べている[13]。

さらに,1930 年に著されたトロタバの『フランスの憲法と政治』のなかでも,「理性的に考えると,裁判官にこうした審査を行使することを禁止する理由は何もない」と述べられている[14]。

このように第三共和制も末期になると,裁判官の法律の合憲性審査を認める著書も増えてきたが,それでも反対を示す法学者も存在していた。ジョゼフ・

バルテルミーとポール・デュエズは，『憲法概論』のなかで裁判機関による審査に次の二つの論拠から反対をしている。一方で1875年の憲法律は司法権については語っておらず，実定法に関する憲法的権限を与えるためには十分な意思が示されている必要があろうから，他方でフランスでは，司法権は議会の職務の検閲を行使するために必要な威信をもってはいないから，としている[15]。

ディディエ・モスによれば，こうした法学者の分析は，議員の意見にも反映し，何回か，憲法保障のための特別裁判所あるいは通常裁判所による裁判官の審査が提案されているという[16]。1934年2月20日に設けられた国家改革委員会の優先事項に含まれてはいなかったが，ジャック・ボルドーが率いる専門委員会では，合憲性審査を含む提案はなされていた。しかし，「第三共和制の下で合憲性審査が知られていないということではなかったが，合憲性審査の観念は，抗弁の方法であっても受け入れられなかった」とミッシェル・ベルポーはまとめている[17]。

この時期に裁判所において合憲性審査にたいしてどのように対応したのかについては，司法裁判所と行政裁判所の双方についてみる必要がある。

司法裁判所の最高裁判所である破毀院は，1789年8月に制憲議会によって司法制度の再構築の中で誕生したが，裁判官による法律の侵害を押さえるための破毀のメカニズムの必要性，いわば法律維持のための「監視役」として設けられた[18]。破毀院自身，共和歴5年（1797年）に，法律の執行を命じたり，停止したりする司法裁判所の防御は，抗弁においても手段としても認められないと判示している[19]。1833年に破毀院刑事部は，1830年11月8日法は裁判所規則について定めるが，違憲性を理由として攻撃することはできない，と判示している。しかし，1851年に同じく刑事部は，戒厳令に関する1849年8月9日法が1848年憲法106条に適合している旨，判示している[20]。

他方で行政裁判所の最高裁判所であるコンセイユ・デタにおいては，1936年に法律の合憲性審査についての判決を下している。そこでは，法律の合憲性審査は本来コンセイユ・デタで議論すべき問題ではない，と判示している。

政府委員（論告担当官ともいう）のラトゥルヌリは，「権力分立原則は，我々

の国では特別な面をみせている。……法律の解釈における裁判官の権限が拡大したとしても，議会から発せられた立法行為を力づくで奪うことまではできない」と述べる。評釈を書いたエイゼンマンは，「フランス法における議会主権は，いかなる場合においても，法律と同様に憲法律であってもそれを制定するためにとられた手続の憲法的適正性の審査を除くものではない」と述べ，さらに「通常法律の規定に内在する憲法的適正性の審査は可能である。違憲の申立てを承認しがたいとするのは，異論の余地のない主張とは思えない」と書いている。しかし彼も最後には，「政治的観点また妥当性という観点から，法上必要性を承認することができないとする判決の結論には賛同する」としている[21]。

4) 第四共和制

1940年6月ドイツとの休戦が調印されて，フランスは，ドイツ治下の占領地区と非占領地区に二分された。非占領地区の政府はヴィシーにおかれ，7月にペタンが元首となり，同時に1875年憲法は廃棄された。他方で，1940年7月から1944年夏まで，ロンドンでドゴールを中心に自由フランス政府が形成され，国内レジスタンスと連携した。新しい体制についての，レジスタンスの運動家たちの構想のなかには，合憲性審査についてふれるものが多くあった[22]。

しかしながら，共産党及び社会党（正しくはSFIO労働者インターナショナルフランス支部で社会党の前身）の影響を受けて準備された，1946年4月19日憲法草案のなかには，合憲性審査の制度は採用されていない。委員会では議論されたが，ピエール・コットの総括報告書のなかではふれられなかった。ジャック・ボルドーは1946年2月7日，司法最高裁判所を創設する法案を提案していた。その裁判所は，権力分立，既判力，憲法のなかで確立している立法手続の原則やフランス人の権利と義務の宣言，これらを侵害する法律条文の無効nullitéを宣言することが予定されていた[23]。

1946年4月19日憲法草案は，その冒頭に人権宣言をおき，自由と社会的・経済的権利を細かく定めていた。他方で，政治体制は，諮問機関であるフランス連合評議会はあるものの，「国民議会のみが立法権をもつ」（66条）とする一院制であった。「権力の一元的支配のなかで，普通選挙によって選ばれた代表者

で構成される国民議会は、骨格をなす存在、すべての制度の要である」とされた[24]が、多数決原理が支配するなかでどのように国民の自由や権利を守るのかについては、具体的には憲法草案にはあらわれてはいない。但し、その21条には、「政府が、憲法により保障される自由と権利を侵犯するとき、あらゆる形式による抵抗は、最も神聖な権利にして、至高の義務である」と定められていた。

人民共和派 Mouvement republicain populaire はこの草案の批判を展開するなかで、コントロールの欠如について次のように指摘している[25]。「一元的議会制に必要不可欠と思われる保障となる合憲性審査の制度をもっていないので、最高機関である議会がもし専制に陥り、憲法を侵害したような場合の制約となるものが存在していない。」

かくして右派の反対にあって、1946年5月5日、この憲法草案は国民の直接投票において、否決された。

そこで、第二の制憲議会のための選挙が行われたが、その結果共産党の代りに人民共和派が第一党となった[26]。ピエール・コットからポール・コスト・フロレに総括報告者が代わり、より均衡のとれた憲法草案が提示されることとなった[27]。4月19日憲法草案との大きな違いは、一つは国民議会と共和国評議会の二院から構成される議会制となったこと、二つは法律の合憲性審査を主たる目的とする機関ではないが、憲法委員会 Comité constitutionnel が創設されたことである。

法律の合憲性審査については、さまざまな案が出された。しかし、ジャネット・ブグラブの分析によると、法律の合憲性審査を新憲法のなかに導入することに合意をえられなかった、それは結局、憲法の優越性を保障するメカニズムを導入することに合意がえられなかったことを意味する、という。解放後の三大政治勢力のうち、共産党と社会党が政党としてその導入に反対していたことも大きい。またさまざまな導入の方法についての意見のあるなかで一定程度満足させ、憲法を迅速に採択させるために妥協がはかられ、憲法委員会の誕生に至った、という[28]。

国民の直接投票によって成立した第四共和制憲法、1946年10月27日憲法の

なかで，憲法委員会は第11章の憲法改正のなかの91条から93条に定められている。すなわちその役割は，91条に「憲法委員会は，国民議会の表決した法律が憲法の改正を想定しているか否かを審査する」とされた。その方法は，92条に「共和国評議会がその議員の絶対多数をもってこれを決した場合」に「大統領及び共和国評議会議長の合意に基づく要求により，諮問される」形をとった。憲法委員会は法律を審査し，国民議会と共和国評議会の同意がえられるように努め，同意がえられない場合は，採決を行う。また憲法第1章から第10章までの憲法改正の可能性につき採決の権限をもつ。憲法改正を要する法律は，国民議会に回付して再審議に付する，とした。

憲法委員会は，法律と憲法の齟齬を審査はするが，対象となる憲法は第1章から第10章までであり，権利について言及している前文は除かれている。また，齟齬があった場合には，憲法改正の必要性を判断するのであり，国民の自由や権利を守るための法律の合憲性審査のあり方とは異なるものであった[29]。

ロジェ・ピントは「このメカニズムは，合憲性審査を構成しない，国民議会に直接憲法改正を行うことを強いるものである」と述べている。他方で，当時，法律の合憲性審査として評価する学者もいたが，その学者においても効果は疑われていた[30]。

結果として憲法委員会の試みは挫折した。12年間において，共和国評議会への猶予期間を問う，とるにたらないわずか1件について，付託があっただけで，ほとんど活動しなかったからである[31]。

(2) 第五共和制憲法と憲法院の創設

第四共和制の12年間で，内閣交代は12回に及んだ。経済復興，冷戦への対応，植民地の独立運動など戦後のフランスの政治的課題は多かった。とりわけアルジェリアは，普仏戦争の結果，アルザスからアルジェリアへ入植したフランス人も多く，「100万人の白人入植者が，900万人のアルジェリア人を支配」していた。そこで，アルジェリア独立運動の激化のなかで，「フランスのアルジェリア」の擁護のためにドゴールに政権を担うことが求められた。1958年6

月1日ドゴール内閣が発足するが,主要閣僚はアルジェリア独立容認派であった。1961年1月,アルジェリアの民族自決政策が国民投票によって承認される[32]。

1) 第五共和制憲法の成立

こうした流れのなかで1958年10月4日第五共和制憲法が国民の直接投票によって成立する。したがって第五共和制は,第四共和制下の政局の継続的不安定への反省,体制の脆弱さの克服,そしてアルジェリア独立戦争にみられるような内乱の危機の回避に由来するものである[33]。呼び戻されたドゴールはすでに1946年6月16日,バイユーでの演説において自らの憲法構想を明らかにしていた[34]。第五共和制憲法にはそのときの彼の憲法構想が反映されている。その内容は,執行機関の強化と共和国大統領の国家の監督者・保証人としての新しい役割の権限付与を含んでいた。制憲者たちは,過去を断ち切り,より強い国家と安定した権力を確立することを望みながらも,同時に共和主義的,自由主義的,議会主義的な伝統と結合することも望んでいた。ピエール・パクトは,第五共和制憲法の着想を,「国家復興の望み」と「議会主義とのつながりの受容」という形でまとめている[35]。結果として,大統領制と議院内閣制の二つの制度を併せもつ,半大統領制という新しい体制を産み出し,相対的にこれまでの議会よりは,少ない権限をもつ,合理化された議会主義という形がとられた。こうしたなかで憲法院は,議会を監視することを本質的な目的として設置されたのであった[36]。

2) 憲法院設立の目的

憲法院の創設について,フランソワ・リシェールは次のように述べる。「1958年の制憲者の目的は,公権力の行為の合憲性審査を保障しようというところには全くない。ましてや市民の権利や自由を保障しようなどということもない。憲法院の創設は,1958年憲法の一般的観念によって説明される。それは,議会を,とりわけ国民議会を犠牲にして,執行府を強化することを考えるものであったが,国民議会議員は直接に普通選挙で選ばれる代表者でもあった。そこで,議会にその権限の枠組みのなかにとどまることを強いるための効果的なメカニ

ズムを設立することが必要とされたのであった」[37]。

　したがって，憲法院設立の第一の目的は，議会を監視することであった。議会が憲法を曲げるということがないように監視する必要があった。それゆえ，組織法は憲法院の合憲性審査のあとでなければ審署されない。次に，上下それぞれの議院の議員が憲法に定められていない政府の活動をコントロールする方法や政府の責任を利用する方法を付加しないように監視する必要があった。それゆえ，上下それぞれの議院の規則は，憲法院の合憲性審査のあとでなければ施行できない。さらに，議会が憲法上付与されている枠から外れることがないように監視する必要があった。それゆえ，憲法院は，政府の請求に基づいて，政府に留保されている領域を侵害するあらゆる議員提出法案や修正案に反対することができるのである（憲法41条—以下，とくに断りのない場合は第五共和制憲法の条文をさす）。憲法に反することが疑われる法律は，審署前に憲法院に政治権力によって付託されることが可能であり，その場合憲法院は，その審署を妨げることができる（61条・62条）。憲法において政府に留保された領域に抵触する法律は，命令という方法で政府が変更することができるように，憲法院によって変更されることもできる（37条2項）。また議員の任期についても憲法院は監視する。そこで，それぞれの議院は憲法院に委ねるための選挙の審査をとりあげる。被選挙資格がないことが明らかとなったときの議員の資格喪失（1958年10月24日オルドナンス8条）あるいは，任期中に兼職禁止の職務についている議員の罷免（同オルドナンス20条）を宣言して，憲法院は議員の任期を終了させる[38]。

　憲法院にはその他の権限も付与された。一つは，レファレンダムの施行の適法性を監視すること（60条）と共和国大統領の選挙の適法性を監視すること（58条）が憲法院に委ねられた。二つは，憲法院は，純粋に法律的な面から，フランス憲法に反する条約の批准の承認に反対する（54条）。三つは，憲法院は，共和国大統領の職務行使の障碍事由を認定する（7条）。また憲法16条はとくに重大な状況において認められるものであるが，憲法院は例外的な権限の使用（非常事態措置）について諮問される（16条）[39]。

3) 新しい機関の必要性

リシェールは憲法院について二つの点で興味深い考察をしている。一つは，コンセイユ・デタになぜ憲法院の役割を委ねなかったかであり，二つは，憲法院の名の由来・構成・任命についてである。このことはどのような性格の機関なのかにもかかわる問題であった。

憲法院の権限は，16条で妥当性という面において諮問的役割をはたすが，その他は，法という面において，判決を下す役割もはたす。フランスにはすでに，裁判所として判決を下し，かつ諮問もされる機関として，コンセイユ・デタが存在する。しかしながらコンセイユ・デタにこれらの任務を付加することが提案されてはいない。その理由には二つある。一つはコンセイユ・デタは，このような任務をはたすのにはふさわしくない。コンセイユ・デタは，行政機関に属し，行政の活動に協力している。いかにその構成員が公平だとみなされるとしても，執行権の一部をなしているからである。そこで，立法権と執行権との間の仲裁をするのは難しいと考えられた。

また歴史的にふり返っても苦い経験があり，反対があった。統領時代や帝政時代に，議会はコンセイユ・デタの監視の下におかれ，法律案がコンセイユ・デタによって作成された。1852年1月14日憲法はルイ・ナポレオンの下で大統領の任期を10年にした憲法であったが，50条においてコンセイユ・デタが，大統領の指導の下で，法律案・命令案を作成し，行政に関する事項の争訟も解決することが定められていた。立法院は法律案及び租税を審議し，評決する（同憲法39条）が，修正案もコンセイユ・デタに送付され，コンセイユ・デタの採択をまって審議される（同憲法40条）。コンセイユ・デタはしばしば修正案を否決し「他愛ない虐殺」と呼ばれることを行っていた。このようなことから，コンセイユ・デタに立法府の活動のコントロールを任せることは考えられなかったのである[40]。

他方で，憲法院すなわちコンセイユ・コンスティテュショネルという命名についても考察している。なぜコンセイユなのか。1946年憲法のようにコミテ（委員会）ではなく，また，イタリアのようにクール（裁判所）でもなく，ドイ

ツのようにトリィビュナル（裁判所）でもない。リシャールは，コンセイユという表現はその曖昧性のゆえに好まれたという。コミテという名称は下位機関にすぎない。コミィシオン（委員会）も同様である。クールとかトリィビュナルは裁判官のコントロールの下に議会をおくイメージとなる。コンセイユということばが，1946 年憲法のコンセイユ・ドゥラ・レピュブリック（共和国評議会）やコンセイユ・デタを想定させ，政治機関であると同時に裁判機関でもある憲法院の名にふさわしいと考えられたからである。

　憲法院の構成については，裁判官だけで構成するとなれば，「裁判官政治」を連想させる。議会によって選挙させることになれば，政党の取引の道具となってしまう。それが大統領及び上下それぞれの議院の議長の 3 名に 3 名ずつ任命させる仕組みをとった理由である。そこに大統領経験者が終身として加わる形とした。また憲法上，兼職禁止の規定以外のいかなる無能力も定められてはいない。

　憲法院の構成員の任命については，終身という形をとらなかった。終身ではすぐに構成員が年をとる。判決が柔軟でなくなる危険もある。そこで比較的長い 9 年間という任期を定めるが，再任はなく，3 年ごとに 3 分の 1 ずつ改選することで，継続性と発展性とを確保できるようにした，という[41]。

3. 憲法院の進展

(1) 憲法院の構成と権限

　第五共和制憲法において，憲法院は第 7 章の 56 条から 63 条に定められている。1974 年 10 月 29 日の憲法的法律による改正で 61 条 2 項が改正されて，「60 名の国民議会議員もしくは，60 名の元老院議員による憲法院への付託」が加わった[42]。2005 年 3 月 1 日の憲法的法律による改正で，60 条が改正されて，「11 条，89 条及び第 15 章に定める人民投票の施行の適法性の監視」となった。さらに 2008 年 7 月 23 日の憲法的法律によって次の改正が行われた。① 56 条 1 項に，「13 条最終項の手続は，これらの任命にも適用される。各議院の議長によ

る任命は，当該議院の常任委員会の意見のみにしたがって行われる」が加わった。②61条1項に，組織法律と議院規則についての規定の間に「11条に定める議員提出法案は人民投票に付託する前に」が挿入された。③違憲の抗弁による合憲性審査について，具体的事件の審理のなかで，法律の憲法適合性が主張されたときにコンセイユ・デタもしくは破毀院からの移送によって憲法院が付託を受けることが，61-1条に新たに定められた。④62条1項の頭に「61条に基づいて」が加わり，⑤2項に「61-1条に基づいて違憲と判断された規定は，憲法院判決の公表以降，あるいはその判決の定める期日以降，廃止される。憲法院は，当該規定から生じた効力の，再検討しうる要件と範囲を決定する」が新たに定められた[43]。これらの改正は憲法院の当初の目的とは異なる進展を示すものである。

　最近，フランスでも旧来のタイプの『憲法と政治制度 droit constitutionnel et institutions politiques』と題する憲法の教科書[44]ではなく，新しいタイプの『憲法 droit constitutionnel』と題する憲法の教科書があらわれ，そのなかで基本的な権利や自由までも扱うものが出てきている[45]。

　エリック・オリーヴァは，後者のタイプの教科書を著しており，第6章の「規範―憲法規範と国際規範」で，憲法を扱うなかで「憲法の優越性―憲法の番人としての憲法院」について述べている。そこでは基本法である憲法は，法律の合憲性審査を保障する憲法院による特別な保護の対象であると，明確に示されている[46]。

　1）憲法院の構成

　憲法院の構成や構成員の任命のあり方は56条が定める。これはさらに1958年11月7日オルドナンスによって具体化されている。①任期9年で再任なしの9名の構成員と，②元共和国大統領の当然の終身の構成員からなる。9名の構成員は，3年に3分の1ずつ改選される。共和国大統領により3名，上下それぞれの議院の議長により3名ずつが任命される。元共和国大統領は当然の終身の構成員ではあるが，57条の「大臣または国会議員の職務と両立しない」ことから，過去においてはコティとオリオルだけが構成員として在籍した。任命され

る構成員の任期は9年であるが任期途中で退任した後任を務める者は，務めた年数が3年以内であれば，再任されうる。任命された構成員は，辞職することもできる。義務の懈怠や心身の故障のときには憲法院によって辞職を宣言されることもある。

憲法院院長は，共和国大統領によって，元共和国大統領の当然の構成員の間からでも，任命された構成員の間からでも，任命され，その構成員としての任期が終わるまで務める。したがって，もし，元共和国大統領の間から院長が選ばれたなら終身まで院長を務めることになる。

憲法院院長は，国家組織のなかにおいても非常に重要な地位を占め，また憲法院自体のなかでも決定的な役割をはたす。院長は，各事件の報告者を任命し，審議日程を定め，可否同数の場合の裁決権も有する。

なお，構成員の任命にあたっては，いかなる年齢や専門領域の要件は課せられてはいない。唯一の要件は，オルドナンスの10条にある市民的・政治的権利の享有である。構成員の質の確保は公権力による任命によって担保されると考えられている。実際，構成員としては，元大臣も選ばれているが，破毀院の裁判官，コンセイユ・デタの評定官，法学部教授など法律家としての素養を有する者も選ばれている。そしてほとんどすべての構成員が任命以前には，政治的活動をしていた，あるいは，政治的指向を示す機会を有していた者たちである。院長として任命された人物も，任命する大統領と同じ政治的感性をもっている。しかし，審議の秘密もあり，憲法院のなかで右派・左派という政治的切断coupureは存在していないようにみえる，といわれている[47]。他方でこの制度は政権交代を前提としていて，政権交代があるときには右派と左派の双方が存在して微妙なバランスがとれるともいえよう[48]。この政治的任命のあり方は，憲法院の本質をどうみるかにもかかわる大きな問題でもある[49]。

56条にかかわる2008年の改正は，13条の改正と関連している。13条は共和国大統領の職務のなかのオルドナンス，デクレの署名，国の文官・武官の任命について定めている。その5項は新設で，「より良くコントロールされる行政権」という考え方の下で，「3項に掲げられたもの以外の官職または職務につい

ては，権利や自由の保障または国民の経済的・社会的生活にとってその重要性に鑑み，共和国大統領の任命権が各議院の権限を有する常任委員会の意見のあとで行使されることに対しては，組織法が定める」とされた。憲法院の構成員，司法官職高等評議会の構成員の有識者，権利擁護官に適用されることが憲法上明らかにされている[50]。

2) 構成員の義務

57条は，憲法院の構成員の兼職禁止規定であり，大臣，国会議員との兼職を禁じている。組織法によって1958年11月7日オルドナンスでは，経済・社会評議会の評定官との兼職も禁じた。さらに，憲法院の判決の対象となりうる問題に意見を求められること，あるいはそれらの問題に公的に態度を明らかにすることは禁じられており，弁護士や教授の職務につくことも禁止されている。1995年1月19日組織法はこの兼職禁止をさらに拡げて，すべての議員職との兼職禁止と国会議員に適用されている兼職禁止の憲法院構成員への適用を認めている。実際は，任期中いかなる公職への任命もされないし，公務員であった場合は，抜擢されての昇進もない。但し，多くの構成員が任期中にレジョン・ドヌールを受けたりしているが，こうしたことは組織法の趣旨に反する，とリシェールは指摘する[51]。

他方で，政治的活動については，構成員に禁止されていない。しかしながら構成員の義務に関する1959年11月13日デクレでは，政党や政治団体の責任者としての地位や幹部職につくことはできないとされている。義務違反への制裁は憲法院自身が決定する。構成員が市民的・政治的権利の享有を失うことになったり，兼職が禁止されている職務を受け入れていたりしたときには，罷免となる。この決定は無記名投票により行われる[52]。

この他の構成員の義務としては，慎重配慮の義務 obligation de réserve と憲法院の審議内容を公にしてはいけない秘密保持義務がある。慎重配慮の義務とは，公務員にとって，職務外で意見を表明することはできるが，慎重で適度な方法をとることが望まれていることをさす。受益者による公役務を考慮して侵害をもたらすような行動を慎むべきことが公務員には課せられていることをさ

し，公役務の中立性に由来するものである[53]。また裁判官の身分規程である1958年12月22日オルドナンス10条には，すべての政治的討議は司法機関には禁止されると定められている。憲法院は司法機関ではないが，構成員は在任中，憲法院の判決の対象となっている，あるいはなりうる問題について公に態度を明らかにすることやこれらの問題について意見を求められることはできない。就任にあたって構成員は大統領に，「職務を適切に忠実にはたし，憲法の尊重を公正に行い，審議や投票の秘密を守り，憲法院の権限下にある問題にたいし，いかなる公的な立場も明らかにせず，いかなる諮問にも応じません」と宣誓する[54]。

3) 憲法院の権限

憲法院の権限は，① 憲法上の権限 autorité constitutionnel にかかわる裁定，② 選挙争訟の裁定，③ 憲法争訟の裁定，④ 法律と命令の管轄の配分の裁定，⑤ 共和国議会と海外公共団体議会の管轄の配分の裁定，これらに2008年の憲法改正により，⑥ 事後の管轄裁判所からの移送による法律の合憲性審査が加わった。

ここではA合憲性審査とB合憲性審査以外の権限に分けて検討する[55]。すなわち憲法に書かれていることを配分規定も含めて，審査する場合とそうでない場合とに分けた。なお，憲法院の判決は確定的であり，いかなる上訴・上告も許されない。判決は公権力，すべての行政機関，司法機関を拘束する。

A. 合憲性審査の権限

規範が憲法に適合しているかどうかを審査する。義務的な付託といわゆる任意の付託がある。法律に関しては，制定過程のなかで上下両院を通って採択された後，審署前に付託される事前審査という形をとっている。2008年の改正で事後審査も加わった。ここには二つの言及すべき問題がある。一つは，審査の際の参照憲法規定の問題であり，もう一つは，審査の適用範囲，何を対象として審査するかの問題である。

a. 合憲性審査の参照規範

当初憲法院は，狭義の意味の1958年憲法すなわちその本文自体を参照規範と

していた。しかし，1970年6月19日判決において，憲法前文を判決文冒頭の参照条文のなかに掲げるということが行われた。ついで，1971年7月16日の結社の自由にかかわる判決で，憲法前文への法律の適合性の審査が行われた[56]。合憲性ブロック bloc de constitutionnalité ということばが用いられて議論され，憲法前文，すなわち，そこに掲げられている1789年人権宣言，1946年憲法前文，さらに2005年3月1日からは2004年環境憲章が加わって，これらも合憲性ブロックを形成すると考えられている。また1946年憲法前文のなかには，「共和国の諸法律によって承認された基本原理」も入っている。これが何を具体的にさすのかも別途問題となる[57]。

　b. 合憲性審査の適用範囲

　第一に，法律と命令の管轄の配分の審査がある。これは当初憲法院に期待されていた重要な活動であり，命令領域への法律の侵犯を防ぐ手立てとして不受理 (41条) と法律から命令への移行 (37条2項) の二つがある。

　第二に，組織法と議院規則の合憲性審査がある (61条1項)。これら二つは，義務的付託であり，組織法については審署前に首相が，議院規則については施行前にそれぞれの議院の議長が，付託する。

　第三に，通常法の合憲性審査がある。通常法については審署前に，当初は大統領，首相，上下いずれかの議院の議長による付託が認められていたが，60名の国民議会議員もしくは60名の元老院議員による憲法院への付託も認められた (61条2項)。こうした市民の権利や自由の保護についての合憲性審査の限界としては，レファレンダムによる法律の審査は「国民主権の直接の表明」として対象としない，と判示されている[58]。

　第四に，国際条約の合憲性審査がある。国際条約については，当初は，大統領，首相，上下いずれかの議院の議長による付託が認められていたが，1992年の改正で60名の国民議会議員もしくは60名の元老院議員による憲法院への付託が認められた (54条)。通常法の場合と異なり，憲法院が，国際協約に憲法に違反する条項が含まれていることを宣言したときには，憲法改正のあとでなければ当該国際協約の批准または承認はされない。

第五に，フランス本国の法律と地方法律との管轄の配分の審査がある。74条3項には，海外公共団体の諸機関の付託を受けた憲法院が，当該公共団体の権限領域を法律が干渉していることを確認した場合には，その法律を当該公共団体の議決機関が修正することができる，との規定がある。また77条1項には，ニューカレドニアの議決機関の一定のカテゴリーの文書は，公布前に憲法院の審査に付されることも定められている。

　第六に，違憲の抗弁による合憲性審査が2008年の改正で加わった（61-1条）。裁判所で係争中の事件において，法律条文が憲法に保障されている権利や自由を侵害している旨の主張があったとき，コンセイユ・デタあるいは破毀院からの移送により，この問題について憲法院は付託を受ける。2009年12月10日組織法によって要件が定められた。

　第七に，政府提出法案・議員提出法案の不受理の際の意見の不一致の場合の憲法院の裁定がある。39条は，議長協議会が組織法の定める規律が遵守されていないと判断する場合に，政府提出法案を議事日程にのせることができない。議長協議会と政府とで意見の不一致があるときは，当該議院議長または首相が憲法院に付託する，と定める。41条は，議員提出法案もしくは修正案が，法律の領域に属さず，また38条によって付与された委任に反することが明らかとなった場合に，政府または提出を受けた議院の議長は不受理をもって対抗できる。政府と当該議院議長とで意見の不一致があるときは，いずれかが憲法院に付託する，と定める。

　B．合憲性審査以外の権限

　第一に，共和国大統領の選挙と任期に関する権限がある。憲法院は選挙運動以外の大統領選挙のすべての段階に関与する。大統領選挙の際の立候補の推薦を受けつけ，候補者の合意を確認する。候補者の提出した資産の申告を確認し，候補者のリストを作成する。候補者の死亡もしくは障碍の問題を裁定し，新たに選挙全体の手続を行う。大統領選挙期日の延期を宣言する。選挙の実行の適法性を監視し，結果を公表する。選挙民，候補者，知事による異議申立てを受けつけ，裁定する。

政府の付託を受け，憲法院は大統領の一時的もしくは決定的な障碍の認定をする（7条）。

第二に，非常事態措置について諮問されたり，意見を求められたりする。非常事態措置について実行の要件と措置について諮問される（16条）。非常事態権限行使の30日後に国民議会議長，元老院議長，60名の国民議会議員もしくは60名の元老院議員の付託により，憲法院は要件の充足を審査する。憲法院は最短期間で公開で意見を述べる（16条）。非常事態権行使の60日後，またその期間をこえればいつでも，憲法院は当然にこうした審査を行い，同様に意見を述べる（16条）。

第三に，国民議会議員と元老院議員，それぞれの選挙と任期に関する権限がある。59条から，憲法院は，国民議会議員選挙・元老院議員選挙の争訟を裁定する。選挙結果の公表から10日以内にすべての候補者，選挙区の選挙民から申立てを受ける。憲法院は国会議員の被選挙資格と兼職禁止抵触の訴訟を審査する。被選挙資格については，選挙の異議申立てがあったときに審査する。無資格であることがわかると，当該議院理事部，法務大臣あるいは検事局が憲法院に付託する。兼職禁止については，当該議院理事部，法務大臣あるいは当事者からの付託を受ける。また憲法院は，選挙運動資金の裁判も担当する。

第四に，60条にしたがって，憲法院は，11条，89条及び第15章に規定されたレファレンダムの施行の適法性を監視し，結果を公表する（60条）。1958年11月7日オルドナンスにより，レファレンダム施行の組織についての憲法院への諮問は義務となっている。2008年の改正によっていわゆる人民発案の権利が導入されて，選挙民の10分の1の支持をえて，国会議員の5分の1による発案で，レファレンダムが組織されることとなった。この発案は議員提出法案の形をとるが，憲法院は憲法の規定が尊重されているか統制する（11条3項・4項）[59]。

(2) 判例の進展と課題

合憲性審査は，対象法文が憲法に適合しているかを検討することをさすが，その論拠 moyens にはいくつかのカテゴリーがみられる[60]。一つは，無権限，

管轄違いとされることで，これには他の管轄を侵犯する積極的無権限と，自らの固有の権限を完全には行使していない消極的無権限とがある。二つは，手続的瑕疵とされることであるが，立法手続上不適法とされたことは回復できる。三つは，憲法の侵犯で，多くは基本権が対象である。しかし，合憲性審査は妥当性 opportunité の審査に及ぶこともあることから，これを戒め，憲法院は，立法府と同一の評価の権限はもっていない，と判示している[61]。四つは，権限濫用で，この論拠の存在を認めるかは議論のあるところでもあるが，一般利益ではなく，財政上の利益のみで採択された法律はこれを理由として違憲とされた[62]。

憲法院の判決は，付託されてから原則1カ月で下されることとなっているが，緊急の場合には8日の期間内で裁定する。また，法律の合憲性審査は，付託されたことにとどまらず，職権で，請求をこえて違憲の論拠や意見をとりあげる。

憲法院には四つの判決のカテゴリーがある。一つは，憲法に適合しているとする合憲の判決，二つは，留保付（条件付）合憲の判決，すなわち，合憲とみなされるためにはどのように条文を解釈したらよいのかが示されている判決，三つは，法律の一部違憲判決，四つは，法律の全体としての違憲判決である。

1) 判例の進展

憲法院は当初その権限を厳格に解釈されていた，とリシェールはいう。すなわちその権限は，厳格に憲法及び組織法によって確定されている，と考えられていた。そこで国民議会議長の諮問に答えなかったり（1961年9月14日），レファレンダムによる法律の審査を断ったり（1962年11月6日）した。組織法に基づくオルドナンスの合憲性の審査を断ったり（1960年1月25日），選挙争訟における法律の違憲性の抗弁を認めなかったり（1959年7月16日），国民議会議員選挙運動中の大統領の政治討論参加の適法性を裁定することを断ったり（1967年6月8日）もしてきた[63]。

しかし，1965年頃から少しずつ変化がみられるようになる。憲法34条以外の条文の対象となる事項に法律領域の拡大をはかり，ついで組織法，1946年憲法前文，1789年人権宣言の対象となる事項にまで法律領域を拡げていった。ま

た，法律が法の一般原理に違反するか否かも審査している。さらに，国内法よりも国際法の優越性の原則を承認し，裁判官の不可動性や司法官の独立に反する政府の主導による組織法に反対した[64]。

憲法院は，7条によって大統領の障碍のみならず，辞任や死亡の際も介入することを明らかにした。何よりも当初想定されていなかった，憲法前文及び直接的・間接的にそれに基づく条項，すなわち，1789年人権宣言，1946年憲法前文，共和国の諸法律によって承認された基本原理によって認められた権利や自由を立法府に課す，ということを判決として下した[65]。このようにして憲法院は，権力にたいして市民の権利や自由を守る機関として立ちあらわれたのであった。しかし，こうした役割も，限られた公権力保有者である，大統領，首相，上下両院議長によって権利や自由に反する法律ではないかという疑義があるときに付託されるという形をとっていたために，散発的 sporadique と評されていた。

1974年10月29日の憲法改正で，60名の国民議会議員もしくは60名の元老院議員が憲法院に付託をすることが可能となって，憲法院の権利や自由の擁護者としての立場は強化されることとなった。この改正には二つの目的があった。一つは，反対派（少数派）のコントロールの手段を強化すること，二つは，市民の権利や自由の保護を強化することである。結果的には，前者の目的は達せられ，後者の目的は前者を通してのみ達せられることとなった[66]。

そこでさらに市民の権利や自由の保護のための憲法院への付託の手段が模索されていた。1990年と1993年に，司法裁判所・行政裁判所から，合憲性について先決問題の移送という形をとる事後審査の改正案が考えられたが，賛成をえられなかった[67]。2008年の改正において，それが漸く実現したのである。

2）憲法院をめぐる問題

憲法院にたいする大きな批判は，その正当性 légitimité についてである。すなわち，憲法院評定官はいかなる権利をもって普通選挙で選ばれた議員で構成される議会で採択された法律を無効にできるのかという疑問である。オリーヴァは，「当然この質問は重要だが，正しくない。憲法院の構成員の任命の問題すな

わち機関の正当性と憲法院の判例の問題すなわち活動の正当性を混同してはいけない」という[68]。確かに合憲性審査は着実に進歩を示しているといえよう。

憲法院の構成員の政治的権力からの任命をむしろ民主的正当性として擁護する考え方もある[69]が，この問題は既述したように，憲法院の性格をどうみるかにもかかわる重要な問題である。したがって，政権交代と憲法院との関係の分析も必要となる[70]。市民の権利や自由の保護のための機関として認められる今日であっても，憲法院は，はたして裁判機関なのかと，疑う声もある。ドゥ・ギーレンシュミットもその一人で，憲法院は多くの点で裁判機関というよりは基本的に政治的機関である，としている。その理由として，「制憲者の意図がそもそもその点にない。付託のあり方や構成員の任命が裁判機関とはいえない。憲法院は，裁判所がもっていない多くの権限をもっている。また審理の形も裁判とはいえない。公開の法廷で行われるものでもなく，検察官も弁護士も存在しない。手続的に成文規範からなる原則というものに則っていない。職権ですべての論拠をとりあげる権限をもっていて，付託された条文のみならず，同一の法律の他の条文も検討する。このような制度は，共和国の諸機関に『作為的利益保全 réserves injonctions』をもたらすものであり，裁判の伝統からいっそうはずれるものである。すなわち調整としての政治的機関である」，とする[71]。

4. まとめにかえて

市民の権利や自由の保護のために法令の合憲性審査が重要な地位を占めるようになってきたのは，世界的な傾向といえる。フランスにおいても，その実現は，実質的には1970年代に入ってからと，大分後にはなったが，議論は早くからされていた。その導入には議会主権という考え方からの反対があった。人権保障機能については，審査が制定過程における事前審査という形をとっていたので，限定的であるという指摘は以前からあった。事後審査の導入を通じて，市民の権利や自由の保護の充実に期待がかかるところである。

他方で，憲法院の性格をどうみるかは難しい問題である。一つは，合憲性に

かかわる審査（ここには憲法に定められた管轄の審査も含まれるとして）のみならず，大統領の障碍事由の認定，大統領選挙の監視，レファレンダムの監視，非常事態措置についての諮問，政府提出法案・議員提出法案についての意見の不一致の際の裁定などもはたし，これらの認定，監視，諮問，裁定などの役割を総体としてどう評価するのかという問題がある。もう一つは，いわゆる政治的任命の問題であり，政治権力保有者とされる大統領，上・下両院議長が，政治的意見の表明を前提として，評定官を選ぶというこの仕組みをどう評価するのかという問題もある。オリーヴァは，政治的任命の問題と現に人権保障機関として機能していることを混同すべきではないと述べる[72]。しかし，政治的任命を通して着任した評定官が，あくまでも賢人として，政治的意図をもたずに付託された法律にたいして結論を出せるのかという疑問は拭いきれない。ドゥ・ギーレンシュミットも，政権交代の際の憲法院の判決のぶれを忘れるべきでない，と指摘する[73]。

　セクションはそれぞれ分かれてはいるが，訴訟や諮問，調査などを行っている，コンセイユ・デタが行政訴訟を担当することは行政権による自律的コントロールとして説明されている。しかし，このあり方には「公正な裁判の保障」から疑義も出されている。確かに憲法院は，政治的任命を通して，政治権力内部からのコントロールを行っているという風にも解せる。政治的任命を通して，政治権力という後盾があるからこそ，政治権力にたいするコントロールも安心して任せられると権力側は考える。しかもこの権力の根源は何といっても主権者にあり，正当性をもっている。その意味では，憲法院は人権保障機関としての裁判機能のみが重要なのではない。しかも，実際は政治権力のコントロールというよりも，政治権力相互の調整，仲裁をはかっている。憲法院の重要な任務は，政治権力の仲裁としての機能なのである。2008年の改正によって，裁判機能の強化が行われたが，他方で数回に渡る憲法改正によって，徐々に政治権力の仲裁機能も拡大してきている。このようにみると，行政権のいわば内部から活動するコンセイユ・デタと，政治的任命を通してではあるが，政治権力の仲裁を客観的にはかることが要請されている憲法院とでは統治構造における位

置づけが異なることが理解できる。裁判機能と政治権力仲裁機能を併せもつ憲法院はフランスの歴史と伝統に基づいたフランス的帰結といえるのである。

1) Francis HAMON et Michel TROPER, *Droit constitutionnel*, 30e éd., LGDJ., 2007, p. 823.
2) Louis FAVOREU et alii, *Droit Constitutionnel*, 10e éd., Dalloz, 2007, p. 269.
　第一の時期を「高等法院から帝国元老院まで」，第二の時期を「司法裁判所への介入から元老院審査の弱体化まで」，第三の時期を「審査の希望から憲法委員会の象徴的役割まで」としている。この区分は指標が明確でなく，不満が残るが，一般的な憲法史の分け方に沿ったものといえる。Cf. Par ex., Serge VELLEY, *Histoire constitutionnelle française de 1789 à nos jours*, Ellipses, 2001.
3) 「パリのパルルマンは裁判機能をもつのみならず，政治的要求ももっていた。というのは，国王の王令（勅令）を登録する必要があったからである。パルルマンはしばしば建言することで国王の政治選択と対立したが，国王は『親裁lit de justice』によって，こうした異議をかわすことができた（なお親裁とは国王の意のままにことを進めるため人の配置がえをすること─植野）。しかし，司法官職の世襲制が，パルルマンの自立を強めていったのである。」Thierry DEBARD, *Dictionnaire de droit constitutionnel*, Ellipses, 2002, p. 213.
4) Sous la direction de Michel VERPEAUX et Maryvonne BONNARD, *Le Conseil constitutionnel*, La documentation française, 2007, p. 16（écrit par Didier MAUS）.
5) *Ibid.*, pp. 17-18. シーエスは司法官を信用してはいなかったが，合憲性審査を望んでいたという。シーエスの共和歴3年テルミドール2日に提示した憲法審査官 jurie constitutionnaire の案については次のものを参照。François LUCHAIRE, *Le Conseil constitutionnel*, Economica, 1980, p. 8. また浦田一郎『シーエスの憲法思想』勁草書房1987年も参照。
6) Sous la direction de Michel VERPEAUX et Maryvonne BONNARD, *op. cit.*, p. 17, なお護憲元老院については次のものを参照。François LUCHAIRE, *op. cit.*, p. 10.
7) Louis FAVOREU et alii, *op. cit.*, p. 269.
8) Sous la direction de Michel VERPEAUX et Maryvonne BONNARD, *op. cit.*, p. 18. なおルイ・ナポレオンと元老院については次のものを参照。François LUCHAIRE, *op. cit.*, p. 11.
9) Raymond CARRÉ de MALBERG, *La loi, expression de la volonté générale*, Sirey, 1931, p. 130. 続いてカレ・ド・マルベールは，対比的にアメリカの例をあげている。アメリカでは，1802年にマーシャル判事が示しているように，最高法である憲法の下に法律があるゆえに，裁判所が法律の憲法への一致を調べ，保障することが当然かつ不

可欠であると考えられている。アメリカの裁判官は，疑義のあるときは，憲法や法律を解釈することが要求されている。違憲と認められた法律条文を排除して憲法を適用していく，と述べている。*Ibid.*, pp. 130 et 131.

10) Adhémar ESMEIN, *Eléments de droit constitutionnel français et comparé*, 6ᵉ ed., Sirey, 1914, rééd. Editions Panthéon-Assas, 2001, pp. 601 et 602. ナケの発言は注にある。法律の合憲性については次の部分を参照。*Ibid.*, pp. 588 et s.

11) Maurice HAURIOU, *Précis de droit constitutionnel*, Sirey, 1923, p. 321. 法律の合憲性の裁判上の審査による権力の制限については次の部分参照。*Ibid.*, pp. 302 et s.

12) Raymond CARRÉ de MALBERG, *op. cit.*, p. 221.

13) Léon DUGUIT, *Traité de droit constitutionnel*, tome III, Edition de Boccard, 1930, p. 724.

14) Louis TROTABAS, *Constituition et gouvernement de la France*, Armond Colin, 1930, pp. 90 et 91.

15) Joseph BARTHÉLEMY et Paul DUEZ, *Traité de droit constitutionnel*, Dalloz, 1933, rééd. Economica, 1985, pp. 225 et 226.

16) Sous la direction de Michel VERPEAUX et Maryvonne BONNARD, *op. cit.*, p. 22.

17) Michel VERPEAUX, « Le contrôle de la loi par la voie de l'exception dans les propositions parlementaires de la IIIᵉ Republique, » *RFDC*, n° 4, 1990, pp. 688 et s.

18) Jean-François WEBER, *La Cour de cassation*, La documentation française, 2006, p. 15. 破毀院は誕生において，手続の侵害や法律の誤った適用にたいして介入する特別訴訟の形をとる裁判所と定義されている。*Ibid.*, p. 16.

19) Sous la direction de Michel VERPEAUX et Maryvonne BONNARD, *op. cit.*, p. 23. その根拠となったのは，1790年8月16日-24日法で，その10条は立法府を裁判することを，13条は行政府を裁判することを，司法機関に禁じていた。なお次のものも参照。François LUCHAIRE, *op. cit.*, p. 15.

20) Sous la direction de Michel VERPEAUX et Maryvonne BONNARD, *op. cit.*, pp. 23 et 24. 判決は次の二つである。Cass. Crim., 11 mai 1833 et Cass. Crim., 15 mars 1851.

21) *Ibid.*, p. 24. なお次のものも参照。François LUCHAIRE, *op. cit.*, p. 15; Louis FAVOREU et alii, *op. cit.*, p. 282. 判決は次のものである。CE, 6 nov. 1936, *Arrighi, S.* 1937. 3. 33.

22) レジスタンスの構想については次のものを参照。Jean-Éric CALON, *Les projets constitutionnels de la Résistance*, La documentation française, 1998; Jeannette BOUGRAB, *Aux origins de la Constitution de la Quatrième République*, Dalloz, 2002 ①.

23) Sous la direction de Michel VERPEAUX et Maryvonne BONNARD, *op. cit.*, p. 26, note (51).

24) *Ibid.*, p. 27.

25) *Ibid.*, p.27. 人民共和派その他の第四共和制憲法起草時における法律の合憲性審査についての考えは次のものを参照。Jeannette BOUGRAB, Le contrôle de constitutionnalité des lois dans l'élaboration de la Constitution du 27 octobre 1946, RFDC, n° 38, 1999 ②, pp. 285 et s.
26) 1945年10月21日制憲国民議会選挙では, 共産党が第一党となる。11月14日にドゴールを首班とする共産党, 社会党, 人民共和派の三党連立内閣が成立する。しかし, 1946年1月ドゴールは議会と対立し, 首相を辞任し, 後任は社会党のグーアンとなった。5月5日に4月19日憲法草案が国民投票で否決される。6月2日の制憲国民議会選挙では, 人民共和派が第一党となる。6月24日, ビドーの三党連立内閣が成立。10月13日に憲法草案が国民投票で可決される。11月10日, 国民議会選挙では共産党が第一党になる, という流れがあった。Michel de GUILLENCHMIDT, *Histoire constitutionnelle de la France depuis 1789*, Economica, 2000, pp. 111 et s. なお, 福井憲彦編『フランス史』山川出版社2001年424頁以下も参照。
27) この表現はディディエ・モスによる。Sous la direction de Michel VERPEAUX et Maryvonne BONNARD, *op. cit.*, p.27.
28) Jeannette BOUGRAB, *op. cit.*, ②, pp. 312 et s.
29) François LUCHAIRE, *op. cit.*, p.12.
30) Roger PINTO, *Eléments de droit constitutionnel*, 2ᵉ éd, Morel et corduant, 1952, p.515.
31) Jeannette BOUGRAB, *op. cit.*, ②, p.314.
32) Michel de GUILLENCHMIDT, *op. cit.*, pp. 138 et s. 福井憲彦編 前掲書430頁以下も参照。
33) 山口俊夫『概説フランス法 上』東京大学出版会1978年123頁参照。
34) さしあたり次のものを参照。Charles de GAULLE, Discours de Bayeux, 16 juin 1946, *Documents d'études*, n° 1.04, 2008, pp. 35 et 36.
35) Pierre PACTET, *Institutions politiques, droit constitutionnel*, 19ᵉ éd., Armand Colin, 2000, pp. 326 et s.
36) ヴェリーは, 第五共和制の特色を, 刷新された議会制のいわば円天井の要 clé de voûte である共和国大統領, 堅固な政府, 弱体化した議会, 新しい権限をもつ憲法院, としている。Serge VELLEY, *op. cit.*, pp. 103 et s.
37) François LUCHAIRE, *op. cit.*, p.19.
38) *Ibid.*, pp. 19 et 20.
39) *Ibid.*, p.20.
40) *Ibid.*, pp. 20 et 21.
41) *Ibid.*, pp. 21 et 22.
42) Cf. *Ibid.*, p.29. 現在10分の9がこの形の付託である。Sous la direction de Michel

VERPEAUX et Maryvonne BONNARD, *op. cit.*, pp. 55 et 56 (écrit par Pascal JAN).

43) 2008年の改正はバラデュールのイニシアティブによるところが大きかった。その中心となる考えは,「諸機関のバランスを再度とらせること rééquilibrage des institutions」であり,三つの柱,「よりよくコントロールされる執行権」,「強化された議会」,「市民のための新しい権利」をたてている。憲法院にかかわる改正にもこれらの考え方が反映している。Edouard BALLADUR, *Une Ve République plus démocratique*, Fayard-La documentation française, 2008.

44) こうした教科書はフランスの伝統的な憲法の考え方にそったもので,統治構造を扱う。『政治制度と憲法』と題する場合もある。憲法学と政治学とが学問的に近接していた名残でもある。Par ex., Jean-Claude AQUAVIVA, *Droit constitutionnel et institutions politiques*, 10e éd, Gualino éditeur, 2007.

45) 憲法院の判例の発達により,憲法学の守備範囲が,憲法＝第五共和制憲法本文（統治構造）ではなく,憲法＝第五共和制憲法　前文（人権規定）＋本文（統治構造）とみなされ,憲法学の中で基本権の保障も扱うようになった。Par ex., Louis FAVOREU et alii, *op. cit.*

46) Eric OLIVA, *Droit constitutionnel*, 4e éd., Dalloz, 2004, p. 240.

47) Sous la direction de François LUCHAIRE et alii., *La Constitution de la République française*, 3e éd., Economica, p. 1405 (écrit par François LUCHAIRE).

48) Cf., Louis FAVOREU, *La politique saisie par le droit*, Economica, 1988.

49) Sous la direction de Michel VERPEAUX et Maryvonne BONNARD, *op. cit.*, pp. 33 et s (écrit par André ROUX).

50) Sous la direction de François LUCHAIRE et alii., *op. cit.*, p. 1406 (écrit par François LUCHAIRE) et p. 498 (écrit par Charles REIPLINGER).

51) *Ibid.*, pp. 1408 et 1409.

52) *Ibid.*, p. 1409.

53) Murielle JASKO, *Dictionnaire des fonctions publiques*, Editions du Papyrus, 2006, p. 187.

54) Louis FAVOREU et alii, *op. cit.*, p. 293.

55) 六つの分類はエリック・オリーヴァを参照,三つの分類はジャン・クロード・アクアヴィーヴァを参照。Cf. Éric OLIVA, *op. cit.*, pp. 242 et 243; Jean-Claude AQUAVIVA, *op. cit.*, pp. 202 et s.

56) CC, 70-30 DC, 19 juin 1970, *RJC*-I, p. 21 et CC, 71-44 DC, 16 juillet 1971, *RJC*-I, p. 24.

57) ドミニック・テュルパンは,合憲性ブロックには1958年憲法前文・本文のみならず,前文に掲げられている法文,さらに憲法的価値を有する諸原則,場合によっては

法律，オルドナンスも含みうる，としている。Dominique TURPIN, *Le Conseil constitutionnel*, 2ᵉ éd., Hachette, 2000, pp. 55 et s.
58) CC, 62-20 DC, 6 novembre 1962, *RJC*-I, p. 11.
59) これらの権限については，次のものを参照した。Jean-Claude AQUAVIVA, *op. cit.*, pp. 202 et s.; Louis FAVOREU et alii, *op. cit.*, pp. 294 et s.
60) Éric OLIVA, *op. cit.*, p. 245.
61) CC, 74-54 DC, 15 janvier 1975, *RJC*-I, p. 30. そこには，「憲法61条は憲法院に議会と同一の評価や決定の一般的権限を委ねてはいない。付託された法律が憲法に適合しているかを宣言する権限のみが与えられている」と判示されている。
62) CC, 95-369 DC, 28 décembre 1995, *RJC*-I, p. 646.
63) François LUCHAIRE, *op. cit.*, p. 28.
64) Par ex., CC, 70-39 DC, 19 juin 1970, *RJC*-I, p. 21; CC, 67-31 DC, 26 janvier 1967, *RJC*-I, p. 16; CC, 70-40 DC, 9 juillet 1970, *RJC*-I, p. 22.
65) François LUCHAIRE, *op. cit.*, p. 29.
66) *Ibid.*, pp. 29 et 30.
67) Cf., Louis FAVOREU et alii, *op. cit.*, p. 253.
68) Éric OLIVA, *op. cit.*, p. 248.
69) 植野妙実子「憲法裁判官の任命」『法学新報』103巻2・3号1997年465頁以下参照。
70) François LUCHAIRE, Le Conseil constitutionnel et l'alternance politique, *RFDC*, nº 57, 2004, pp. 9 et s.
71) Michel de GUILLENCHMIDT, *op. cit.*, pp. 246 et 247.
72) Éric OLIVA, *op. cit.*, p. 248.
73) Michel de GUILLENCHMIDT, *op. cit.*, p 247.

第9章

司 法 権

植 野 妙 実 子

1. はじめに

　フランスでは，憲法学上，立法権と行政権の関係には目が向けられることが多いが，司法権は注目されてこなかった。また，合憲性審査を担当する憲法院は，憲法学上，研究の対象となることが多いが，司法権や裁判所の問題はとりあげられることは少ない。これらのことは，フランスの権力分立の中で司法権の占める位置をあらわしているともいえる。

　他方，日本では司法改革がさまざまな方面で進められているが，フランスでも司法改革は大きな課題となっている。しかし，その内容は，フランスの司法制度の特色と関わっている。

　フランスの司法権のあり方を探るためには，まず歴史的に司法権がどのようにとらえられるにいたったかをはずすことはできない。絶対主義王政の時代，国王の命令はパルルマン高等法院 Parlement の登録承認をえなければならず，それがしばしば国王の命令を阻害した[1]。こうした歴史から，裁判官が行政に口を出すことを極端に嫌うこととなった．憲法院が本格的に始動するときにも，合憲性審査は裁判官政治に陥るのではないかと危惧された。したがって，フランスでは，裁判官の仕事は過去の判例を探し出し，適用するという地味な仕事だととらえられている。このようなこともフランスにおける司法権のイメージ

をあらわしているといえる。

2. 『憲法』・『裁判法』における司法権

(1) カダールの司法権

　ジャック・カダールの『政治制度と憲法』第1巻（1979年）は，国家の定義をするなかで国家の機能 fonctions を扱っている[2]。そこには，国家の政治的 politique 機能，法律的 juridique 機能，社会学的 sociologique 機能があげられており，政治的機能では，国家の介入の領域が徐々に拡大していること，すなわち警察国家から福祉国家へという移行が示されている。国家の社会学的機能では，国民の社会生活のなかでの国家の役割が示されている。

　国家の法律的機能においては，理論と実際の二つの側面からのアプローチが示され，まず前者の分類として，立法機能，執行機能，裁判機能をあげている[3]。立法機能とは，国家が議会制定法や政府の命令 décrets réglementaires などの実質的意味の法律という一般法規範を定立することをさす。執行機能とは，国家が一般法規範を適用することで，個別的法行為として確立されることをさす。裁判機能とは，国家が法人格保有者間の紛争を解決することを意味する。国家は個人間の紛争を解決すると同時に公共団体間の紛争も，また個人と公共団体の間の紛争も解決する。裁判機能についてはしばしば，その性格において執行機能とは区別されないと主張する学者によって疑義がとなえられているという。しかしいくつかの明確な理由から，執行機能とは区別されるものであろう，とカダールは述べている。それは，一つには，裁判官は紛争を解決するのであり，紛争が彼らの権限内にあるときには，裁判官は解決することを主張する。二つには，紛争を解決する際，裁判官は，たとえ法が難解であったり不備であったりしても，適用することができる法規範の内容について最終的に決定する。すなわち，裁判官は，当事者に法を適用する際には「法を語る」のである。三つには，裁判官によって下された判決は，義務的であり，執行力もある。すなわち，公権力は，公的な力を用いながら，必要があればそれを執行する義務を有

し，裁判を受けた人々はそれに従う義務がある。彼ら自身もそれを執行する義務をもっているのである。こうした義務という性格は，絶対的なものである。判決は，「合法的な真理という力」をもっているのであり，「既判力」をもっている。すべての人々にとって，すべての公権力にとって，訴訟という道のゆきつくところ，判決は決定的で不可侵のものである。どのような権力ある者であっても，たとえ判決を下した本人であっても，判決を変更することはできない。

　カダールはこのように，裁判機能は，執行機能や立法機能とは異なるものであると述べる。なぜなら後者二つの機能は，ある種の形式を尊重しながらも常に変更されうるからであるとする。

　こうした国家の法律的機能の理論的分類は，裁判の実効作用に合致し，裁判機能としてしか実際の価値をもたない。この機能は立法機能や執行機能にとっては，活用できない。なぜなら，政府と議会の間の権限の効果的な分配の基礎をなさないからである。任務が巨大となるゆえ，立法機能全体を同一の機関に委ねることは不可能である。また弱体である執行機関に，執行機能だけを委ねることができるとするのも不可能である。唯一，裁判機関のみに裁判機能全体は託される。このことはすべての民主主義の経験において証明されていることである。

　しかし，1789年のフランス革命のときに，議会に立法機能全体を託し，政府に執行機能を託し，裁判官に裁判機能を託するということが望まれた。しかし，すぐに人々は，こうした形態が活用できないことを確認することになった。この形態は，惨憺たる結果を招いたからである。

　こうした国家の機能の理論的分類は，権力分立の実際のシステムと混同されてはならない。一般的には，議会に非常に多くの権力が与えられ，政府に弱い権力が与えられているとされているが，国家の法律的機能を実際にどのように配分するかは異なる方法でみる必要がある。

　実際の機能をみると，裁判機能は裁判権に委ねられている。この権力がどのような方法で組織されているのか，多様な性格，あるいは特別な性格をもつ裁判所から組織されているのか，などは重要ではなく，フランスのような司法系

列と行政系列の二つの裁判系列の存在なども重要ではない。すべての裁判所 juridictions が司法権 pouvoir judiciaire，より正確には裁判権 pouvoir juridictionnel に属しているということが重要である[4]。

　フランスでは，司法権ということばは，単に司法裁判官をさす。すなわち，私人間の司法上の係争の裁判を扱う裁判官である。公法の専門家は，裁判権ということばを好む。そこには司法裁判所と行政裁判所が含まれているからである。実際の分配と理論的な権力分立上の分配は，裁判権に関しては，唯一合致している[5]。

　カダールは，いわゆる司法権についてこのように述べている。他方で，権力の実際の分配においては，立法機能は議会と政府とで分ちあい，議会が一般法規範を定立するのにたいし，政府は細かな規範を命令という形で作る。さらに政府は法律の執行という別の権限ももつ，として，議会と政府との間の権限の分配のあり方を詳細に述べている。しかし，司法権については，厚い2巻本の憲法の教科書のなかで二度と扱われることはない。フランスの『憲法』における司法権の位置は，このようなものにすぎないのである。ここでは二つの事柄が注目される。一つはフランスでは機能に着目する分類を行うということ，もう一つは権力分立のなかでの司法権の立場は弱いもので，議会と政府の権力分配が大きな問題であるということである。

(2)　今日の『憲法』における司法権

　2007年発刊の21版を重ねるジャン・ジッケルの『憲法と政治制度』においては，もはや司法権ということばはでてこない[6]。第3部には「フランスの政治制度」が歴史を追って描かれ，その第2編は「フランスの今日の政治制度」を扱うが，その第5章には「裁判権あるいは憲法院」について書かれている。そこでは，行政裁判と司法裁判の傍らに，憲法院が「法治国家の表現」もしくは「憲法統治の具象化」として存在する，とされている[7]。憲法院は，この本によれば，国家の諸機関の間で紛争があるとき，絶対的な権力とともに法を語る責任を担う裁判権として生まれたという。憲法に関する裁判権は憲法院にあ

るとされて，司法権そのものについてはふれられていない。

ピエール・パクトは『政治制度・憲法』のなかで，同様に憲法院が裁判機能を有する機関であることを明らかにしているが，その他の裁判機能について，A.高等法院，B.共和国司法院，C.司法権 autorité judiciaire の独立，D.司法官職高等評議会，E.行政裁判を扱っている[8]。共和国大統領の大反逆罪を議員によって裁くのは高等法院であり，政府構成員の刑事責任を議員と裁判官によって裁くのが共和国司法院である。これらの機関も，いわゆる司法権が担当する裁判所や行政権自体が担当する行政裁判所と同等に扱われている。そしてさらに，これらのフランスの裁判と並んで，欧州人権裁判所の裁判もとりあげられている。

(3) 『裁判法』における司法権

ジャン・ヴァンサン等が著した『司法機関』は現在では『裁判機関』と題を変えているが，「正義という公役務」と裁判を位置づけている[9]。他方で，ジャン・ピエール・スカラノは『裁判制度』のなかで，裁判をつぎのように扱う[10]。すなわち，フランスにおいては，「裁判 justice は，憲法上そして行政上の一つの機構である。このことから機能の二面性が生じる結果となる。かくして，1958年憲法によって，裁判は，司法権 pouvoir judiciaire を構成する。そのうえで，国民主権という要素から，国家の独占であり，裁判は真の公役務を構成するのである。」

裁判を憲法上の機構から考察すると一つの権力ということになるが，それは同時に行政上の機構から考察すると，法務省の提供する公役務ということになる。前者の点からは，行政権や立法権から独立した司法権のあり方が問題となり，この権力がどのように実現されているかが問われる[11]。後者の点からは，裁判という公役務は他の公役務と同様に国家の独占であり，それを支配している諸原理，タイプ別にできる性格，機能不全となった際の責任などが問題となる[12]。

裁判が公役務の一つであるとする考え方は日本ではなじみにくいが，私人間の争いの解決がその専らの仕事であり，国が引き受けているととらえるとわか

りやすい。

3. 第五共和制憲法における司法権

　第五共和制憲法においては,「司法権限」もしくは「司法機関」と訳されるべき autorité judiciaire が用いられ, 第7章の「憲法院」のあとの第8章におかれている[13]。

　最初に問題となるのは, 第五共和制憲法は正確には, 権限・機関 autorité ということばを用い, 権力 pouvoir ということばを使っていないことである[14]。過去においては, 1791年憲法, 共和歴3年 (1795年) 憲法, 1848年憲法は, 明確に司法権 pouvoir judiciaire について述べている[15]。たとえば, いわゆる 1789年人権宣言を頭に掲げる立憲制限君主制の政体を採用した1791年憲法においては, 司法権は, 裁判官, 訴追官 accusateur public は人民から選ばれる者によって行使される (第5章2条)。また, 裁判所は, 立法権や行政事務 fonctions administratives には関与しない。刑事事件においては陪審制が採用されている。立法府に接して手続違反と法律の明白な違反を審査する破毀院が存在する。下された判決の執行の確保のための裁判所付司法委員 commissaires du Roi auprès des tribunaux が存在する。この体制においてすでに, 権力分立は, 立法府と執行権 (国王) の権力のあり方の問題であった。

　共和歴3年憲法も,「司法作用は, 立法府または執政府により行使されることはできない」と司法権の独立を述べる。また裁判官も民選である。

　第二共和制を樹立した1848年憲法は, 第6章に「コンセイユ・デタについて」の章をもっているところに特色があるが, 第8章は「司法権」を定める。その章のなかには, いわゆる裁判所についての規定のみならず, 大統領及び大臣の裁判を担当する高等法院 Haute cour de justice についての規定もみられる。

　他方で, 1814年憲章, 1830年憲章には司法組織 ordre judiciaire ということばが用いられている。

　ナポレオンの戦争敗北のあとで成立した, 第一王政復古の憲法が1814年6月

4日憲章である。国王が執行権，法律の発議権，さらに貴族院，代議院との共同での立法権の行使を行う。裁判はすべて国王から発する（57条）とされ，国王は裁判官を任命する。ここでは，司法組織として述べられ，司法権として考えられてはいない。

　1830年憲章は1814年憲章を改正したものであり，7月革命の結果，ブルボン朝が終わりを告げ，オルレアン家のルイ・フィリップが国王になって公布された憲章である。したがって1814年憲章と同様に「裁判はすべて国王から発する」（48条）として，司法組織としてしか扱っていない。

　1946年の第四共和制憲法は第9章で「司法官職高等評議会」と題してその組織について述べるが，司法権については語っていない。

　それではなぜ第五共和制憲法は「司法権」にではなく，「司法権限，司法機関」について述べるのか。このことについては，司法権ということばには，アメリカ型の通常裁判所で行使される法律の合憲性審査のイメージが強いから用いられていない，という指摘がある。組織ということばの方がより中立的だとする[16]。しかし第五共和制下において，司法権ということばが用いられないとしても，裁判官に，すなわち判例法を創造する者たちに，他の二つの権力と同様の，憲法上の公権力の存在が認められなければならない。憲法院自身も「裁判機能は国民主権の行使と切り離すことはできない」と述べている[17]。またフランスでは，いわゆる司法裁判と行政裁判も存在することから，これらを併せて「裁判権」と評価するのがふさわしい，とする意見もある。1958年憲法草案には，「裁判 De la justice」となっていた。憲法制定委員会では，「司法官の独立 De l'indépendance de la magistrature」となり，最終的にコンセイユ・デタのイニシアティブにより現在のことばとなった。

　1993年に憲法改正が問題となったときには，より中立的な表現として「司法官の独立 De l'indépendance de la magistrature」に変更する案もでた。しかしこの表現は司法職団の一体性を強調するものではあるが，行政裁判の位置づけと役割を不明確にする。結局1993年7月27日の改正では，司法官職高等評議会が二つの部会から構成されること，この構成員を憲法上明示するなどの根本

的な改正となったものの，題はそのままとなった。

　テリー・ルノーは,「裁判権」や「裁判」に変更することを提案しているが，それが考慮されないのは，司法権が第三の権力となることを拒絶するという心配からというよりは，司法組織以外の裁判の構成員に憲法上の地位を与えないという意思によるものであろう，としている[18]。

　憲法の意味する「司法機関」は裁判官と検察官をさす。ここには行政裁判所の構成員，職業裁判官以外の裁判官は含まれてはいない。職業裁判官以外の裁判官とは，商事裁判所裁判官や労働裁判所裁判官である。司法機関に関わる憲法上の諸原理と裁判官の身分に関わる諸原理が存在している。いずれにおいても憲法上の保障の対象として重要なのは裁判の独立である[19]。

4. 司法機関の独立

　第五共和制憲法64条1項は「共和国大統領は司法機関の独立の保障者 garant である」と定める。大統領がどのようにして司法機関の独立を保障できるのかと思うところであるが，次のように考えられている。

　フランスの職業裁判官以外の裁判官は約24,000名いる。これにたいし，職業裁判官いわゆるキャリア裁判官は約7,000名で，民選ではない。直接普通選挙で選ばれた大統領が司法官職高等評議会へかかわることは，政治的正当性を強化することに貢献するのである。すなわち司法官職高等評議会による職業裁判官の任命や活動のコントロールにおいて，民主的な正当性というものを発揮する[20]。

　大統領は恩赦の権限を有する（17条）が，司法官職高等評議会に関しては，「国会にも，司法組織にも，行政組織にも属さない，6名の有識者」のうちの2名を任命するにすぎない。司法官職高等評議会が司法の独立の要であり，これまでも大統領に「司法官の独立」に関するあらゆる問題について意見を具申してきた。司法機関の実際の独立のいわば番人としての役割をはたしており，また司法官の擁護者と評されてもいる[21]。

憲法院は，裁判官の任命について，共和国大統領の権限の優越性を示していた。大統領の司法官の任命権の行使については，いかなる制限も認められないとされていた[22]。しかし1993年の改正で「裁判官について権限を有する部会は，破毀院の裁判官の任命，控訴院院長の任命並びに大審裁判所所長の任命について提案を行う。その他の裁判官については，一致した意見に従って任命する（旧65条5項）」と改正された。この部分は今回の改正でも65条4項としてそのまま残っている。大統領の任命権の行使はこの限りで組織法に基づいて行われることになる。さらに2008年7月の改正で大統領の任命権は議会の常任委員会からの干与も受けることとなった（13条5項）。

　ところで「司法機関の独立」は二つの点で拡大解釈されている，という。一つは誰に独立が及ぶのか，という問題であり，もう一つはどのような裁判権に独立の観念は及ぶのか，という問題である[23]。

　64条3項が述べる司法官の身分保障としての独立は，いわゆるキャリア裁判官を対象としている。彼らの身分は組織法で定められる。しかし，たとえパートタイマー裁判官であっても，すべての配置は，外的・内的な独立に問題となるようなことにつながってはならない，とされている[24]。すなわちパートタイマーや民選の職業裁判官以外の裁判官を「司法機関」という憲法上の概念から排除することは許されない。この意味では，「裁判官に近い者 juges de proximité」すなわち職業裁判官以外の裁判官とはキャリア裁判官を含まない者であるが，その身分は，キャリア裁判官の身分を定めるところに特別規定として定められる。これら職業裁判官以外の者は，刑事裁判も課することができる。キャリア裁判官に適用される司法官の身分規程の権利と義務も，いくつかの例外や変更もあるが，適用されている。

　他方で，憲法は「司法機関の独立」にしかふれていないが，憲法院は，行政裁判権の確立を認めた1872年5月24日法に基づいて，すなわち「共和国の法律により承認された基本原理」を援用して，行政裁判権の独立も保障されると結論づけている[25]。さらにコンセイユ・デタと同様に会計院にも1872年法を根拠に裁判権を認めている[26]。その判決においては，1872年法を，会計院の憲法

上の独立を定めていると同時に，フランスの権力分立概念によって当該機関に割りあてられている権限 compétence の範囲を定めているとみている。こうしたことは，フランスでの「司法機関」は，実際には「裁判機関」，すなわち裁判をする機関としてとらえられていることを意味してもいよう。

5. 裁判官の独立

裁判官の独立や裁判所の独立も，憲法院の判例で認められている。

司法機関には，いわゆる裁判官と検察官が含まれ，司法官職 magistrature judiciare と呼ばれている[27]。憲法院は 1992 年 2 月 21 日判決で裁判官と検察官の共通の判検一元の職団 un corps unique に関する組織法を合憲と判断した[28]。

裁判官や検察官の任命と懲戒問題を扱う司法官職高等評議会は，司法官職につく者の独立を保障する重要な役割を担う。司法官職高等評議会は，裁判官について管轄を有する部会と検察官について管轄を有する部会から構成される（65条1項）。裁判官について管轄を有する部会は，破毀院の院長により主宰され，同部会は，破毀院の院長の他，5名の裁判官と1名の検察官，コンセイユ・デタから任命された評定官，弁護士，及び国会にも司法組織にも行政組織にも属さない6名の有識者から構成される。6名の有識者は，大統領，上下両院議長それぞれが，それに適した2名ずつを任命する（65条2項）。検察官について管轄を有する部会は，破毀院付検事総長により主宰される。同部会は，破毀院付検事総長の他，5名の検察官と1名の裁判官，コンセイユ・デタから任命された評定官，弁護士，及び同様の6名の有識者から構成される（65条3項）。

司法官職高等評議会の構成は2008年7月の憲法改正により，このようになったが，改正前と比較すると，裁判官，検察官，それぞれの職団の自律がより認められるようになったといえる。改正前は，司法官職高等評議会は，共和国大統領によって主宰され，法務大臣が副議長であった。それがそれぞれの部会は，破毀院裁判長，検事総長の主宰となった。大統領は出席せず，法務大臣は懲戒問題を除いて，司法官職高等評議会の諸部会に出席できるという立場になった。

他方で，客観的中立的な立場から参加する有識者の数が倍になった。

さらに2008年の改正により，司法官職高等評議会の任務は拡大した。一つは，総会を開催し，総会において，司法官職の職業倫理に関する問題や，法務大臣が提起する裁判の運営に関する問題について，意見を述べるようになったことである（65条8項）。もう一つは，裁判当事者による申立てを受け付けるようになったことである（65条10項）。これは，裁判を受ける権利の充実から，新設された[29]。

ところで，第五共和制憲法は，法律事項を画定し（34条），法律事項以外の諸事項を命令の領域として定めている（37条）。このことは，合理的議会主義のあらわれと評されていたが，2008年7月の憲法改正で，全体的に合理的議会主義は緩和された。2008年7月には37条についての改正点はないが，34条には法律の定める事柄につき，「メディアの自由，多元主義，独立」が加わり，さらに国会，地方議会の選挙制度のみならず，「フランス国外で設立されるフランス人の代表機関の選挙制度，及び地方公共団体の議決機関の構成員の選挙による議員職と公職の行使の条件」も明示された。

34条はまた，法律で定める事項の一つとして，「重罪及び軽罪の決定，並びにそれらに適用される刑罰，刑事訴訟手続，大赦[30]，新たな裁判組織の創設と司法官の身分」があげられている。この条文は，立法府が「新たな裁判組織の創設」に関して，あらゆるカテゴリーにおいて権利設定的な規範 règles constitutives も定めることができる広い権限をもっている，と解されている。このことは，憲法院の統制のもとで，司法機関の独立を強化することにもつながる。最近では憲法院は，司法裁判所の独立や司法裁判所の機能の特別な性格は，裁判手続に関する行政機関のあらゆる越権を排除すると判断した[31]。これは，関連する事件において，裁判官の行為が懲戒に相当すると考える者が，共和国メディアトゥールに申し立てることができるとする組織法の規定を無効にすることを意味した[32]。

64条3項は，「司法官の身分については，組織法で定める」とする。組織法や独立原則の制定過程の保護から利益をえるのは裁判官，検察官全体である。

司法官の身分規程の存在理由は，司法官の独立の保障にあり，組織法に要式性や安定性が委ねられている。それゆえ，身分規定の変更は国民議会議員の絶対多数の賛成が必要である。これにたいし，憲法院が統制を行使することになる。ただし，元々の身分規程はオルドナンスの手続で採択されており，このときはこうした統制を免れていた。その後の15回の改正では，憲法院の統制を受けている。組織法の義務的統制は，組織法が細部に至るまで定めるがゆえに効果のあるものといえる[33]。

司法機関は，パートタイマーの資格で採用された司法官によっても行使される。憲法院は，そうした人々は，司法の独立の原則を満たす適切な保障から利益をえており，裁判官の任務を行使するために要求される能力を示しており，キャリア裁判官に通常留保されている任務を一部分制限されて働いているにすぎない，と判示した[34]。

64条4項は，裁判官の終身性 inamobilité を示しているが，これも裁判官の独立の基本的，伝統的な保障を構成している。憲法院はこれにたいする侵害もいさめている。この原則は憲法上保護されるものであり，司法組織の裁判官に及んでいる。しかし，法務大臣の権限の下に位置づけられる検察官[35]，司法官試補[36]には及ばない。

終身性とは，裁判官が身分規程であらかじめ定められた保障による以外に，罷免されたり，職務を停止されたり，退職させられたりしない，ということを意味するだけでなく，合意なしに，たとえ昇進の場合であったとしても，配置転換されないことも意味する。それゆえ不可動性とも訳される。

憲法院は1967年の判決において，政府に，破毀院での職務が満了となる調査裁判官を職権で裁判官の職にあてることを許す規定を違憲とした[37]。憲法院はその後終身性の解釈を若干和らげながら，代理裁判官の制度を認めたり，終身性の原則が，裁判所という観点ではなく，代理裁判官に直接関わっている控訴院の権限という観点から考慮されることを認めたりしてきている[38]。

終身性の原則の他に，コンクールによる採用，昇進，懲戒や職務の停止などについても，憲法上の規定と合致する裁判官の独立の保障が確保されなければ

ならない。

2007年3月，裁判の採用，研修，規律に関する組織法について，憲法院は，次のように述べている。司法機関の独立の原則と権力分立の原則から，手続規定の重大な侵害や意図的な侵害のあるときには，こうした侵害が裁判所の最終的な決定によって確認される前に，裁判官にたいする懲戒の追及は，開始されてはならない[39]。

裁判官のキャリアの展開における待遇の平等原則も同様に，憲法的価値を有するものとして認められている。この原則にたいして，組織法を制定する際にも注意が払われる必要がある。しかしながら，職務の特殊性もしくはカテゴリーの所属の違いなどで，裁判官の間で若干の待遇の違いが生じることもありうる[40]。

6. 行政裁判所の存在

第五共和制憲法は，行政裁判所の存在にはふれていない。他方で憲法院は，1980年代以降，行政裁判所の裁判官の身分というものに憲法的基礎を認めている。その身分に関する内容が，立法的性格を有していても，あるいは，命令的性格を有していても，憲法的基礎を認めている。1986年1月6日法は行政裁判所裁判官の独立の保障に関する規定を定め，またコンセイユ・デタの構成員の身分については命令で定めている。

1987年1月の憲法院の判決までは，行政裁判所の存在は憲法上保障されていなかった。この判決は次のように判示した。

「共和国の諸法律によって承認された基本原理のなかにあらわれている権力分立のフランスの概念に一致することとして，次のことを示すことができる。事件の性質上，司法機関に留保されている事項を除き，公権力の特権の行使において，執行権を行使する機関，そこで働く職員，共和国の地方公共団体，もしくはこれらの権限と統制に服する公的機関によってなされた決定の無効や変更は，行政裁判権の終審に属する。」[41]

この判決はまた，行政裁判所のために憲法上保護されている「管轄の制限」の拡大を定義した。行政裁判所は，取消と変更の訴訟にしかかかわらない。すなわち越権訴訟と特別訴訟であり，行政の責任などを追及して損害賠償を争うような完全裁判訴訟は除かれる。「管轄の制限」とは，公権力の特権の行使において公的機関によりなされた決定に関わるものだけをさし，管理行為や契約に関わるものは除外される。たとえば，個人的自由に関わるような，司法機関に留保されている事項が係争の対象でないなら，こうした管轄の下にある。このように解釈して，立法府は，司法裁判所のために一つの事件のなかに，「管轄ブロック」を設定して裁判の適切な運営という利益において「管轄の制限」の原則を侵犯することもできる，とした[42]。

7. 行政裁判官の独立

　64条の規定は行政裁判所の裁判官には適用されない，と当初考えられていた。第五共和制憲法制定者にとっては，「司法機関」から行政裁判所は除外されていた。当時法務大臣であったミッシェル・ドゥブレは，「私の考えでは行政裁判所裁判官というのは存在しない。裁判官の任務を担当する行政官が存在するだけである」と述べている。行政裁判所裁判官の独立の保障の規定が憲法上みられないとしても，裁判官の終身性は，コンセイユ・デタの場合は伝統により，また，下位の行政裁判所や控訴裁判所，公財政裁判所の場合は立法により，認められていた。しかしながら，行政裁判所裁判官の個人的な独立は，司法機関の独立という憲法上の原則から保障されている，と考えられる[43]。

　司法機関の独立の原則が，司法裁判所のみならず，行政裁判所にも適用されることは，すでに述べたように1980年7月の憲法院の判決で明らかとなった。「司法機関に関わる憲法64条の諸規定及び行政裁判所に関する1872年5月24日法以降の共和国の諸法律により承認された基本原理の結果，裁判機関の独立は保障され，同様に，裁判機関の機能の特殊な性格も保障される。それらは，立法府からも，政府からも侵害されない」これに続けて「裁判所の判決を否定

することや裁判所に命令を出すことや裁判所の権限内で起きている係争にたいする判断を裁判所に代わってすることは，立法府にも政府にもできない」と述べた[44]。

行政裁判所の独立は，とりわけ適法化法 loi de validation と対立する。それは適法化法が，判断が下され，執行力が認められているすべての判決を再び問題とすることがありうるからである。たとえば行政裁判所によって一度は無効となった行為に再び効力を発生させることもある[45]。

適法化法とは，異論のある法的な状況を無効の余地のない決定的なものとするために議会で採択する法律をさす。適法化法の形式は禁止されてはいないが，適法化法にはいくつかの条件を満たすことが必要とされている。行為は効果をもたらすときに実行されていなければならない。法律は，既判力の原則も，刑事的性格をもつ条文の不遡及原則も尊重しなければならない。また法律は，一般利益という根拠に応えるものであること，追求されている目的への合理的な相応性を有することも要求される。要するに，有効である行為は憲法上の諸原則に適うものでなければならないのである[46]。

フランスが，欧州人権条約6条に反して法律による適法化をしたかどで訴えられた，1999年10月28日の欧州人権裁判所の判決がある。憲法院は，当該適法化法についてすでに合憲と判断していた。そこで憲法院は，適法化法にたいして内容が厳密であるか，あるいは十分な一般利益の追求があるかなど，厳しく審査するようになっている[47]。

8. 個人的自由

第五共和制憲法66条は，1項で「何人も恣意的に拘禁されることはない」と定め，2項で「司法機関は個人的自由の守護者であり，法律が定める要件で，この原則の尊重を保障する」と定める。また66-1条は，「何人も死刑に処せられることはない」と定める。66-1条は死刑廃止を意味し，2007年の改正で入った。

66条1項の意味するところは，「法治国家において安全とは，フランス人で

あろうが外国人であろうが，人は，必要性もなく，合法的に認められた保障もなしに，行政機関や軍事機関の単なる決定の下で，恣意的に拘禁されることはない，ということを要請している」とされる[48]。

　66条2項から，司法機関の裁判の対象は個人的自由であることがわかる。これは長い間，破棄院やコンセイユ・デタ，権限裁判所で，認められてきたフランス法の典型的な原則だとされている。

　憲法院が法律の合憲性審査を活発に行うようになってから，「基本的権利（基本権）droits fondamentaux の保障」ということばが用いられるようになった。他方で，行政裁判所が命令の合法性審査を駆使して，人々の自由や権利の保障をしていることは「公的諸自由 libertés publiques の保障」といわれている。例えば次のように説明されている。

　　「ドイツからきた『基本権』の概念は，実定法上において，人権がその法的保護の責任を憲法規範から引受けたときから使われるようになった。長い間，フランスでは，こうした権利保障の任務は法律を通して行われていたのであり，それは『公の諸自由』と呼ばれていた。」[49]

　ところで，自由を侵害する行政決定の停止は，行政裁判法典 L521-1 条及び L521-2 条に基づいて行われる。基本的自由への侵害は，急速審理の一つの要件である。こうした侵害は，停止としての急速審理をするにあたって，必要な「緊急性」を暗黙的に正当化することになる。反対に，あらゆる必要な措置を命じるための権限をもつ急速審理担当裁判官が，行政決定を停止する権力を最小限に行使することもできる。かくして急速審理担当裁判官は，基本的自由の保護に必要なあらゆる措置を命令できる。行政裁判法典 L521-2 条は，侵害がいわゆる「基本的自由 liberté fondamentale」に突如おきたことを要求しているが，この「基本的」という意味は，「公的諸自由」よりは制限的で，66条の「個人的自由」よりは広い場合をさすという。この権利にたいする侵害は「重大で，明らかに違法」である必要があり，急速審理の要求が「緊急性」によって正当化される必要もある。なお，急速審理担当裁判官は48時間以内に結論を出さなければならない[50]。

ところで，個人的自由というこの表現が単数であるか複数であるかによって意味が異なる。複数の場合は，「基本的自由や権利の集合体」あるいは，「集団的自由」に対立する，個人に結びつく公的諸自由をさすといわれることもある。単数で用いられる個人的自由には，安全や人身の自由に関わる制限的な観念と，住居の不可侵，往来の自由，婚姻の自由，通常の家族生活を営む権利などに関わる拡張的な観念が含まれる，と指摘されている[51]。

憲法院は，個人的自由について明確な定義はしていないが，判例において，どのような自由や権利が個人的自由にあたるかを示している。

まず66条1項が対象とする単なる恣意的な拘禁の禁止をこえて，より広い概念を認めている。また1994年7月27日生命倫理法に関する判決では，個人的自由の保護は，66条の規定のみならず，1789年人権宣言1条，2条，4条からも結論づけられる，とした[52]。ビデオ監視システムの導入については個人的自由を侵害するリスクを認めながらも承認している[53]。反対に，公道でのデモの前に，武器となりうるものを所持したり，輸送したりすることの禁止は，その禁止の一般性により，個人的自由の侵害となるとした[54]。同様に，公道での自動車のトランクの検査も個人的自由の侵害となる[55]。

このようにして安全の領域にかかわる事柄，往来の自由，私的生活の保護，婚姻の自由，身体の保全，健康に至るまで，憲法院は個人的自由の保障として確立してきている[56]。

9. 国際裁判所と国内裁判所

(1) 欧州司法裁判所との関係

今日では，裁判機関ないし司法機関を扱う教科書は，超国家的裁判所ないし国際裁判所の存在を扱うのが普通となっている。例えば，アレン・エローとアンドレ・モーリンの著した『司法機関』では，最後に国際裁判所 justice internationale について述べ，そこでは，「第1章 国際裁判所の源と性格」，「第2章 欧州司法裁判所」，「第3章 その他の国際裁判所」を扱っている[57]。

国際裁判所の源とは，根拠をさし，国際的連帯と国境をまたがる商業の発展，国際機関や超国家組織の保護の下での問題の増加，国際条約に関わる政策の進展が指摘されている。そして国際裁判所の性格としては，国家にも諸国家のグループにも拘束されないこと，真の裁判行為としての判決（決定）を下すこと，フランスにおいて特別な手続なしに執行力ある判決（決定）をもたらすこと，さまざまな国の出身の裁判官を統合するものであること，国にとって義務的な裁判所として受入れられていること，をあげている[58]。

こうした機関の第一として掲げられている欧州司法裁判所は，石炭鉄鋼共同体の創設をもたらした1951年4月18日パリ条約と欧州経済共同体を創設した1957年3月25日ローマ条約から生まれた。今日では欧州連合は，27カ国から成る。ヨーロッパ法の適用における紛争を集約することが重要とされた。欧州司法裁判所は当初よりヨーロッパ法の解釈において中心的役割をはたしていたが，相つぐ条約の設定やその拡大によって，活動も権能も進展している。1957年ローマ条約によってその活動は本格化したが，1988年に構成国の拡大や条約条文の増加と複雑化を理由に，第一審裁判所も設立された。また2004年には欧州職員裁判所が設立されている。欧州司法裁判所はフランスの行政裁判所に着想をえており，申立てのあり方のみならず政府委員をまねた法務官 avocats généraux も存在し意見をまとめる。構成国は当然，欧州司法裁判所にアクセスできるが，私人も法人も，EUの機関と係争があるときには，裁判所に直接訴えることができる[59]。

欧州司法裁判所の権限としては，まず訴訟権限があり，さまざまなEUの機関でとられた行為の取消や無効についての訴訟，共同体の機関にたいする不作為についての訴訟がある。前者の訴訟は，四つの主たる理由で起こされる。それは無権限，形式や実体的手続の瑕疵，条約や条約から派生する法への侵害，そして権限濫用である。最後の権限濫用の訴訟は，原告が事前に，当該機関に不作為の性格，引き起こされた損害，講じるべき措置を知らせたときのみ可能となる[60]。

他方，EU運営条約267条は欧州司法裁判所が先決問題を裁定することを定

める。それは，現行条約の解釈，EU 諸機関により講じられた行為の効力や解釈，閣僚理事会の行為によって設置された組織の規定の解釈，これらが国内裁判所において問題となり判断するのが難しいと思われたときに，付帯請求として欧州司法裁判所にもちこまれ，解決がはかられるものである。より正確には，構成国の裁判所でそうした問題がもちあがったときに，国内裁判所が判決を申しわたすのにこの問題についての裁定が必要と判断したなら，欧州司法裁判所にその問題は付託される[61]。

また欧州司法裁判所は，諮問的権限も有している。これは条約への共同体協約の適合性についての意見をえるためのものである[62]。

欧州司法裁判所の判決から次のような原則が確立された。第一に，EU 規範の直接効力の原則である[63]。第二に，EU 法の優先の原則である。また，国内裁判所裁判官は，EU 法に反するすべての国内法規を不適用とする義務をもつことも明らかにされている[64]。第三に，EU 法の目的論的解釈の原則も確立されている[65]。

(2) 欧州人権裁判所との関係

前述したアレン・エローとアンドレ・モーリンの著した『司法機関』の「第3章 その他の国際裁判所」の最初にあげられているのは，欧州人権裁判所である[66]。1948 年 12 月 10 日に国連で採択された世界人権宣言が宣言的な性格しかもっていないのにたいし，1949 年 5 月 5 日にロンドンで欧州評議会 Conseil de l'Europe が設立され，その構成国で 1950 年 11 月 4 日にローマで欧州人権条約が採択された。それを根拠として 1959 年に設立されたのが欧州人権裁判所であり，ストラスブールにある。欧州評議会の目的は多元的民主主義，法治国家の尊重にあり，人権のヨーロッパを確立することが望まれていた。その管轄は，今日では，構成国 47 カ国に拡大されている。欧州人権条約は，次の二つのメカニズムによって，効果的な人権の保障を可能にした。一つは，構成国における条文の直接適用である。このことは，条約で宣言されている人権の侵害を制裁する権限をもつ国内裁判所において，すべての市民が条約の条文を援用できる

ことを意味する。二つは，条約が宣言する人権の国際的保障を担うメカニズムの設置を認めたことである。これにより，欧州人権裁判所の誕生となった。前者の直接適用の原則は，フランスの裁判所において，法律にたいする（たとえ法律が事後法であっても），欧州人権条約の条文の優越性の承認により強化されている[67]。

1994年4月20日の第11議定書（1998年11月1日施行）により，欧州人権裁判所の活動は修正され，より強化された。欧州人権裁判所の機能は次の三つである。条約や議定書により保障された人権にたいする侵害を確認すること，これらの条文から生じる権利を犠牲者に知らしめること，こうした犠牲者に賠償を認めること，である[68]。

欧州人権裁判所の権限は，欧州人権条約の違反の確認である。また閣僚委員会の要請で，条約の解釈に関する諮問的権限も有する。欧州人権裁判所は，条約の締約国からの他の締約国の違反に関する要求を受けつける。この場合にはいかなるフィルタリングもない。また，あらゆる自然人や非政府組織による「個別的」申立ても受けつける[69]。

欧州人権条約35条は，個別的申立ての付託者の要件として，「すべての国内的救済措置が尽くされたのち」をあげている。有用で効果的，適切な申立てが対象となるが，この原則は欧州人権裁判所の補完的な性格を示している[70]。

欧州人権条約41条は，「裁判所は，この条約あるいは議定書にたいする侵害があったときに宣言する」と述べ，判決は宣言的性格を有していることを示しており，判決自体によって，確認した侵害をやめさせることはできない。このような執行力の欠如は，それでも義務的効果を奪うものではない。同条約46条は，「締約国は，自国が当事者であるいかなる事件においても，裁判所の最終判決に従うことを約束する」と定めている。したがって国家は，侵害をやめさせ，侵害から生じたことを削除するよう努めるが，国内法が不十分にしか賠償を認めない場合には，裁判所が被害当事者に，必要な場合には「正当な満足」を与えることとなっている（41条）[71]。

とはいえ，国家は普通，欧州人権条約への侵害の原因である規範を変更しよ

うとはしないものである。そこでこのような状況にたいして，欧州人権裁判所は，1991年11月の判決のなかで，判決の客観的効果理論というものを発達させた。それは，規範の変更が国内においてなくても，同様の事件においてもたらされた欧州人権裁判所の判決の結論を援用するのは，国内裁判官の義務である，とするものである[72]。最近の2004年6月の判決では，判決の執行方法に関する命令も示している[73]。

判決の宣言的性格から，欧州人権裁判所の判決は，国内手続の有効性についての影響力はない。相対的な既判力しかもたないが，それは国内裁判所の判決の権威と衝突することとなる。2000年6月15日法は刑法分野の変更の手続を規定した。「欧州人権裁判所の判決の結果，欧州人権条約の規定の侵害により有罪判決が下されたときは，その性格と重大性によって，確認された侵害は損害を与えたという結論を有罪宣告を受けた者にたいしてもたらす。」その損害にたいしての「正当な満足」は再び問題とされることがある。ただしこのような弁論の再開は刑法のみであり，行政裁判所においては認められていない[74]。

欧州人権裁判所の判決はどのようにフランス国内裁判所に影響をもたらしているのであろうか。まず，欧州人権裁判所は，欧州人権条約によって保障されている権利の内容を強化することになる解釈の原則を国内裁判所に課す。こうした解釈は欧州人権裁判所によって自立的になされる。また判決は，発展的性格を有する。このことは，条約で保障されている権利は「今日的条件に照らして」評価されることを意味する[75]。しかしながら，補完性の原則から，解釈の国家による違い marge nationale というものも考慮されている。たとえば同性愛者の結婚の権利のような社会的に微妙な問題にたいしてこうした配慮が行われている[76]。

さらに判例は，欧州人権条約で保障されている実定的な権利 droits positifs の内容を実質的に深めている。たとえば，フランスが有罪判決を受けた二つの判決において，欧州人権裁判所は，警察の兇暴性につきフランス側の示した比例性という論拠は受理できないとした[77]。また欧州人権裁判所は，私生活及び家族生活の尊重への権利（8条）の概念についても，そこには，性的志向，社会的

私的生活，公害にたいする個人の保護が含まれるとそれぞれ判決のなかで示している[78]。宗教の自由についてもエホバの証人の保護を示す一方で，大学のなかでイスラム教のベールを着用することを禁止するライシテの原則を表明する国内法を有罪とはしていない[79]。

フランスは1974年5月3日に欧州人権条約に批准している。個人提訴の権利が認められたのは，1981年10月3日からである。1986年にフランスは最初の有罪宣告を受けて以来，300余件において有罪とされている。その多くは公正な裁判を受ける権利（6条1項）に関わるものである。この有罪判決数は，イタリア，トルコについで第3位となっている[80]。

欧州人権裁判所の判決の権威が相対的なものにとどまり，有罪に導いた状況を正す義務を含まないとしても，欧州人権裁判所の判決によってフランスは多くの国内法の改正に至っている。例えば司法警察による電話盗聴についての有罪判決を受けて，判決の内容に合致するように1991年7月10日法を採択した。姦生子（不貞において生まれた子ども）の相続身分差別も欧州人権裁判所の判決を受けて，2001年12月3日法で削除されている[81]。立法府だけが欧州人権裁判所の判決を考慮しているだけではない。コンセイユ・デタも，欧州人権裁判所の解釈権限を明確に認めるものではないが，常に念頭におき，着想をえているといってよいであろう。例えば，家族生活の尊重への権利を定める欧州人権条約8条の規定に適合するよう，追放や国境への移送の措置の審査を行っている。しばしば国内裁判所の過度な反応さえみられるといわれている[82]。

公正な裁判を受ける権利についての欧州人権裁判所の判決は重要なものであり，フランスにおける糾問手続の条約適合性が問題となった。これは，司法系列においては検察官 ministère public の，行政系列においては政府委員 commissaire du gouvernement の，位置づけと役割を問題とするものである。欧州人権裁判所は，糾問主義と弾劾主義のいずれかの妥当性について表明するものではないが，裁判の状況が，公正と対審の尊重を厳密に義務とするようでなければならないとした。このような欧州人権裁判所の解釈は，フランスの裁判のあり方を変えることとなった議論に論拠を与えたのである。まず，1998年3月の

欧州人権裁判所の判決では破毀院の運営が問題となったが，そこでは，報告担当裁判官の報告が当事者にではなく，検事に伝えられているのであった。コンセイユ・デタにおいては，政府委員が同様の役割を演じており，コンセイユ・デタは1998年7月の判決のなかで，政府委員は，独立の立場で報告を作成する，裁判する役割に加担しているものである，したがって訴訟当事者ではない，と判断した[83]。

コンセイユ・デタでの政府委員の役割についての訴えを受けて，欧州人権裁判所は2001年6月の判決において，一方では，当事者が政府委員に報告の結論の方向性を問う可能性があり，また他方では，当事者がその結論に反論することのできる合議中の覚書の慣習も存在し，これらは対審の原則の尊重に貢献するものではあるが，政府委員が合議に参加していることは対審の原則の尊重に貢献しているとはいえないとして，外観理論によって有罪とした[84]。外観理論（表見理論ともいう）théorie des apparences とは，細部の要素の全体的集積から，第三者がこの状況の存在を信じることを正当化し，第三者にそのことを利用することを許すことをさしている[85]。この判決にたいし，コンセイユ・デタの訴訟部の部局長は，政府委員が合議に「参加」することが禁止されたとしても，引続き合議に出席しうるという見解を表明している。欧州人権裁判所は，2005年7月にも，こうしたフランスの慣習を再び有罪としている[86]。

結局，欧州人権条約の公正な裁判を受ける権利は，フランス国内法にたいして，合理的な期間内に dans un délai raisonnable 判決を受ける権利，通知の対象となる権利，独立の公平な裁判所で判決を受ける権利など，具体的な解釈を提示するものとなっている。最後の独立の公平な裁判所で判決を受ける権利については，コンセイユ・デタの意見表明の後に同一のコンセイユ・デタで合法性についての最初で最後の判決を受けることも問題となった。すなわち，諮問的機能と裁判的機能を兼ねていることと，一審のみで終局することが問われたのである[87]。

10. まとめにかえて

フランスでは，司法系列の裁判所，行政系列の行政裁判所，憲法裁判を担当する憲法院の他に，裁判的機能をはたすものとして，大統領の「職務の行使に明らかに相容れない義務への違反」を裁く高等法院と，職務上において，大臣の重罪・軽罪に該当する行為の刑事責任を裁く共和国司法院が存在する[88]。また，法律の合憲性審査を担う憲法院は，2008年7月の憲法改正で，事後の違憲の抗弁による合憲性審査を担当することが定められた。2009年12月10日の組織法によると，これには，二重のフィルターがあるとされており，一つは提起された裁判所におけるコンセイユ・デタもしくは破毀院への移送についての裁定，二つはコンセイユ・デタもしくは破毀院での憲法院への移送の裁定である。実際には担当の裁判官の裁量が働くことが予想されている[89]。また憲法院は，付託を受けたことを共和国大統領，首相及び両院議長に通知するが，通知を受けた者は，所見 observations を憲法院に送ることができ，この扱いも問題となろう。合憲性についての判断を憲法院が独立的に行えるのか，権力のコントロールとしての機能をはたせるのかがここでは問われよう。

1) 王権と高等法院（最高法院とも訳す）の対立について，例えば邦語文献では，福井憲彦編『フランス史』山川出版社 2001年 233頁以下，金沢誠『フランス史』ダヴィド社 1956年 131頁以下参照。Parlements はもともとは，13世紀の半ば，宮廷の司法会議のなかで，国王が封建時代の規範に従って国王に助言する重臣や法律家たちにかこまれて裁判を行う場として生まれたものであった。Sous la direction de Loïc CADIET, *Dictionnaire de la justice*, PUF, 2004, pp. 962 et s.
2) Jacques CADART, *Institutions politiques et droit constitutionnel*, tome 1, 2ᵉ éd., LGDJ, 1979, pp. 95 et s.
3) *Ibid.*, pp. 102 et 103.
4) *Ibid.*, p. 104.
5) *Ibid.*, p. 104.
6) Jean GICQUEL et Jean-Éric GICQUEL, *Droit constitutionnel et institutions poli-*

第 9 章　司　法　権　207

　　　tiques, 21ᵉ éd., Montchrestien, 2007, pp. 735 et s.
 7) *Ibid.*, p. 735.
 8) Pierre PACTET, *Institutions politiques droit constitutionnel*, 19ᵉ éd., Armand Colin, 2000, pp. 530 et s.
 9) Serge GUINCHARD et alii, *Institutions juridicitionnelles*, 9ᵉ éd., Dalloz, 2007, p. 39. もとのジャン・ヴァンサンの本は Jean VINCENT et alii, *Institutions judiciaires*, 7ᵉ éd., Dalloz, 2003.
10) Jean-Peirre SCARANO, *Institutions juridictionnelles*, 10ᵉ éd., ellipses, 2007, p. 9.
11) *Ibid.*, pp. 11 et s.
12) *Ibid.*, pp. 27 et s.
13) 第五共和制憲法は，2008年7月に大幅に改正されている。次のものを参照した。*Constitution française du 4 octobre 1958*, Documents d'études, nº 1.04, La documentation française, 2008.
14) 同様の指摘は次のものにもある。Louis FAVOREU et alii, *Droit constitutionnel*, 10ᵉ éd., Dalloz, 2007, p. 573.
15) 過去のフランスの憲法については次のものを参照している。Léon DUGUIT et alii, *Les Constitutions et les principales lois politiques de la France depuis 1789*, 7ᵉ éd., LGDJ, 1952. なお邦語文献としては次のものを参照。野村敬造『フランス憲法・行政法概論』有信堂1962年。
16) Louis FAVOREU et alii, *op. cit.*, p. 574. 制定過程の経緯については，次のものを参照。Thierry S. RENOUX et Michel de VILLIERS, *Code constitutionnel*, 3ᵉ éd., Litec, 2004, p. 531.
17) *Ibid.*, p. 531. Cf., Décision nº 98-399 DC du 5 mai 1998, *RJC*-I, p. 745.
18) Thierry S. RENOUX et Michel de VILLIERS, *op. cit.*, p. 531.
19) Louis FAVOREU et alii, *op. cit.*, p. 574. 関連する憲法院の判決は次のものを参照。Décision nº 93-326 DC du 11 août 1993, *RJC*-I, p. 552; Décision nº 2006-545 DC du 28 décembre 2006.
20) Thierry S. RENOUX et Michel de VILLIERS, *op. cit.*, p. 533.
21) *Ibid.*, p. 534.
22) *Ibid.*, p. 535.
23) *Ibid.*, p. 535.
24) Décision nº 2001-445 DC du 19 juin 2001.
25) Décision nº 80-119 DC du 22 juillet 1980, *RJC*-I, p. 83.「司法機関に関わる憲法64条の諸規定及び行政裁判所に関する1872年5月24日法以降の共和国の諸法律により承認された基本原理の結果，裁判機関の独立は保障され，同様に，裁判機関の機能の特殊な性格も保障される。それらは，立法府からも，政府からも侵害されない。」

26) Décision n° 2001-448 DC du 25 juillet 2001. 会計院は，コンセイユ・デタの破毀という統制の下におかれている行政裁判機関である。書類に基づく審査を行い，国や公施設，社会保障機関などの財政の実施についての審査を行う。国家の財政援助から利益をえている私企業も対象となる。こうしたことに関する一般的裁判管轄権をもつ行政裁判機関であるとともに，一定の事項については諮問的権限も有している。Cf., Raymond GUILLIEN et Jean VINCENT, *Lexique des termes juridiques*, 14e éd., Dalloz, 2003, p. 174.

27) 司法機関は，憲法66条により，個人的自由の尊重を保障するが，裁判官と検察官を含む，と憲法院は述べた。Décision n° 93-326 DC du 11 août 1993, *RJC*-I, p. 552.

28) Décision n° 92-305 DC du 21 février 1992, *RJC*-I, p. 483. 憲法64条の延長上でとらえられているという。Thierry S. RENOUX et Michel de VILLIERS *op. cit.*, p. 537.

29) フランスでは裁判を受ける権利については，実定法上の存在と拡大が議論されていた。Cf., Louis FAVOREU, *Du déni de justice en droit public français*, LGDJ, 1989. 今日では，裁判拒絶 déni de justice は，裁判の拒否を含むのみならず，とりわけ，個人の裁判上の保護についての国家の義務の不存在を意味する，ととらえられている。Louis FAVOREU et alii, *op. cit.*, p. 892.

30) この大赦 amnistie は，恩赦とは異なる。17条で恩赦は大統領の権限の一つだが，「個人を特定して」となった。

31) Décision n° 2007-551 DC du 1er mars 2007.

32) Louis FAVOREU et alii, *op. cit.*, p. 576. 共和国メディアトゥールとは，スウェーデンのオンブズマンに示唆をえて1973年に設立された制度で，市民の請願を受けつける。「裁判所にかわることなく」行政を受ける者の保護を行う。Sous la direction de Raymond GUILLIEN et Jean VINCENT, *op. cit.*, p. 371. なお現在は，権利擁護官の存在が憲法上明記されている（第11-2章71-1条）。

33) Louis FAVOREU et alii, *op. cit.*, p. 577.

34) *Ibid.*, p. 577. Décision n° 94-355 DC du 10 janvier 1995; Décision n° 2002-461 DC du 29 août 2002; Décision n° 2003-466 DC du 20 février 2003.

35) Décision n° 92-305 DC du 21 février 1992, *RJC*-I, p. 483.

36) Décision n° 70-40 DC du 9 juillet 1970, *GD* n° 14. この判決については次のものを参照。横尾日出雄「裁判官の独立性と身分保障」『フランスの憲法判例』信山社2002年306頁以下。司法官試補とは，司法官になるために研修中の者をさす。

37) Décision n° 67-31 DC du 26 janvier 1967, *GD* n° 14. これについても同書306頁以下参照。

38) Louis FAVOREU et alii, *op. cit.*, pp. 577 et 578.

39) Décision n° 2007-551 DC du 1er mars 2007.

40) Louis FAVOREU et alii, *op. cit.*, p. 578.

41) Décision n° 86-224 DC du 23 janvier 1987, *GD* n° 38. 永山茂樹「行政裁判所の憲法的地位および行政処分を受ける者の防御権」『フランスの憲法判例』318 頁以下参照。
42) Décision n° 86-224 DC du 23 janvier 1987, précitée.
43) Louis FAVOREU et alii, *op. cit.*, p. 580.
44) Décision n° 80-119 DC du 22 juillet 1980, *GD* n° 27.
45) Décision n° 87-228 DC du 26 janvier 1987, *RJC*-I, p. 312.
46) Louis FAVOREU et alii, *op. cit.*, pp. 580 et 581. 適法化法の定義については次のものを参照。Raymond GUILLIEN et Jean VINCENT, *op. cit.*, pp. 359 et 360.
47) Louis FAVOREU et alii, *op. cit.*, pp. 580 et 581. 一般利益の目的を追求する判決のなかで憲法院は次のように述べる。「立法府が十分な一般利益の目的において行政行為を有効とするとしても、それは、執行力をもっている裁判所の判決の尊重や、制裁の不遡及原則という条件の下で認められる。有効とされた行為は、適法化法のめざす目的それ自体が憲法的価値をもっている場合は、憲法規範、憲法上の価値が、評価される。さらに、適法化法の内容は厳密に定義されなければならない。そうでなければ、1789 年の人権宣言 16 条を十分に理解していないと判断されるものとする。」Décision n° 99-425 DC du 29 décembre 1999, *RJC*-I, p. 879. なおこの欧州人権裁判所の判決については次のものを参照。戸波江二他編『ヨーロッパ人権裁判所の判例』信山社 2008 年 286 頁以下（伊藤洋一担当）。
48) Thierry S. RENOUX et Michel de VILLIERS, *op. cit.*, p. 577.
49) Sous la direction de Dominique CHAGNOLLAUD et Guillaume DRAGD, *Dictionnaire des droits fondamentaux*, Dalloz, 2006, p. 303.
50) Thierry S. RENOUX et Michel de VILLIERS, *op. cit.*, p. 580.
51) Louis FAVOREU et alii, *op. cit.*, pp. 833 et s. なお、ルイ・ファヴォルー＝植野妙実子訳「フランスにおける家族と憲法」西海真樹・山野目章夫編『今日の家族をめぐる日仏の法的諸問題』中央大学出版部 2000 年 13 頁以下参照。
52) Décision n° 94-343-344 DC du 27 juillet 1994, *GD.* n° 47.
53) Décision n° 94-352 DC du 18 janvier 1995, *RJC*-I, p. 612.
54) Décision n° 94-352 DC précitée.
55) Décision n° 76-75 DC du 12 janvier 1977, *RJC*-I, p. 45.
56) Cf. Thierry S. RENOUX et Michel de VILLIERS, *op. cit.*, pp. 583 et s.
57) Alain HÉRAUD et André MAURIN, *Institutions judiciaires*, 6ᵉ éd., Dalloz, 2006, pp. 263 et s. 超国家的裁判所という紹介をされることもある。Didier Del PRETE et Éva FISCHER, *Institutions juridictionnelles*, HACHETTE, 2006, pp. 253 et s.
58) Alain HÉRAUD et André MAURIN, *op. cit.*, p. 265.
59) これらの説明については次のものを参照。*Ibid.*, pp. 267 et s.; Nicolas BRACONNAY et Manuel DELAMARRE, *Institutions juridictionnelles*, Vuibert, 2007, pp. 257 et s.

60) *Ibid.*, p. 260.
61) *Ibid.*, pp. 260 et 261. また，欧州司法裁判所の権限につき，無効確認訴訟，不作為確認訴訟，責任確認訴訟，義務懈怠訴訟，先決問題の付託，破毀としての訴え，とする場合もある。Didier Del PRETE et Éva FISCHER, *op. cit.*, pp. 256 et s.
62) Nicolas BRACONNAY et Manuel DELAMARRE, *op. cit.*, p. 261. 例えば1996年3月28日の意見で，司法裁判所は，共同体には欧州人権条約に加盟するための権限はない，とした。2000年11月，EU基本権憲章が議会で承認され，2009年2月のリスボン条約で法的拘束力が認められている。
63) CJCE, 5 février 1963, *Van Gent en Loos*; CJCE, 4 décembre 1974, *Van Duyn*.
64) CJCE, 9 mars 1978, *Simmenthal*; CJCE, 19 juin 1990, *Factortame*; CJCE, 21 février 1991, *Zuckerfabrik*.
65) Nicolas BRACONNAY et Manuel DELAMARRE, *op. cit.*, pp. 261 et 262.
66) Alain HÉRAUD et André MAURIN, *op. cit.*, pp. 282 et s. 欧州人権裁判所の仕組みについては，戸波江二他編　前掲書2頁以下参照。
67) Nicolas BRACONNAY et Manuel DELAMARRE, *op. cit.*, p. 248.
68) Alain HÉRAUD et André MAURIN, *op. cit.*, p. 282.
69) Nicolas BRACONNAY et Manuel DELAMARRE, *op. cit.*, pp. 249 et 250.
70) *Ibid.*, p. 250.
71) *Ibid.*, p. 250.
72) *Ibid.*, p. 250; CEDH, 28 novembre 1991, *Vermerie c/ Belgique*.
73) CEDH, 22 juin 2004, *Broniowski c/ Pologne*. 救済措置特定権限といわれる。戸波江二他編　前掲書108頁（小畑郁担当）。
74) Nicolas BRACONNAY et Manuel DELAMARRE, *op. cit.*, pp. 250 et 251.
75) *Ibid.*, p. 251; CEDH, 13 juin 1979, *Marckx c/ Belgique*. 戸波江二他編　前掲書365頁以下（井上典之担当）。
76) CEDH, 26 février 2002, *Frette c/ France*.
77) CEDH, 27 août 1992, *Tomasi c/ France*.
78) CEDH, 22 octobre 1981, *Dudgeon c/ RU*; CEDH, 16 décembre 1992, *Niemietz c/ Allemagne*; CEDH, 21 février 1990, *Powell et Rayner c/ RU*.
79) CEDH, 25 mai 1993, *Kokkinakis c/ Grèce*; CEDH, 29 juin 2004, *Sahin c/ Turquie*.
80) Nicolas BRACONNAY et Manuel DELAMARRE, *op. cit.*, p. 252.
81) CEDH, 24 avril 1990, *Kruslin et Huvig c/ France*; CEDH, 1er février 2000, *Mazurek c/ France*.
82) Nicolas BRACONNAY et Manuel DELAMARRE, *op. cit.*, pp. 252 et 253.
83) *Ibid.*, p. 253. CEDH, 31 mars 1998, *Reinhardt et Slimane Kaïd c/ France*; CE, 29 juillet 1998, *Mme Esclatine*, *Rec*. p. 321. 戸波江二他編　前掲書285頁（大藤紀子担当）。

84) CEDH, 7 juin 2001, *Kress c/ France*. 戸波江二他編　前掲書281頁以下（大藤紀子担当）も参照。
85) Sous la direction de Rémy CABRILLAC, *Dictionnaire du vocabulaire juridique*, Litec, 2002, p. 27.
86) CEDH, 5 juillet 2005, *Marie-louise Loyen c/ France*.
87) CEDH, 15 juillet 2009, *Union fédérale Que choisir de Côte d'Or c/ France*.
88) Par ex., Jean-Pierre SCARANO, *op. cit.*, pp. 180 et 181.
89) テリー・ルノー＝徳永貴志訳「合憲性審査の優先問題」『比較法雑誌』近刊。

第10章

地方自治

妹 尾 克 敏

1. 概　　説

　フランスという国は，欧州大陸の西南部に位置し，コルシカ島を含めた本土の面積は日本の1.5倍程の約55万2,000 km²に及び，この本土に，いわゆる海外県 DOM = department d'outre-mer 並びに海外領土 TOM = territooire d'outre-mer 及び領土共同体 collectivités territoriales を加えてフランス共和国の全国土とされている。一般的には本土のことを指してフランスと呼ぶ。人口は日本の約半分の5,900万人程であり，1,000万人強の人口を擁する首都のパリの他には，リヨンの約160万人，マルセイユの約140万人，トゥルーズの約90万人，そして88万人程のボルドー，67万人程度のナント，これに55万人強のニースやストラスブール，約48万人のレンヌ，モンペリエ等が続いている[1]。また，この国は1789年の大革命以来，政治制度の変遷が激しく第一帝政，王政復古，第二共和制，第二帝政を経験した後，普仏戦争（1871年）に敗北し，第三共和制が成立するが，第二次世界大戦でナチス・ドイツに敗れて崩壊し，1946年10月に新たな憲法が制定され，第四共和制が発足し，1958年10月にはドゴールが再び大統領に選出され，第五共和制となり現在に至っているのである[2]。

　そのような歴史から，何よりもフランスという国の特徴は典型的な中央集権体制にある。これは，地方自治の構造と機能の面においても，フランス革命に

よって誕生した「近代国家」が国家権力を少なくとも水平的に三つに分立させてきた「権力分立主義」の制度化とは別に，フランスにおいては国家として垂直的な権力の分割ともいえる「地方分権」の必然性が浮上することのなかったことを意味している。そして，1789年の人権宣言の採択以来，基本的には統一された主権国家としての当初のデザインを，大きくは変えないままに今日に至り，その歴史は200年以上に及んでいる。

次に，この国の地方自治に関わる政治行政システムの特徴は，州または地域圏 région や県 department，市町村 commune という三層の地方政府を通じて「単一不可分の共和国」の名の下に，あらゆる地方制度は国家権力（中央政府）の存在を所与の前提として，存在し機能してきた点に求められる。こうした体制は1792年9月に「フランス共和国は単一にして不可分である」と決議した，当初から連邦共和制を唱えたジロンド派によって席巻されていた国民議会が，中央集権制を主張したジャコバン派にとって替わられて以来，大きく変更されることはなかった。つまり，長き伝統に支えられた世界に類例をみないほど強い中央集権国家としてよく知られることとなったわけである[3]。

しかし，近年，この強固な中央集権性を特徴とするフランスの地方制度をめぐる大規模な改革があいついで行われ，第五共和制憲法そのものの改正までをも招来するという，未曾有の大変革が行われた。ここでは，1982年3月2日に公布された地方分権法（市町村，県及び州の権利と自由に関する relative aux droits et libertés des communes, des departments et des régions 法律）の成立を契機として進行し，2003年3月の憲法改正，同年8月の「地方住民投票に関する法」，「地方自治体による実験に関する法」，あるいは「地方財政自主権に関する法」，「地方の責任に関する法」等を通して現在に至っているフランスにおける地方制度改革の足跡を概観することにする。

なお，この時点における地方制度改革は，国有化政策と税制改革と並ぶミッテラン政権の最重要施策であり，その後のシラク政権にとってもドゴールからジスカール・デスタンまでの保守党政権にとっては極めて重要な継続的政策課題であり続けた「地方分権」というテーマがなおも引き続いて重要性を有して

いた。その意味においては，この時点における地方分権化政策の展開及び地方制度改革はミッテラン社会党政権によって，初めて着手されたのではなく，地方制度改革に関する保守党政権下でのそれまでの理論的ないし実務的議論の積み重ねがあったからこそ，とりわけ1982年法の制定等を直ちに実行に移すことができたのである。さらに，シラク率いる右派・中道政権の下で，より急速に具体化されることとなり，2003年法の制定はもとより，ごく最近の憲法改正までもが実現され，その方向性は基本的に維持されながら現在のサルコジ政権にまで連なることとなったのである。

　フランスにおける地方自治の特徴的な現状は，それぞれが極めて多様な実態を示しているコミューンすなわち市町村（約36,500），県（96），州（22）という三階層制を採り，首長と議長が一元化され，特有の「公職兼任」が制度化されているところに集約することができるであろう[4]。

2. 第五共和制憲法下の地方制度の特徴と変遷

(1) 保守党政権と地方制度改革―ドゴール，ポンピドウ，ジスカール・デスタン

　1958年10月4日に制定された現在のフランス第五共和制憲法のいずれの条文にも厳密な意味における「地方自治」の語が見当たらない。ただ，その第12章は，「地方公共団体 Des collectivités territorales」と題されており，その種類等の基本的な事項が定められ，租税や選挙制度，地方公共団体の行政運営や権限や財源に関する基本原則は法律事項であると明記されているだけである（34条）。そして，わずかに「国家の主権は人民に属し，人民は代表者を通じて，及び人民投票の手段によって，主権を行使する」（3条）とされ，地方公共団体は「選挙で選出された議員により，自由に統治される」（72条3項）と言及されているだけである。つまり，フランスは「不可分で，宗教から独立した，民主主義的で社会的な共和国」であり，主権者たる国民以外に共和国の構成要素は存在せず，地方自治体が国家の介入なく自由に自らを統治するという意味におけ

る地方自治は存在しえないということである。したがって、フランスの地方自治に関する基本法は、今日ではCGCTという略称の与えられている地方自治法典 Code général des collectivités territoriales であるが、これはかつて体系化されないまま分散した状態にあった多くの法律部分やデクレ、アレテの部分をそれぞれ1996年と2000年に法典化し、およそ3600カ条に及ぶ地方自治法典は一般規定、コミューン、県、州及び広域行政に区分され整備されたのである。フランスの地方 province 行政区画はアンシャン・レジームの下では、多様な規模の34区域が存在し、それぞれの住民と歴史的伝統文化と風俗習慣が維持されていて、現在でもそれぞれの観光や文化やワイン等を紹介する際の一つの「単位」となり得ているものといえる[5]。

　ところで、1981年5月にフランス大統領に当選し「フランスは建国のために強力な中央集権を必要とした。今日では、フランスは解体しないために地方分権を必要とする」という宣言を行った社会党のミッテランは、その後1995年5月までの2期14年間にわたって大統領を務めたが、最初の任期7年間のうちで最も重要な法律が1982年の地方分権法であると繰り返し語っていたと伝えられている。また1968年に「次々とフランスに併合していった地方 province の多様性にもかかわらず、フランスの単一性を実現し維持するために、長い間必要とした中央集権の何世紀にもわたる努力は、今後はもう必要としない。反対に、明日の経済的な力のバネとして現れるのは、地域的な諸活動である」とリヨンで演説したドゴール大統領、あるいは2002年にルーアンにおいて「国民国家の建設時に必要であった中央集権は、今日ではフランスのハンディキャップになって」いるから「新たな途を模索しなければならない」と述べ、「フランスが偉大な民主主義国家として存続するには、地方民主主義の革命を発展させ、近隣の共和国を建設しなければならない。それは民主的な要求である。ヨーロッパ的な命題である。そして、経済的・社会的な必要である」とも主張し、選挙公約として地方分権の一層の進展を図るための憲法改正を掲げて再選を目指していたシラク大統領等の戦後における歴代の政治的指導者自身がいずれも指摘したのが「地方分権改革」の必要性なのであった。その後、第二次世界大戦後の第

四共和制憲法においては，普通選挙によるそれぞれの議会により自由に運営される市町村，県，海外領土からなる地方自治体が初めて憲法上明記され，県行政の執行権が県議会議長にあると定めていたものの，強大に過ぎる力を与えられていた県に対する警戒感から，この条項を実施に移すための法律は成立し得ず1958年の第五共和制憲法では，「市町村，県，海外領土を地方自治体と位置づけること」と「議会による自由な運営原則の保障」の二点のみを引き継いだのである[6]。

1) ド・ゴール時代の地方制度

特に，ド・ゴール大統領の時代には，1964年に創設された州という公施設法人を地方自治体とし，州議会を公選の議員と職能団体の代表者からなる機関とし，同時にこれに呼応する形で我が国の参議院に相当するフランス国会の上院制度改革案を憲法改正案として準備し，1969年4月にはその賛否を直接国民に問うレファレンダムを実施した点は重要である。この時の憲法改正案の提案理由は，革命当時のプロバンスは地理的，歴史的及び郷土意識の産物であったが，革命政府は，このプロバンスを人工的に分割し，4倍に上る数の県を創設したが，地域整備や経済開発等を計画的に解決するには，県の区域では狭すぎてフランス国民の精神の中に生き続けていたプロバンスのように，いくつかの県を合わせた州の区域が地域の個性を活かしつつ問題を解決するのに十分な資源と人口とを持つ広さが必要であると考えられたこと，また工業化の進むフランスでは社会の組織化も進み，地域経営には，地域で選挙された人々と並んで，経済的ないし社会的な団体の参加が求められるようになったからというものであった。また，上院改革の面では，その大半が市町村議会議員たる市町村の代表によって間接的に選挙される従来の上院議員数を全体の6割とし，県から州への選挙区の変更，9年から6年への任期の短縮，市町村代表を人口比例的に選出することで都市住民の意見を反映されやすくし，経済社会評議会を廃止し，公務員や自由業，家族，農業・工業・商業・手工業・高等教育研究者，社会的・文化的活動家等の全国的職能団体の代表を上院議員の4割にしようというものであった。これは，フランスの近代化のために従来から小規模町村や農村部を地盤と

してきた保守的な上院の抜本的改革を指向するものであり，大統領と政治的に対立することの多かった上院をいわば諮問的議会の役割に限定しようとするものでもあり，11年間という長きにわたる政権への批判ともあいまって52％の国民の反対で否決され，ドゴール政権は即座に退陣することとなったのである[7]。

2) ポンピドゥ時代の地方制度

次に，ドゴールの後継者たるポンピドゥは，1971年7月16日のマルスラン法によって国の主導による市町村合併が，県ごとに地方議員からなる合併促進協議会の設置手続き等の整備や合併市町村への特定補助金の50％増等の財政優遇措置を講ずることによって奨励され推進された。しかし，フランス国民のコミューンにたいする愛着はことのほか強く，「村の鐘楼を守る」ことは何よりも大事なこととされたのである。結局，この時の合併は失敗に帰したが，これ以降は2,000人未満の人口を有する市町村の規模的零細性を克服する方策として広域行政組織の整備や強化が地方自治制度改革の重要なテーマとなっていったのである。また，1972年7月5日法は，州の改革に関する法律として制定され，必ずしも地方自治体ではない州にたいして地方分権的な要素が取り入れられた改正が行われたのである。何よりも，同法によって州議会は州内の国会議員と県議会議員，市町村議会議員の代表者によって構成されることとされ，官選の州知事を執行機関とし，職能代表によって構成される諮問機関たる経済社会委員会を具備しながら，経済開発や地域整備という特定目的の公施設法人としての州を蘇らせ，その後，一方では自然公園の指定や整備，企業にたいする企業創成奨励金等のような直接助成，州交通整備計画の策定，文化行政等の分野に次第に守備範囲を拡大していき，他方では，運転免許税や地方直接4税の付加税等の課税自主権も認められ，それにともなって年間予算も増加していったのである[8]。

3) ジスカール・デスタン時代の地方制度

さらに，その後の1974年には「自由，中道，欧州」を掲げて大統領選挙に勝利したジスカール・デスタンは次のような制度改革を断行していった。第一に，成人年齢を21歳から18歳に引き下げ，1975年12月31日法によって，他の市

町村長同様に，パリ市長を普通選挙によって選出することとし，このおかげで 1977 年 3 月の第 1 回選挙でパリ市長に当選したシラクが，1995 年の大統領就任にいたるまで市長であり続けたのである。第二には，1975 年に発足させた「地方の責任発展委員会」に地方自治制度改革のグランドデザインを委ね，翌 1976 年 10 月には行過ぎた中央集権の弊害を確認し，国と地方の役割分担については「補完性の原理」が妥当すること等を内容とする「ともに生きる」と題する（ドゴール政権下の国土整備大臣であったオリビエ・ギシャールを議長とする）ギシャール報告書が提出されている。この報告書の具体的な内容は，① 国の地方自治体に対する後見監督は合法性の監督に限定されるべきこと，② 人口 3 万人までの地区では一定の義務的権限を有した都市共同体の設置，人口 20 万人以上の人口集中地区では大都市共同体という市町村広域行政組織の設置を義務付けたこと，③ 地方税率の議決権及び個別補助金に替わる一般交付金制度の創設，④ 教育，衛生・社会事業，道路整備等の権限を県に付与するとともに，その財源としての所得税府課税の創設，⑤ 文化，観光，交通，経済開発助成等の権限の州への付与とそのための税制改正，の諸点に集約される。

ところが，この報告書では市町村に対して広域的行政組織への強制的加入を盛り込んでいたところなどから多くの市町村長からの反発を招き，地方名望家の支持を取り付け自らの政権基盤の磐石を期したいと考えていた大統領から，あらためて市町村長の意見を幅広く聞きたいという妥協的意向を受けて，1977 年 6 月にはバール首相が全国の市町村長に対してアンケートを行い，①「国の後見監督」，②「国と地方の権限配分」，③「市町村財政」，④「広域行政」について 16,000 件を超える回答が得られ，それらは（コンセイユ・デタ評定官のオベールを委員長とする）オベール委員会が報告書としてまとめ，1978 年 6 月にボネ内務大臣によって上院に提出された。この報告書では，要するに県行政の執行権を官選知事から県議会議長に移すことは避けられ，準備された三つの法案のうち，1979 年 1 月 3 日法「経常費総合交付金制度の創設及び地方財政委員会の設置」と題するものと 1980 年 1 月 10 日法「法律の範囲内における地方税の自由な決定権の地方議会への付与」と称されるものの二つが成立したが，「地

方自治体の責任発展法案」は多岐にわたる内容のために上院におけるあいつぐ修正と国民議会における審議が長引き，最終的には1981年5月の大統領選挙でジスカール・デスタンがミッテランに破れたために審議未了となり廃案となったのである[9]。

(2) 三層制地方行政組織の構造と機能

　以上のような歴史的背景と伝統的特質とをもったフランスの地方自治制度は，まずコミューンすなわち市町村と県と州という三層制を基本構造としながら，住民の直接選挙によって選出された議会議員の中から互選された議長自身が当該地方自治体の首長となるという，多くのヨーロッパ諸国同様のシステムが採用されている。なかでも，コミューンは本土では，その総数が36,568団体に上り，その規模は極めて小規模ないし零細であり，人口3,500名以上のものが2,650団体で全体の7％を占める一方，わずか400名にも満たない人口のものが全体の半数をも占めているのが何よりも特徴的なのである。そして，何よりも最もフランスらしい特徴は，県と州という地方自治体と同一の区域に重ねて国の出先機関としての地方庁をそれぞれ置き，官選の県地方長官及び州地方長官が任命されている点であろう。そのうえに，この地方庁以外にも他省庁の設置する地方出先機関も並存させながら県あるいは州の区域内における国の事務を所管してもいるという点であろう。したがって，中央省庁は可能な限りこれらの地方庁や地方出先機関に対して国の権限を委譲し，国民に身近なところで国の行政サービスを提供するという独特のシステムを使用しているということができるのである。つまり，原則としては，コミューンや県や州という三層の地方自治体が地方分権 decentralisation という理念に基づいて行政サービスを提供するのと並列的に地方庁やその他の国の地方出先機関によっても行政サービスの提供が担われるわけである。この後者の考え方が地方分散ないし官治分権 déconcentration と呼ばれるものなのである。

　このように1958年10月の第五共和制憲法の成立以降1981年5月のミッテラン率いる社会党政権の誕生に至る20年余りの歳月の中でも，他に類を見ないほ

ど極めて複雑な構造を呈していたフランスにおける地方自治制度ないし中央と地方の政府間関係の整理合理化や改革は，政権担当者の交代のたびごとに多様に試みられてきたことが分かる。ただ，その方向性と成果は，それぞれの大統領自身の政治的な信条や野心，あるいはその当時の政治的環境や世論の動向に大いに影響を受け，地方分権改革の進度は必ずしも速いものではなく，その主たる原因はいわゆるジャコバン派と呼ばれる中央集権の維持を唱える政治家が中央政府部内における反対や，地方政府レベルでは伝統的ないし古典的地方制度システムから多くの権力を享受していた地方の政治エリートや行政エリートの抵抗にあるといわれているところである[10]。

なお，フランス革命期にはすでに，県という地方行政単位を頂点として置き，知事 préfet という（内務大臣の指名に基づいて大統領が任命する）官職を置いて中央集権的に運営されてきたものである。本来，この県の区域そのものは中心部から馬車で48時間以内で往復できる半径約40 km，面積約 6,000 km^2 に及ぶ範囲として線引きされ，その下部に郡 arrondissement の区画を設定し，郡長 sous-préfet（副知事）を配置し，さらにコミューンあるいはその首長 maire に対する指揮・命令を行うことができるピラミッド構造の地方制度が確立していたといわれている。特に，préfet は ① 中央政府の代表として総合的な連絡調整をもとより県内の政治経済状況の把握や中央政府への定例的情報提供等の機能を担っており，同時に，② 内務省の代表として地方議会や市町村長の後見的監督に責任を負いながら警察機能や選挙事務の県内最高責任者と位置づけられ，さらに内務省と市町村との媒介役をも果たしており，③ 知事として県議会と執行部を統括管理し，行政事務の執行に責任を負うという，複合的な機能を果たしていたのである[11]。

また，中世からの教会単位を起源とするコミューンの多くは，1100年代に都市における暴動や掠奪に対抗するため，司教の務める都市の領主に対する反乱の中で自然発生的な村落共同体として結成され，安全や安定や治安という価値を求めるひとつの「場」として生まれたものといわれている。その後，住民が領主に対して「自治権」を要求し始め，地主を兼ねる商人や同業組合を結成し

て影響力を強めつつあった手工業者等を中心にコミューンの行政運営に関わっていくようになり、1831年のコミューンの法人化によって住民の直接選挙で選出されるコミューン議会による運営が始まり、1882年にはmaireをそれまでの中央政府による任命から議員の互選に変えることで、自治的活動を始めることとなり、それに加えて1982年の地方分権化法による機能の拡大措置等を経て現在に至っているのである。この1982年法に基づいた一連の地方分権改革は、過去100年来の大改革は、その急進的内容にもかかわらず、法制化される段階にいたるまではそれほど大きな抵抗を受けることなく進行し実現していったのである[12]。

3. ミッテラン政権と地方分権改革

1977年のコミューン議会選挙においてそれまで伝統的にジャコバン主義であった左派が、社会党と共産党との連携等も行ったおかげで、多数の自治体で政権を奪取することができ、フランスという国自体が地方分権に転向したといわれている。それは、ミッテラン大統領がマルセイユ市長のガストン・ドフェールを地方分権改革を担当する内務大臣に任命し、国の事前の後見監督の廃止をはじめ、県行政の執行権の県議会議長への移譲や州の地方自治体への昇格等を内容とする法案を準備していたこと、あるいは1981年7月8日の国民議会におけるモーロワ首相の施政方針演説「新しい市民権」のなかで「責任あるフランスとは、今後地方自治体の多様性と責任の中に共和国の統一を根付かせていかなければならない国でもある。つまり、極端に中央集権で、その法律、規則の厳格さのなかに閉じこもったフランスのイメージを消し去らねばならないのである。このようにして、新しい市民権は、あらゆる場所における日常の民主主義に、多くの自由と責任の場を提供していくことになるであろう。」と述べて、ミッテランの主張する地方分権の必要性を政府の公式見解としてあらためて披露したこと、等を背景としながら進行していったところである。そして、1982年3月2日に「市町村、県及び州の権利と自由に関する法律」（以下、「1982年

地方分権法」ないし単に「1982年法」と呼ぶ) が成立し，ドゴール以来繰り返されていた地方制度改革のそれまでの失敗の轍を再び踏まないように，現実主義的な改革が行われることとなったわけである[13]。

(1) 1982年地方分権法

1982年地方分権法は，成立の前年の1981年7月28日から国会審議が始まり，1982年1月28には可決されており，1981年5月に誕生した社会党政権によって極めて短期間のうちに迅速に制定され施行されていったことがわかる。同法の成立により，ほぼ200年にもわたって妥当してきた中央集権体制に多大な影響が与えられることとなったわけであるが，その背景には次のような要因が胚胎していたといわれているところである。つまり，① 1970年代から地方分権化政策を重要政策課題として掲げていたフランス社会党は，しかるべき地方勢力基盤を拡大しつつあり，実質的な法案の骨子が完成していたこと，② 社会党を中心とする左翼勢力は，1981年6月以降議会の多数派であったこと，③「国家を，地方分権化路線に不可逆的な方法で引き込む必要がある。汽車を発車させ，精神的なショックを生み出さなければならない」等と発言していたマルセイユ市長のガストン・ドフェールが同法の法案を起草したこと，の三点である。

この1982年法がこの時点での地方分権改革のために基本法であったことはうまでもないが，それ以上に重要な点はその後の地方分権改革を補完し，深化させるべき内容をおびており，後続の関連法律を先導した「機関車法」とも呼ばれていた点であろう。

具体的な内容の面においても，第一に，わが国の都道府県知事に相当する直接公選による県議会議員の中から互選される県議会議長が当該県行政の執行機関と位置づけられ，従来の官選知事préfetの存在感を減少させることとなった。これによって，1871年以来，地方自治体たる県の執行権も委ねられてきたpréfetの権限は，当該県内における国の総合出先機関の長たるものとしての権限に特化され限定されたのである。第二には，従来は公施設法人たる地位に甘んじていた州が新たに地方自治体とし位置づけられた点である。これによって，有権

者住民の直接公選による州議会が設置されることとなり，それぞれの州議会で互選された州議会議長が当該州の執行機関となったわけである。その結果，県と州は，いずれもコミューンと同様の組織原理に立つこととなり，三層構造の地方自治体構造がようやく完成することとなったのである。なお，県と同様に，州の区域にも国の出先機関が置かれ，préfet がその職務を兼ねることとされた。さらに，第三にも，国（すなわち préfet）による事前の，違法か合法か，あるいは正当か不当か，等の後見監督の廃止にともなって，行政裁判所による合法性の監督が制度化された点をあげなければなるまい。つまり，地方自治体の条例の制定や予算の議決，重要な契約の締結，都市計画の決定，主要職員の採用等に際しては，州ないし préfet に届け出ることとし，préfet は 2 カ月以内に違法か合法かを審査し，違法と認めた場合には，行政裁判所に提訴するというシステムが採用されたのである。

　以上のような状況のなかで，地方分権に関連する法律が続々と制定され，1982 年から 1986 年までの 4 年間あまりの間に 48 法律，269 政令が制定され，併せて数千に上る通達も発令されているが，なかでも国州計画契約 contrats de plan Etat-Région 制度を創設した「計画の改革に関する 1982 年 7 月 29 日法」，国から地方自治体への権限移譲を盛り込んだ「コミューン，県，州及び国の権限配分に関する 1983 年 1 月 7 日法」と「1983 年 7 月 22 日法」，地方自治体議員を補佐する地方公務員の身分規程の抜本的改革を内容とする 1984 年の「地方公務員に関する身分規程法」，国会議員が原則として欧州議会議員あるいは地方自治体議員のいずれかひとつしか兼職できないとする兼職制限制度を導入した「1985 年 12 月 30 日組織法」等は重要である[14]。

(2)　1992 年地方行政指針法

　1982 年法とそれに続く地方分権関連法律が整備されたために，結果として三層にわたるフランスの地方自治体は，市町村が地方の都市計画及び身近な施設の管理に関する権限を与えられ，県は，社会事業や保健衛生，都市間交通をはじめとする市町村の権限に属するもの以外の分野を担い，州は，運河や水路や

河川港の新設・整備・運営,土地整備,経済・社会的及び文化・科学的地域開発,公共投資の計画化,職業教育等の分野にわたる権限がそれぞれ与えられたのである。ただ,国土整備計画をはじめ,住宅,運輸,環境保全,文化活動,職業教育,社会扶助,公衆衛生,あるいは学校教育等の主要な分野にわたって新たに権限配分されたが,いわゆる既得権限の移動をともなうことがなく,中央政府が地方自治体にたいして有していた優位性も損なわれることなく,既存の所管職務に応じた配分であることから新たな自治体間の階層性を生み出すわけでもなかったのである。

このような状況のなかで,1986年3月の総選挙では,保守派が勝ち,シラクが首相の座に就き,第一次のコアビタシオン(保革共存)体制がスタートし,1988年まで続くが,さらにその後の1993年から1995年にも第二次コアビタシオンが継続していたのである。この機関は地方分権改革の進度は弱められたが,この体制が解消され,左派政権になると再び加速されることとなり,それまで原則として無報酬のいわゆるボランティアであった議員の待遇の標準化などの観点から,1992年2月3日法では州や県,一定以上の人口規模の市町村議会議員の報酬額等に関する地方議員の身分規程が創設され,さらには「共和国の地方行政の指針に関する1992年2月2日法 loi d'orientation relative à l'Administration territoriale de la République」(以下,「1992年地方行政指針法」という)においては,1981年以前にフランスの地方を構成していた垂直的階層的概念からの分離を強調するもので,地方分権 décentralisation を補完するための更なる地方分散 déconcentration 化を求める政治的意思が反映され,特に国と地方自治体との間の任務の新たな分配の原則を明記し,公共活動の推進及び計画策定の省庁間のひとつの極として州を位置づけ,州知事を経済発展及び国土整備に関する政策責任者と位置づける等,州の強化が図られている。これによって,中央政府の権限は政策の企画立案や全国的な指針の作成,政策評価と監督等に限られ,地方自治体と国の連携の円滑化や共同意思決定の迅速化が推進されることとなった。また,その他にも自治体議会運営の合理化や広域行政組織の拡充等を定めているが,諮問的住民投票制度の導入も重要である[15]。

(3) EUの地域政策とフランス地方制度改革

　1993年に市場統合を完成させ，通貨統合や政治統合を含めて第二段階に入った欧州諸国の状況とミッテラン政権によって実施されていたフランスの地方分権改革とが次第に関連を持ち始めたのは1990年代以降である。その主たる原因は，1982年以降のフランス地方分権改革により総合的国土開発の実行主体として次第に権限を拡大してきた州という存在が，EUレベルで共通の経済政策や文化政策を実行する主体として位置づけられる可能性を帯びてきた点等に求められる。とりわけ，1970年代以降は，EU加盟国においてもそれぞれ地方分権化が進展し，地方政府が新たな権限を付与され，フランスにおいても州の権限行使の過程で他のEU加盟国の広域自治体同様に単一国内よりも欧州という枠組みの中で然るべき役割を果たすべきことが期待されるようになったのである。EU加盟国相互間の格差是正のために全域的地域政策の実施主体としてフランスの州を含む各加盟国の広域自治体の役割が期待されるようになったということなのである。

　1958年1月のローマ条約以来，欧州共同体の地理的範囲は拡大の一途をたどり，1992年2月7日のマーストリヒト条約は12カ国によって調印され，翌1993年1月1日に単一市場が動き始め，1997年10月2日には15カ国によるアムステルダム条約を調印し，1999年1月の単一通貨ユーロEuroの導入を経て5月1日に発効したのである。こうした状況の中で，地方自治体のうちでもっとも広域の自治体が経済政策や文化政策の担い手として注目され始め，国境を越えて各国の広域自治体による地域政策の展開が期待されるようになっていった。

　欧州経済共同体EECの成立時には欧州全域にわたる地域政策は存在しなかったが，その後の1950年代から1960年代にかけての欧州共同体ECでは，加盟諸国の農業地域に共通する農業政策CAP基金や欧州投資銀行，欧州社会基金FSC等からの援助を行っていたが，あくまでも加盟国政府自体が中心となっていたものであり，共同体共通の政策課題とはなりえていなかった。そして，1970年代になって石油価格の高騰を原因とする経済危機の影響を受けてEC加盟国

間の経済格差がより深刻となり，そのうえに工業地域の衰退現象も発生し，それまでに広がっていた慢性的な開発の遅延した地域問題はその解決が一層困難となっていった。そこで，こういう事態を打開するために1975年には欧州地域開発基金 FEDER が設立され，産業の衰退によって影響を受けた地域援助と欧州共通農業政策による農業への財政援助に対抗することとされ，欧州共同体内における格差の是正を行おうとしたのである。ただし，その後1981年に新たに EC に加盟したポルトガルとスペインの国情は，EC レベルでの経済開発や生活水準あるいは失業率の面で地域間格差を一層問題化させ，1987年7月1日発効の単一欧州議定書には，その解消を目的とする条項を盛り込み，欧州地域開発基金の他にも欧州社会基金 FSC，欧州農業指導保証基金 FEOGA，漁業指導財政基金 IFOP という4種の代表的な構造基金を中心とする地域政策を実施し，1993年1月1日の単一市場の完成を迎えたのである。

　これらの構造基金を自らに有利に配分させるために，それまではあくまでも加盟国政府を通してのみ行われていた EU の政策決定過程に地方政府が直接関与し始めるようになっていき，ブリュッセルにおける地方政府は1985年の6団体から2000年には167団体を数えるまでに増え，特にフランスの広域自治体たる州のロビー活動でも，22団体のうち17団体が常駐代表を送り，情報収集や情報交換等を行う場を確保する等の効果を挙げたようである。その一方で，EU 内には共同体の区域内に存在する各加盟国の広域自治体の欧州レベルでの利害表出の場を提供するための組織としてマーストリヒト条約によって地域委員会なるものを設けた。この委員会は加盟国が推薦し，欧州理事会が任命する4年任期の222名の委員によって構成し，6つの専門委員会から組織される。フランスからは24名の代表が入っているが，このうち19名が州議会議員である。ただし，この委員会の性格はあくまでも諮問機関であり，当初の教育，文化，公共衛星，経済的・社会的連帯，エネルギー・電信電話分野のトランスヨーロッパネットワークに加えて雇用，社会政策，環境，職業訓練，運輸という10の分野に関する審議を経て勧告することが任務とされており，その任務は，① 補完性の原則（EU 内の決定は，市民に最も近いレベルで行われるべきであるという

考え方),②市民への近接性の原則(すべての政府は,市民に近接しているべきであるという考え方),③パートナーシップ(健全な欧州政治とは,欧州レベル,国家レベル,地方レベルの各政府がともに行動すること),という三つの原則に沿うこととされている[16]。

　こうして,フランスの州はEUの他の加盟国同様に欧州統合の進展のなかで政治的経済的アクターとしての役割を期待されるようになったが,そればかりでなく1982年以降の地方制度改革によってEUの政策過程にかかわる制度的枠組みと政治的経済の動機を与えられるとともに,欧州地域政策に関する複雑な組織間関係を生み出してもきたのである。つまり,地域政策分野にかかわるフランスの中央政府の複数省庁による水平的関係と,欧州委員会とEU加盟国関連省庁,州や県や市町村の地方政府,中央政府の出先機関によって形成される垂直的関係がそれである。しかしながら,これらの組織のなかでも,特に州はその大きな地域間格差と狭隘な規模並びに少ない政治的権限等を原因とする構造的ないし制度的な脆弱性から脱却し得ていないといわれているところである。そのために,1982年にスタートした一連の地方分権改革のなかでも,主導的な役割を果たすべき政治的エリートが登場しなかったために結果的には地方の権力間の資源の分配に大きな変化をもたらすことはなかったのである。ともあれ,こうした動きのおかげで,従来はEUと中央政府との二者関係で特徴づけられていた欧州政策決定システムは,これらの広域自治体の出現によって,中央政府に従属するのではなく,むしろ迂回して直接EUの欧州政策決定過程に関与したり,国家の枠を超えて国境越しに隣接する地域同士が協力する等という新たなネットワークが拡大しているのである。また,フランス国内の地域政策は,中央政府の指導に従ってpréfetの作成する国州計画契約に基づいて実施されるが,当該地域における地域開発戦略の決定や州議会議長との契約内容の交渉,資金調達の決定等を経て,当該計画の実施委員会を主宰し,援助基金と統制システムを導入し,州事業事務局は専ら当該契約作成のための予算の計画と管理を行い,同時に欧州構造基金に関する計画の作成と管理をも行うものとされているのである。

こうした環境の変化は, 広い意味で公共政策全般をめぐる政策ネットワークを細分化し複雑化した。つまり, EUと中央政府と地方政府, 民間セクター相互の関係が従来以上に緊密になったために中央政府の影響力の回復に貢献しているEU地域政策の発展とフランス地方制度改革の展開とは有機的な関連を有しているのである[17]。

4. 憲法改正と地方分権改革

　ミッテランの次に政権を担当したのは, 保守党のシラクで, 1995年5月のことであった。その後, 年金や医療保険等の改革を通じた財政再建のために1997年4月の任期満了前の国民議会を解散し, あらためて国民の支持を取り付けようとしたが, 左派連合 (社会党, 共産党, 緑の党) が多数を占め, 社会党のジョスパン内閣が誕生し, いわゆる第三次コアビタシオンがスタートした。

　この内閣では, 失業率の引き下げを最優先し, ワークシェアリング, 若年労働者の雇用等の雇用創出政策を推進し, 付加価値税TVA率の引き下げが行われ, 特に地方税では職業税, 譲渡税付加税, 住居税, 自動車税等の廃止や軽減の措置がとられたのである。こうした地方税の交付金化に際して, 憲法が地方政府に保障している自由な運営の解釈について, 憲法院は「その侵害になるほどまでには自治体の財源と課税権を制限していない」と繰り返していたが, ポンセレ上院議長はこうした事態を再中央集権化と捉え, 2000年6月には全国市町村長会や地方財政委員会, 全国県議会, 全国州議会の各会長との連名で地方政府の課税自主権を憲法規範にまで高め地方政府の組織及び権限に関する上院先議権を盛り込んで「自由な運営及び地方税財政に関する憲法改正法案」を上院に提出している。

　さらに, この内閣においては, ① 一定程度の課税権を有する種々の市町村広域行政組織を三種類に再編合理化しようとした「市町村間協力の強化と簡素化に関する1999年7月12日法」, ② 選挙における候補者の男女比を一対一にしようとした「選挙による議員と公職への助成のアクセスを助長する2000年6月

6日法」(パリテ法),③人口8万人以上の市には市会議員と住民の代表者からなる諮問的地区協議会 conseil de quartier の設置を義務づける「近隣の民主主義に関する2002年2月27日法」等の地方分権改革に関する法律が制定されている[18]。

(1) 2003年憲法改正

　2002年5月のシラク大統領の再選によって,新たにラファラン内閣が組織され,2002年10月16日の「共和国の地方分権化に関する憲法改正法案」が閣議決定され,2003年3月17日には改正憲法が誕生したのである。これによって,フランスにおける地方分権の動きは新たな展開を迎えたわけである。改正条項の主なものは次のとおりである。

　第一に,共和国の不可分性や法の下の平等等フランス共和国の基本理念に「フランスの組織は地方分権化される」という地方分権原則の導入を明記した文言の条項を加えたこと (1条)。

　第二に,法律及び行政命令に実験的な条項を含むことができることとし,一定の地方自治体に対して法律の定めるところにより,目的と期間を限定して,法律ないし行政命令の例外規定を実験的に制定できる権能を付与できることとした実験的試行制度を導入したこと (37-1条, 72条4項)。

　第三に,地方自治体の代表性を確保するという上院の使命に鑑み,地方自治体の組織に関する政府提案法案の上院先議権を定めたこと (39条2項)。

　第四に,県及び市町村同様に,州を憲法に規定された地方自治体と位置づけたこと (72条1項)。

　第五に,国と地方自治体の権限配分に関する「補完性の原則」を導入し,地方自治体への権限委譲の際,地方自治体の裁量を完全に奪う形で移譲することは許されないこととしたこと (72条2項)。

　第六に,地方自治体の議会の発意により,地方自治体の政策決定を住民に委ねることができる根拠規定を置き,決定的住民投票制度を導入して参加民主主義の強化を図ったこと (72-1条2項, 3項)。

第七に，地方自治体固有の税収その他の固有財源が，どのカテゴリーの地方自治体においても財源全体（全収入）の50%という決定的部分を占める必要のあることと地方自治体間の財政力格差の平準化に関する措置を法律で定めたこと（72-2条）[19]。

　これらの地方分権化に関する憲法改正の必然性については，すでに2002年7月3日の国民議会におけるラファラン首相の施政方針演説やテレビのインタビューの中で，「地方分権は国家を改革するための強力な梃子」で，地方民主主義の一層の発展が必要であるといい，「保守党政権の地方分権化の試みは，20年前の社会党政権のそれよりもさらに先を行くものである」等と発言しているところからも明らかにされていたところである。ただし，その実現可能性は当初からそれほど高くなく，その背景に胚胎するフランス特有の問題と制度そのものが内包する独特の要素とがあいまって，その改革進度を遅らせているといわれているのである。例えば，小規模というよりもむしろ零細というほど規模の人口や区域を持つ市町村やフランス共和国の中央集権体制の要として位置づけられてきた県やその後地方自治体として法人格を与えられた州のいずれをも含めて，極めて多様な規模のままに温存されてきた地方政府機構の構造的欠陥を抱えたままでは，政治と行政の両面においてなお中央政府の指導力や存在意義は認めざるをえないというほかないのである。これは，伝統的にジャコバン的国家理念が平等主義と画一主義にたいする国民の信奉を支えにしながら単一不可分の中央集権国家体制を維持させてきたのであり，① 中央政府の論理のみが地方の市民社会の活動を導くことができることをはじめ，② 国家のみが一般的な利害と各地方固有の利害を仲介することができること，③ 中央政府の調整のみが社会活動を主導できる合理性を持つこと，という原則に基づいて中央政府と地方政府との政府間関係を定義づけるものと考えられてきたのである。

　その結果，第五共和制憲法の下で試みられた一連の地方分権改革は何よりも，中央政府の地方出先機関への権限委譲を行う地方分散 déconcentration と，中央政府から地方政府への権限委譲を行う地方分権 décentralisation という二つの原則が特徴であった。1958年の第五共和制憲法の誕生から1981年までの保

守党政権下の地方制度改革は地方分散的であったが，それ以後の社会党政権による地方制度改革は地方分権の原則を地方分散の原則が補完するというものであった。つまり，県知事 préfet から地方自治体議会議長への執行権の移行等に象徴的に表れたように，中央政府の派遣する官僚のような地方分散における主要なアクターと，地方自治体議員のような地方分権におけるアクターとの間では権力自体が官僚から議員に移り，その実態は政治から行政に変質していくことを意味していたのである。とりわけ，フランス独特の「公職兼任制度」によって，地方の利害を直接中央レベルで表出することが可能な点等は重要である。この制度を運用することによって，中央と地方とを政治的に連結することができるが，中央集権化されているフランスの意思決定システムの中で地方自治体の議員が直接参加できるということは，地方自治体議員の既存の権限や地位を脅かすような地方制度改革を阻止することも同時に可能であることを意味してもいるのである。したがって，この特殊フランス的な公職兼任制度の内包する問題は，代表民主主義の本質的な問題ともあいまってフランスにおける地方分権改革の完成に対する一つの障害ともなっているといわざるを得ない[20]。

(2) 地方分権改革 4 法案

2003年の憲法改正にともなって，関連する法律があいついで制定されたのは周知のとおりである。念のために時系列で整理すると，まず，適用範囲をコルシカ地域だけに限定した ① 諮問的住民投票組織法（2003 年 6 月 10 日法），ついで，法律と行政命令に実験的な条項を含め，一定の地方自治体に対して目的と期間を限定して，法律ないし行政命令の例外規定を実験的に制定できる権能を付与できることとした実験的試行制度を導入した，② 実験的施行組織法（2003 年 8 月 1 日組織法），さらに，地方自治体議会の発意に基づく場合には当該自治体の政策決定そのものを住民に委ねることができる途を開いた，③ 決定的住民投票組織法（2003 年 8 月 1 日組織法），加えて，地方自治体の財源全体に占める税収その他の固有財源の割合を一定比率以上に保ち，地方自治体の財政自主権の確保を行おうとした，④ 地方財政自治組織法（2004 年 7 月 29 日法），最後

に，経済開発調整権限や欧州連合の構造基金管理権限，職業教育権限，国道管理権，社会福祉関係の権限，小中学校学区決定権限，住宅助成ないし社会住宅関係権限等の専ら国から州や県，市町村等の地方自治体への権限移譲の他，市町村広域行政組織の運営の合理化，国の地方自治体に対する合法性監督の合理化，préfet の権限強化等を盛り込んだ，⑤ 地方の自由と責任法（2004年8月13日法）という具合である[21]。

以上のような動向がフランスにおける地方制度改革ないし地方分権改革の大まかな流れであるが，こうした取組みが我が国の一連の地方分権改革に少なからず影響を与えていることはいうをまたないが，当然ながらこのフランスの成果と経験を無修正のまま適用することができるはずはない。特に，基本的な制度の設計段階から決定的に相違する部分も少なくはない。たとえば，わが国の参議院に相当する上院 Sénat 議員は地方自治体の代表者によって構成され，国民議会議員，州議会議員，県議会議員，市町村議会議員によって組織される選挙人団によって間接的に選挙されるというシステムが採用されている。しかも，そのうえに国会議員と地方自治体議会の議員との兼職が認められているところから，中央集権国家でありながら地方の意向が国政に反映されるという統治構造を呈しているのである[22]。

このようなフランスの特殊性が，現代国家の抱える地方自治制度や統治構造全体のあり方に何某かの示唆を与えてくれる可能性を認めるとすれば，この国の政治や行政の変遷から得られる教訓に普遍性を認めることもできよう。

1) 自治体国際化協会編『フランスの地方自治』自治体国際化協会 2002 年 1 頁。
2) 同書 3-4 頁，久邇良子『フランスの地方制度改革―ミッテラン政権の試み―』早稲田大学出版部 2004 年 9 頁。
3) 久邇良子　前掲書 1-4 頁。Alexis de TOCQUEVILLE, *L'Ancien Régime et la Révolution*, Gallimard, 1952, pp. 118-119.
4) 山崎栄一「フランスの地方分権と州制度―日本での道州制論議を踏まえて―」『日経グローカル』71 号 2007 年 52-53 頁，自治体国際化協会編　前掲書 11-12 頁。なお，公職兼任制度等改革の概要については，久邇良子　前掲書 151-189 頁を参照。

5) 自治体国際化協会編　前掲書 11-15 頁，51-53 頁。
6) 久邇良子　前掲書 38-39 頁，自治・分権ジャーナリストの会編『フランスの地方分権改革』日本評論社 2005 年 175-179 頁。
7) 1969 年の国民投票は，地方制度改革案に加えて，上院改革案をも同時に提案されたものであり，いずれも結果的には否決されたものであった。Vivien A. Schmidt, *Democratizing France —The Political Administrative History of Decentralizatoin*, Cambridge University Press, 1990, pp. 80-90. 久邇良子　前掲書 22-24 頁，65-66 頁を参照。
8) Schmidt, *op. cit.*, p. 95. 久邇良子　前掲書 25-28 頁を参照。
9) Schmidt, *op. cit.*, p. 98. 久邇良子　前掲書 29-35 頁，自治・分権ジャーナリストの会編　前掲書 182-183 頁参照。
10) 久邇良子　前掲書 9-12 頁，91-93 頁。
11) 自治・分権ジャーナリストの会編　前掲書 87-106 頁。
12) 同書 183-192 頁。
13) 同法の成立過程とその概要については，久邇良子　前掲書 38-101 頁。特に 72 頁以下では広域自治体に関する記述，86 頁以下では地域圏に関する記述がそれぞれあり，地方自治のグローバル・スタンダード等を考える際の有効な示唆を与えてくれている。
14) 自治・分権ジャーナリストの会編　前掲書 183-187 頁。
15) 同書 195-197 頁，久邇良子　前掲書 105-129 頁。
16) Barry Jones, "Conclusion", in *The European Union and the Regions*, ed. by Barry Jones and Michael Keating, Oxford University Press, 1995, p. 296. 久邇良子　前掲書 71-86 頁。
17) 久邇良子　前掲書 93-100 頁。
18) 自治・分権ジャーナリストの会編　前掲書 193-195 頁。なお，憲法改正の概要については同書 139-156 頁，パリテ法については同書 157-173 頁を参照。
19) 同書 194-195 頁，久邇良子　前掲書 191 頁。
20) 久邇良子　前掲書 191-195 頁。
21) 自治・分権ジャーナリストの会編　前掲書 195-197 頁。
22) 同書 197-200 頁。

第11章

憲法改正

佐藤修一郎

1. 概　　説

　第五共和制憲法は，いわゆる硬性憲法 Constitution rigide に分類される。硬性憲法は，通常の法律との比較において特別の改正手続が用意されており，それゆえその改正が困難であるという点に特徴がある。もっとも，2008年7月，フランスは1958年10月の憲法制定以来，24回目となる憲法改正を実施した。2008年7月23日の憲法的法律（Loi constitutionnelle n° 2008-724 du 23 juillet 2008）の成立である[1]。なおフランスにおいてはあるいは基本法下のドイツも同様であるが，硬性憲法であることが必ずしも憲法改正が困難であるという結論には結びつかない。

　憲法改正に関する第五共和制憲法の定めは，憲法第16章「改正 De la révision」の89条にみいだすことができる。同条1項及び2項によると，憲法改正は，共和国大統領または国会議員の発議により，両議院による議決ののち，国民投票を経て行われる。ただし，大統領の発議による憲法改正は，両院合同会議における議決をもって国民投票を回避することが可能である（3項）。また，例外的にではあるが，89条によらず，11条の規定すなわち法律案を国民投票に付託するという方法で憲法改正が行われたこともある。

　この章では，フランス第五共和制憲法の改正につき，制度と実態の素描を試

みる[2]。

2. 第五共和制憲法の改正手続

(1) 「原則的な」憲法改正手続

　第五共和制憲法の改正手続は，原則として以下のとおりである。

　上述のごとく，憲法改正の手続は憲法第16章「改正 De la révision」の89条に定められる。このうち，1項ないし3項は憲法改正の手続について，4項及び5項は憲法改正の限界についてそれぞれ定めるものである。憲法改正の手続につき，同条はまずその発議権を共和国大統領と国会議員とに競合的に認めている（1項）[3]。首相の提案に基づく前者の発議を projet，後者を proposition と呼ぶ。

　なお，projet については，「首相の提案に基づいて」発議されることから，とりわけコアビタシオン cohabitation の際に憲法改正の実質的な発議権が大統領と首相のいずれに帰属するかが問題となる。この点，理論的には，大統領は首相にたいして憲法改正の発議を強制することはできない。反面，首相が憲法改正の発議を提案したとしても，大統領がこれに応ずる義務はないと考えられる。もっとも，その場合に首相は国会議員にたいして憲法改正の発議を行うべく指示することが可能であり，事実上の発議権は首相に留保されているとみることができる。

　また，proposition については，共和国大統領も政府も，コアビタシオン時にはともかく，ともにその発議に干渉することはできず，およそ議会にたいする政治的な働きかけないしは憲法改正案にたいする反対キャンペーンの展開がせいぜいであろう[4]。

　改正案は，両議院において同一の文言で表決されなければならず，両院を通過した改正案は国民投票による承認を経て確定的なものとなる（2項）。

　もっとも，projet については，大統領の選択に従い，国民投票を経ずして憲法改正が行われる場合がある。大統領が，両院合同会議 Congrès として招集さ

れる議会に projet を付託する旨，決定した場合である。両院合同会議において projet が有効投票の 5 分の 3 の多数によって承認されると，国民投票は不要となる（3 項）。しかしながら，このように国民投票を経由しない憲法改正は，いわば例外的なものとして認識されるべきであり，憲法改正が早急に求められる場合，あるいは条項の微細な改訂の場合にのみ用いられるべきものであるとの指摘もある[5]。

(2) 「例外的な」憲法改正手続

　憲法 89 条に基づく憲法改正が，いわば「原則的な」または「標準的な」手続であるが，同条によらないきわめて例外的な，11 条を根拠とした憲法改正が行われる場合がある。歴史的には，ドゴール大統領による 1962 年の憲法改正及び 1969 年の憲法改正の試みが広く知られているが，いずれの場合もその正当性及び妥当性をめぐって議論が巻き起こった。

　そもそも憲法 11 条は，同条 1 項に列挙された法律案を国民投票に付託するための規定である。1962 年，ドゴールは憲法 11 条の手続に則って，議会の審議を経ずに旧 6 条及び 7 条の改正を目論んだ。従来は上下両院議員，県議会議員，海外領土議会議員及び市町村議会の代表から構成される選挙人団 collège électoral による間接選挙であった大統領選挙を，直接公選制 suffrage universel direct に改める旨を表明したのである。これについて同年 10 月 28 日に実施された国民投票では，62.25% の賛成票が投じられ，結果，旧 6 条及び 7 条の改正が行われた (Loi constitutionnelle nº 62-1292 du 6 novembre 1962)[6]。この憲法改正については，11 条を用いた憲法改正の合憲性に疑義を唱えた元老院議長ガストン・モネーヴィルが憲法院に提訴したが，憲法院は，憲法 61 条に基づく違憲審査の対象は議会で可決された法律であり，国民投票によって承認された法律には違憲審査権は及ばないことから，元老院議長の提訴にたいする審査は行えないとの判断を示した[7]。

　また，1969 年には，地方制度及び元老院の改革をめざしたドゴールが再び 11 条による憲法改正を試みたが，同年 4 月 29 日に実施された国民投票では，ド

ゴールが示した改革案は 53.81% の反対によって否決された。結果的に, この「敗北」を契機として, ドゴールは大統領を辞任するにいたった[8]。

ところで, 11 条に依拠した憲法改正については 1962 年当時からその合憲性をめぐる議論がなされてきたが, 結論的には, 11 条に基づく憲法改正には違憲の疑いが濃いものと思われる[9]。その理由として, 形式的には, 第五共和制憲法が「改正」と題している章は (現行の) 第 16 章すなわち 89 条のみであること, そして同条には例外を認める文言がないこと, があげられよう。実質的には, 11 条の文言である l'organisation des pouvoirs publics は, 89 条の適用対象となる les pouvoirs publics constitutionnels とは異なった概念であること, また, 仮に文言のうえでは l'organisation des pouvoirs publics に関する法律であったとしても, 実質的には憲法的法律 loi constitutionnelle である場合があり, その場合には当然 89 条の手続が踏まれなければならないことを考慮に入れるべきである。このことは, 当該法律が全法体系において占める位置によって決せられるものである。なお, 1962 年の憲法改正に関しては, 国民投票の際に国民が自由に投票した結果が同改正を支持するものであったことを理由として, その違憲性が治癒されたという見方もある[10]。しかしながら, 元来 11 条に基づく国民投票は l'organisation des pouvoirs publics 及び条約の承認についてのみに限定されるべきものであったことから (1995 年改正前, 後述), かかる見解を支持することは困難であろうし[11], また, 国民が憲法改正を必要とするならば, 文字通り憲法が定める手続を遵守すべきであったものと思われる。

3. 憲法改正の限界

憲法改正につき, その限界の有無が論じられる。この点, 第五共和制憲法においては, まず明文で示された改正の限界が確認されねばならない[12]。憲法改正が禁じられる場合として, 89 条 4 項は, 「領土の一体性が侵害されているとき」を, また, 7 条 11 項は, 大統領が欠けた期間中, または大統領の障害事由 empêchement が確定し, 新たな大統領が選出されるまでの期間を規定してい

る。

　さらに，憲法改正の限界を内容的に規定しているのが89条5項であり，「共和政体は，改正の対象とすることはできない」とする。同様の規定がフランス憲法に設けられたのは第三共和制憲法が最初であり，正確には改正により挿入されたが (Loi constitutionnelle du 14 août 1884)，第四共和制憲法においても繰り返し定められた (90条)。かかる規定は，王政復古のように，共和政体の否定を禁ずるにとどまらず，共和主義的な価値及び原理，いわば超憲法的規範 supraconstitutionnalité の否定もまた禁じていると理解することが，第五共和制憲法の構造，とりわけ2条 (現行1条) に示された共和国の基本的な価値と調和的であるといえる[13]。

　また，憲法院がいわゆるマーストリヒト第二判決[14]において，16条に定める非常事態措置の適用期間に限界を画したことを，新たな憲法改正の限界と評する見解もある[15]。

4. 憲法改正

(1) 憲法改正の実際

　第五共和制憲法はいわゆる硬性憲法に分類される。しかしながら，実際には第五共和制の発足以来多くの憲法改正が試みられており，すでに述べたように，24回もの憲法改正が実現している (もとより，改正が頻繁に行われることをもって直ちに憲法の硬性性が損なわれたとはいえない)[16]。以下，第五共和制憲法の下で行われた2008年7月までの憲法改正につき，時系列的に概観する。なお条文は当時のものをさす。

　① 第五共和制憲法の最初の改正は，85条[17]の手続にしたがって1960年に行われた (Loi constitutionnelle n° 60-525 du 4 juin 1960)。これは，フランスと海外領土，とりわけアフリカの旧植民地との関係に関わる旧第12章 (85条，86条) の改正であった。改正以前の第12章は，アフリカの旧植民地について，独立後はフランス共同体を離脱しなければならない旨を定めていたが，改正後は

独立ののちも共同体にとどまることが可能となった。

② 1962年には，11条に依拠した憲法改正が行われ，共和国大統領の選出方法が直接公選制へと改められた。これについては，すでにみたとおりである。もっとも，この改正によってドゴールは共和国大統領の民主的正当性と権威とを制度的に確保することに成功した点において，非常に重要な改正と位置づけられる[18]。

③ 1963年，89条にしたがって国会の会期に関する28条の改正が行われ，会期が事実上夏のバカンスにかからないよう，改められた (Loi constitutionnelle n° 63-1327 du 30 décembre 1963)。この改正案は，すでに1960年の段階で国民議会を通過していたが，1963年12月20日にいたり，両院合同会議の議決によって現実のものとなった。

④ 1974年には，ジスカール・デスタン大統領の発案により，89条に基づく重要な改正が行われた。61条2項を改正することにより，審署前の法律の憲法院への提訴権者が拡大されたのである (Loi constitutionnelle n° 74-904 du 29 octobre 1974)。改正前の61条2項は，憲法院への提訴権者を共和国大統領，首相，国民議会議長及び元老院議長の四者に限定していたが，改正後は60名の国民議会議員及び60名の元老院議員が加えられることとなった。この改正は，一面においては1971年の「結社の自由判決」[19]以降，憲法院に求められることとなった基本権の擁護者としての役割に対応するものと考えられる。しかしながら，他面においては議会内の少数派による憲法院への提訴の途を開くことにより，憲法院が政治的機関としての性格を強く帯びることとなったともいえよう。

⑤ 1976年には，89条により，7条の改正が行われた (Loi constitutionnelle n° 76-527 du 18 juin 1976)。この改正は，いわば旧7条に認められた欠缺を埋めるためのものであり，大統領が欠けた場合の新たな大統領選出の手続及び，大統領の候補者が死亡した場合もしくはこれに障害が生じた場合の対応が定められた。なお，この改正に関連して憲法院はすでに1974年5月24日，憲法が規定していない，大統領候補者が死亡した場合の手続を憲法に盛り込むべきことを宣言しており[20]，閣議においても，1976年1月には，7条の改正案が承認

されていた。

⑥ 1992年に行われた憲法改正は，同年2月7日に締結されたマーストリヒト条約を批准するために行われたものである (Loi constitutionnelle n° 92-554 du 25 juin 1992)。憲法改正に先立ち，同年4月9日には，共和国大統領による提訴を受けた憲法院が，同条約に示されたEU市民の地方選挙への参加の問題，ビザに関する政策，そして欧州統一通貨に関する規定といった三つの規定が憲法に違反するとの判断を示していた[21]。この判決を承け，89条の手続にしたがって「欧州共同体及び欧州連合」に関する第14章が新設された（旧第14・第15章は第15・第16章へと移行）。同時に，共和国の言語をフランス語とすること（2条），国際協約 un engagement international の合憲性審査に関する憲法院への提訴権者の拡大（54条），及び海外領土の地位，組織に関する改正（74条）など，大幅な修正が加えられた。とりわけ，第14章は主権の制限を内容とする大きな改正であったため，憲法改正の限界，あるいはそれに関連した議論としての超憲法的規範の存否など，理論的にも検討すべき課題を多く残すものであったといえる[22]。

なお，ここで1992年に設置された「憲法改正のための諮問委員会 Comité consultatif pour la révision de la Constitution, présidé par le doyen Georges Vedel」について言及しておく。同年12月のデクレ (Décret n° 92-1247 du 2 décembre 1992) によって設置されたこの委員会についてミッテラン大統領が示した方針によれば，その主な任務は，権力間のよりよいバランスを保障すること，市民にたいし憲法院へのアクセスを認めること，国民投票の対象範囲を拡大すること，裁判官の独立を保障すること，などである[23]。翌年2月に公刊された委員会の報告は，より明確な行政府，より活動的な議会，そしてより積極的な市民，の三本柱からなり，同報告に示された提言のうち，いくつかは同年3月に大統領が示した二つの憲法改正案に盛り込まれることとなった。

⑦ 1992年11月には，ミッテラン大統領がテレビ・ラジオ演説において，司法官職高等評議会 Conseil supérieur de la magistrature 及び高等法院 Haute cour de justice の改革を示唆したが，これは翌年現実のものとなった。1993年

3月,憲法改正のための諮問委員会の報告が公刊されたのち,政府は元老院にたいして司法制度改革及び国家機関相互のバランスを最適化するという改革をめざす二つの憲法改正案を提出した。改正案は,最終的には多くの修正を受けながらも両院合同会議で可決され,司法官職高等評議会改革 (65条),高等法院の権限縮小 (第9章),共和国司法院 Cour de justice de la République の創設及び経過規定の改正 (93条) を内容とする憲法改正が行われた (Loi constitutionnelle n° 93-952 du 27 juillet 1993)。

⑧ 1993年には,もう一つの憲法改正も行われた。改正の契機となったのは,移民政策に関する移民制限法,通称「パスクワ法」である。憲法院は,同法中における知事にたいしてシェンゲン協定加盟国からの亡命者の庇護を拒絶する権限を認めた規定をはじめ,八カ条を1946年憲法前文に違反するものであるとの判断を示した[24]。パスクワ内相はこの判決を不服とし,憲法改正の必要性を訴えた。また,バラデュール首相の諮問を受けたコンセイユ・デタも憲法改正の必要性を示し,最終的に11月19日,憲法改正案は両院合同会議の議決によって承認された (Loi constitutionnelle n° 93-1256 du 25 novembre 1993)。その結果,フランスは「自由のための活動を理由として迫害され,あるいは,その他の理由によりフランスの庇護を求めるすべての外国人にたいして,庇護を与える権限を常に有する」こととなった (53-1条)。

⑨ 1995年,大統領に選出されたシラクは,国民投票の対象事項の拡大をめざす11条の改正及び,議会の通年会期制導入をめざす28条の改正を早急に実現すべきことを明らかにした。改正案は7月に両院合同会議において採択され,国民投票の対象事項の拡大 (11条),議会の通年会期制の導入 (28条) に加え,議員の不逮捕特権に関する規定の改正 (26条),共同体に関する規定の削除 (とりわけ第13章) 及び経過規定の改正 (第17章) という五項目の憲法改正が行われた (Loi constitutionnelle n° 95-880 du 4 août 1995)。

⑩ 1995年11月15日,ジュペ首相は国民議会において社会保障財政に関する議会の権限を拡大する内容を含む社会保障制度改革を提言した。この提言を承け,1996年に憲法が改正され,とりわけ経済的,社会的に重要な選択につい

ては議会が責任を負うべきことがめざされた。実際，47-1条を新設することによって社会保障財政法律と呼ばれる新たなカテゴリーの法律が創設され，あわせて34条及び39条にも修正が加えられた (Loi constitutionnelle n° 96-138 du 22 février 1996)。

⑪ 1998年には，ニューカレドニアの自治と特別の地位の承認に関する憲法改正が行われた。この改正の契機となったのは，同年5月5日のいわゆるヌメア協定である。同協定には，締結後20年の間にニューカレドニアの自治権を拡大するという内容が盛り込まれており，この内容を実行するために，「ニューカレドニアに関する経過規定」として第13章が復活し，ヌメア協定に関する住民投票 (76条) 及組織法律の実施規定 (77条) が設けられた (Loi constitutionnelle n° 98-90 du 20 juillet 1998)。

⑫ 1999年には，三回の憲法改正が行われた。第一に，アムステルダム条約を批准するための憲法改正である。1997年12月31日，同条約の批准のために共和国大統領及び首相の諮問を受けた憲法院は，条約中の第3編Aの規定のうち，欧州連合理事会における意思決定が全会一致制から特別多数決制へと変更されること，及び人の自由な移動に関する定めが「国民主権の行使の本質的要件 les conditions essentielles d'exercice de la souveraineté nationale」を侵害するとして，違憲であると判断した[25]。この判決を承け，88-2条及び88-4条が改正された (Loi constitutionnelle n° 99-49 du 25 janvier 1999)。

⑬ 第二に，国際刑事裁判所の裁判権承認のための憲法改正である。1998年7月18日，ローマで採択された国際刑事裁判所規程に関する条約の批准につき，共和国大統領及び首相の諮問を受けた憲法院は，同条約の27条と憲法26条1項，68条及び68-1条との関係につき，やはり「国民主権の行使の本質的要件」を侵すものであるとして，条約の違憲性を指摘した (1996年2月29日，コンセイユ・デタはすでに同条約の草案につき，その合憲性に疑義を呈していた)[26]。この判決を承け，53-2条を新設する憲法改正が実施された (Loi constitutionnelle n° 99-568 du 8 juillet 1999)。

⑭ 第三に，公選にかかる議員及び公職につき，男女の平等なアクセスを実現

するためにパリテ parité を導入することを内容とする憲法改正である。この改正に先立ち，すでに 1995 年 10 月 18 日には「男女のパリテに関する委員会 Observatoire de la parité entre les femmes et les hommes」が報告書のなかでパリテ導入のための憲法改正を要求しており，また，1997 年 3 月 11 日にはジュペ首相が国民議会において，憲法を改正して暫定的にでも選挙において女性候補者を優遇する法律を制定することを示唆していた。また，同年 6 月 19 日にはリオネル・ジョスパン首相が一般政策表明のなかで，パリテの「原則」を憲法に導入する旨，明らかにしていた。パリテの導入については，主権原理や平等原則，あるいは立候補の自由などとの関係で反対論も根強かったが，最終的には 3 条及び 4 条の改正という形で決着した (Loi constitutionnelle nº 99-569 du 8 juillet 1999)。

⑮ 2000 年には，共和国大統領の任期を 7 年から 5 年へと短縮するための憲法改正が行われた。いうまでもなく，コアビタシオンの解消に主眼がおかれた改正である。1973 年にも同様の憲法改正が試みられたものの，これは失敗に終わっている。この改正に際しては，89 条 2 項が規定する国民投票の手続が用いられ，結果，投票率は 30.19% と非常に低かったものの，有効投票の 73.21% の賛成によって 6 条の改正が実現した (Loi constitutionnelle nº 2000-964 du 2 octobre 2000)。ちなみに，1962 年の改正を除き，これまでの憲法改正はすべて両院合同会議の議決によるものであった。

⑯ 2003 年には，二度の憲法改正が行われた。第一の改正は，欧州逮捕状 mandat d'arrêt européen に関する規定の創設である。先に述べた国際刑事裁判所の設置にともない，ヨーロッパ共通の逮捕状をフランス国内で適用するため，88-2 条に新たに 3 項が追加された (Loi constitutionnelle nº 2003-267 du 25 mars 2003)。

⑰ 2003 年の第二の改正は，地方分権改革に関する改正である。ナポレオン I 世以来，典型的な中央集権国家として語られたフランスは，1982 年に始まるミッテラン大統領による改革によって分権化が推進された。ミッテランによる地方分権改革により，知事 préfet 制度や，（国の官吏としての）知事による後見

監督制度の廃止，新たな地方公共団体としての「州région」の創設など，従来の中央集権主義に大きな変革がもたらされた。

しかしながら，分権改革の行き詰まりやヨーロッパ統合の影響，さらには地域主義の高まりなどを背景に[27]，憲法を改正することによってさらなる分権化の推進をはかる必要が生じた。そのため，憲法1条にフランス共和国の「組織は分権化される」との文言が加わったことに象徴される，分権化にともなう憲法の修正が多数実施された（Loi constitutionnelle nº 2003-276 du 28 mars 2003）[28]。なお，この改正においては，地方分権と「一にして不可分の共和国」という原則との関係，分権と公的自由の享受の問題など，理論的な分析，検討を要する課題も浮き彫りになった。

⑱ 2005年3月1日には，2004年10月29日にローマで締結された欧州憲法条約の批准にそなえた第15章の改正が行われた（Loi constitutionnelle nº 2005-204 du 1er mars 2005）。しかしながら，2005年5月29日に行われた欧州憲法条約の批准のための国民投票においてその批准が否決されたために新第15章は施行されず，2008年2月4日，それ自体が改正された。

⑲ 2005年3月1日は，さらにもう一つの憲法改正が行われた。憲法典に環境憲章 Charte de l'environment を盛り込むべく行われた，前文の一部と34条の改正である（Loi constitutionnelle nº 2005-205 du 1er mars 2005）。この改正以降，環境憲章は憲法ブロック bloc de constitutionnalité の一部を構成することとなり，憲法院も予防原則 principe de précaution を定めた環境憲章5条について，「環境憲章が規定する権限及び義務の総体として，憲法的価値を有する」との判断を示している[29]。

⑳ 2007年には，同日に三点の改正が実施されている。第一点目は，77条に関する改正である。この改正により，同条1項2号の「議決機関 l'assemblée délibérante」が「ニューカレドニアの」議決機関であることが明確にされた。また，ニューカレドニアの議決機関の議員を選出する選挙人資格につき，最低10年の居住要件の定めが憲法3条との関係で合憲性を疑われていたが，77条に3項を新設することにより，その疑義が解消された（Loi constitutionnelle nº

2007-237 du 23 février 2007)。

㉑ 第二点目は、第9章に関する改正である（Loi constitutionnelle n° 2007-238 du 23 février 2007）。この改正により、高等法院の名称がHaute cour de justiceからHaute courへと変更になった。共和国大統領は、在任中の行為について刑事責任、政治責任のいずれも問われることはないこととなった（67条）。また、旧68条は、共和国大統領による大反逆罪の場合に高等法院において責任を追求される旨、規定していたが、新たに「明らかに職責と両立しえない職務上の義務違反 manquement à ses devoirs manifestement incompatible avec l'exercice de son mandat」の場合を除き、罷免されないことが規定された（68条）。大統領の罷免は、両院が合同で開催する高等法院において宣せられる。ただし、大統領における上記「義務違反」の範囲については、その射程は明確ではない[30]。

㉒ 第三点目は、66-1条の追加であり、死刑の廃止が憲法典に盛り込まれることとなった（Loi constitutionnelle n° 2007-239 du 23 février 2007）。フランスにおける死刑の廃止は、国内的な事情のみならず国際環境への適合という側面も看取できる。この改正により、憲法改正によって欧州人権条約の第13議定書及び死刑廃止を目指す市民的及び政治的権利に関する国際協約の批准が可能となった。とりわけ後者については、憲法院が憲法改正を経ずして批准することはできない旨、判示していた[31]。

㉓ 2008年には二回の憲法改正が行われた。一回目の改正は、リスボン条約を批准し、発効させるための第15章の改正である（Loi constitutionnelle n° 2008-103 du 4 février 2008）。この改正により、まず、新設された88-1条において、フランスはリスボン条約の定める条件の下で欧州連合に参加できることが一般的に確認された。次に、リスボン条約の発効以降、憲法第15章がおおむね以下のように改正されることが明らかにされた（2008年2月4日の憲法的法律2条）。i) 第15章のタイトルの「欧州連合」への変更、ii) リスボン条約に従った加盟国の権限の共同行使（新88-1条）及び欧州逮捕状に関する法律の制定（新88-2条）、iii) 88-4条の文言の変更[32]、iv) 88-5条から「欧州共同体」の文言を削除、v) 補完性の原則に関する提訴について定めた88-6条及び欧州連

合の行為採択規則の修正にたいする反対を定めた88-7条の新設。

㉔ 2008年二回目の改正は，第五共和制の諸制度を現代化するための憲法改正である（Loi constitutionnelle n° 2008-724 du 23 juille 2008）。この改正により，35の条文が改められ，三つの条文が全面的に書き直され，九つの条文が追加された。およそ憲法の半分に及ぶ大幅な改正である。

ここで，今次の改正の経緯について概観しておく。この改正においては，サルコジ大統領の強力なリーダーシップが注目される。憲法改正は大統領選挙におけるサルコジの公約の一つでもあり，2007年5月に大統領に選出されると直ちに彼は憲法改正に着手したのである[33]。

まず，同年7月18日，サルコジ大統領はデクレ（Décret n° 2007-1108 du 18 juillet 2007）によって，バラデュール元首相を委員長とする「第五共和制の諸制度の現代化と再均衡化について検討，提案を行う委員会 Comité de réflexion et de proposition sur la modernisation et le rééquilibrage des institutions de la Ve République」，いわゆるバラデュール委員会を設置し，制度改革を諮問した。10月29日，同委員会は「より民主的な第五共和制 Une Ve République plus démocratique」と題する報告書を提出した[34]。11月12日には，サルコジ大統領はフィヨン首相にたいして憲法改正のための法案準備を指示した。2008年3月20日，憲法改正草案はコンセイユ・デタに送られ，4月23日には最終的な閣議決定にいたった。閣議決定された憲法改正のための法律案は，上下両院における2回の読会ののち両院合同会議に提出され，7月21日に賛成539票，反対357票，棄権9票で可決された。

今回の憲法改正は，上記バラデュール委員会報告書の内容を反映して，議会の役割の強化，執行権行使の改革，及び市民の新しい権利の保障の三点に主眼がおかれた[35]。これら三点についてその内容を整理すると，およそ次のようになる[36],[37]。

議会の役割の強化については，法律の制定，政府行為の統制及び公共政策の評価を議会の権限であると明記したこと（24条），本会議における審議対象を，原則として委員会で採択された法律案としたこと（42条1項），委員会における

審議時間の確保（42条3項），議事日程の決定権を各議院が有するとしたこと（48条1項），さらには1カ月のうち1日は野党が議事日程を決定できるとしたこと（同条5項）などが目を惹く[38]。

執行権行使の改革については，共和国大統領の任期が連続して2期までと制限されたこと（6条），大統領による一定の公務員の任用につき，両院の常任委員会の審議を経なければならないとしたこと（13条5項），大統領が両院合同会議において声明を発することができ，これについては大統領の不在の場合でも，討論に付すことができるとしたこと（18条2項）などが目新しいところである。

市民の新しい権利の保障については，憲法が保障する権利や自由を法律が侵害していると考えられる場合に，コンセイユ・デタまたは破棄院からの移送により，当該問題を憲法院に付託することができるようになったこと（61-1条1項），公権力の行使によって権利及び自由が侵害されたとする市民を救済するための権利擁護官 Défenseur des droits が創設されたこと（71-1条）が重要である。

(2) 失敗に終わった憲法改正の試み

もとより，フランスにおける憲法改正の試みがすべて成功裏に終わったわけではない。すでにみたように，1969年，ドゴールが憲法11条に基づいてめざした地方行政組織及び元老院の地位に関する憲法改正の試みは，国民投票の結果失敗に終わっている。もっとも，かかる改正の実態はドゴール自身にたいする信任投票の意味合いが含まれており，それゆえ憲法改正そのものは単なる「言い訳 prétexte」であったとの理解も可能であるかもしれない[39]。

1) フランスにおける憲法改正は，憲法典 Constitution を修正したり，これに附加されたりする憲法的価値を有する規範である憲法的法律 loi constitutionnelle の制定により行われる。滝沢正『フランス法　第4版』三省堂2010年265-266頁。
2) 本章は，佐藤修一郎「フランス第五共和制における憲法改正に関する一考察」『和光経済』42巻1号2009年21-33頁，に必要な加除修正を施したものである。
3) 憲法改正の発議については，国民議会と元老院とは完全に対等であり，国民議会議

員，元老院議員ともに発議権を有する。このことは同時に何れかの院の優越が否定されていることを意味するものであり，一方の院が他方の院の改正案を否決すれば，憲法改正はその時点で頓挫することとなる。なお，憲法改正案についての議決につき，そもそも憲法は特別の定めをおいていないため，議決は，単純多数で十分であると解される。Philippe ARDANT et Bertrand MATHIEU, *Institutions politiques et droit constitutionnel*, 20ᵉ éd., LGDJ, p. 81; Louis FAVOREU et al., *Droit constitutionnel*, 11ᵉ éd., Dalloz, 2008, p. 759. また，第四共和制においては，憲法改正が国民議会 l'Assemblée nationale の決議 résolution によって決定されたこととは対照的である（第四共和制憲法 90 条）と同時に，政府による憲法改正の発議を認めたことは，執行権の強化を目論んだ第五共和制の制度設計に呼応するものといえよう。Bernard BRANCHET, *La révision de la Constitution sous la Vᵉ République*, LGDJ, 1994, p. 18.

4) Philippe ARDANT, *op. cit.*, pp. 81-82.
5) Bernard BRANCHET, *op. cit.*, pp. 29-30. なお，両院合同会議においてはいかなる議論も行われず，"projet" の修正も不可能である。Philippe ARDANT, *op. cit.*, p. 82.
6) この間の詳細な経緯については，*Les révisions de la Constitution de 1958*, Documents d'études, n°. 1.20, La documentation française, 2000, pp. 5-6 などを参照。
7) Décision n° 62-20 DC du 6 novembre 1962.
8) この点につき，さしあたり，大山礼子『フランスの政治制度』東信堂 2006 年 40-42 頁。
9) Cf., Shuichiro SATO « Le rôle du Parlement dans la Procédure de la Révision de la Constitution sous la Vᵉ République »,『比較法雑誌』30 巻 3 号 1996 年 8 頁以下。
10) *Les révisions de la Constitution de 1958, ibid.*
11) Thierry S. RENOUX et Michel de VILLIERS, *Code Constitutionnel commenté et annoté*, 2ᵉ éd., Litec, 2000, p. 311.
12) フランスにおける憲法改正の限界については，第三共和制の経験が重要である。1884 年 8 月 14 日法律は，2 条において「共和政体は憲法改正の対象たりえない」旨，規定していたが，第三共和制においては議会の権限が非常に強大であり，事実上憲法改正の限界として機能することはなかった。なお，この時期にデュギー，オーリュウ等は 1978 年人権宣言の超憲法規範性を主張したものの，違憲審査制の不存在，憲法改正の経験の少なさ，今日でいう共同体法の概念の欠如などを考慮すれば，超憲法規範の概念を承認することには困難がともなったであろう。樋口陽一『比較憲法（第 3 版）』青林書院 1992 年 155 頁 294-306 頁。
13) Louis FAVOREU, *op. cit.*, p. 760.
14) Décision n° 92-312 DC du 2 septembre 1992.
15) Louis FAVOREU, *ibid.*
16) Thierry S. RENOUX, *op. cit.*, pp. 677-678.

17) 憲法85条に基づく改正はきわめて特殊かつ例外的な手続であり，その対象もフランス共同体について規定した旧第13章のみである。1995年の改正により，削除されている。
18) Jacques ROBERT, « Une novation constitutionnelle? », *RDP* n° spécial: La VIe République?, 1/2, 2002, p. 16.
19) Décision n° 71-44 DC du 16 juillet 1971.
20) Louis FAVOREU et Loïc PHILIP, *les grandes decisions du Conseil constitutionnel*, 7e éd., pp. 226-227. Cf., Décision Observations CC présidentielle 1974 du 24 mai 1974.
21) Décision n° 92-308 DC du 9 avril 1992.
22) これらの点につき，さしあたり，辻村みよ子「欧州統合と憲法改正」中村睦男・高橋和之・辻村みよ子編『欧州統合とフランス憲法の変容』有斐閣2003年を参照。
23) Comité consultatif pour la révision de la Constitution, *Propositions pour une révision de la Constitution 15 février 1993*, La documentation française, 1993, pp. 9-15.
24) Décision n° 93-325 DC du 13 août 1993.
25) Décision n° 97-394 DC du 31 décembre 1997.
26) Décision n° 98-408 DC du 22 janvier 1999.
27) 大山礼子　前掲書160-162頁などを参照。
28) 今次の改正で修正を受けた条文のうち，地方分権に関する条文は，1条，34条，37-1条（新設），39条2項，72～74条である。
29) Décision n° 2008-564 DC du 19 juin 2008.
30) Simon-Louis FORMERY, *La Constitution Commentée*, 12e éd., Hachette, 2008, pp. 138-139.
31) Décision n° 2005-524/525 DC du 13 octobre 2005.
32) « les projets ou propositions d'actes des Communautés européennes et de l'Union européenne comportant des dispositions de nature législative » から « les projets d'actes législatifs européens ainsi que les autres projets ou propositions d'actes de l'Union européenne comportant des dispositions qui sont du domaine de la loi » への変更。
33) 2007年5月6日，サルコジ大統領はロレーヌ地方の小都市エピナルにおける演説において，憲法改正に着手することを表明した。この地において演説を行ったことは，1946年にドゴールが第四共和制憲法を批判する演説を行ったことに鑑みても象徴的である。Bastien FRANÇOIS, *La Constitution Sarkozy*, Odile Jacob, 2009, p. 10. 曽我部真裕「フランスの2008年憲法改正の経緯」『法学教室』338号2008年4頁。
34) 報告書は，第1章「よりよく統制された執行権」，第2章「強化された議会」，第3章「市民のための新しい諸権利」からなるものであった。

35) Phillippe FOILLARD, *Droit constitutionnel et institutions politiques*, 14ᵉ éd., Paradigme, 2008, p. 191.
36) 2008年7月の憲法改正の内容を紹介するものとして，藤野美都子「海外法律情報フランス　フランス民主主義の勝利？　2008年7月23日憲法的法律」『ジュリスト』1365号2008年102頁，南野森「フランス—2008年7月23日の憲法改正について」辻村みよ子・長谷部恭男編『憲法理論の再創造』日本評論社2011年241-259頁，三輪和宏「フランスの統治機構改革—2008年7月23日の共和国憲法改正—」『レファレンス』2009年5月号59-80頁，曽我部真祐「(立法紹介) 2008年7月の憲法改正」『日仏法学』25号2009年181-198頁，辻村みよ子『フランス憲法と現代立憲主義の挑戦』有信堂2010年15頁以下などを参照。
37) 今次の改正については，その内容において，ミッテラン政権下で出された「憲法改正のための諮問委員会 Comité consultatif pour la révision de la Constitution」の報告との類似が指摘できよう。
38) とりわけ，野党による議事日程の決定については，「法律は，意見の多元的な表明並びに政党及び政治団体の国家の民主的活動 la vie démocratique de la Nation への参加を保障する」と定めた4条3項とも相俟って，今回の憲法改正が少数者の意思表明，権利保障に配慮したものであることをうかがわせる。
39) Shuichiro SATO, supra note 9, pp. 23-24.

第12章

国民投票

横 尾 日 出 雄

1. 概　　説

(1)　国民投票と直接民主主義

　国民代表制の統治構造の下で，主権者たる国民の意思は，なによりも国民代表機関としての議会や大統領を直接選出する選挙によって，国政の場に反映される。しかしながら，今日の多様な価値観のあふれる社会においては，議会や大統領の選挙を通じての民意だけではなく，複数の回路を媒介して，多様な民意の反映を保障することも必要である。今日では間接民主制としての代表民主制が一般的な統治形態となっているなかで，直接民主制的な手法による民意の表明が，いわば代表民主制における隙間を補完するものとして機能することが期待されることになる。

　一般に，人民投票 referendum は，人民発案 initiative 並びに人民拒否 recall とともに，直接民主主義的な手段として位置づけられる。この「人民投票」のうち，ここでは，国家的レベルのものを「国民投票」，地方的・地域的レベルのものを「住民投票」と呼ぶことにする。したがって，国民投票は，国民発案・国民拒否とともに，国民が国家の意思形成に直接参加できる直接民主主義的な手法であり，しかも，国家の重要な決定に国民が直接意思表明を行う方法として利用できる手段となる。

このような国民投票には，① 法的効力，② 開始手続，③ 対象，④ 発案者について，次のように類型化することができる[1]。まず，①「法的効力」に関して，「決定型」と「諮問型」に分類することができる。前者は，国民が法案等を最終的に決定するものであるのに対して，後者は，国家機関による決定の前に諮問的に実施され，この機関による決定を拘束しないものである。つぎに，②「開始手続」に関して，「必要型」と「任意型」に分類することができる。前者は，法的に実施が義務づけられ，当然に実施されなければならないものであるのに対して，後者は，発案者の意思によって任意に実施されるものである。そして，③「対象」に関して，憲法の制定や改正という憲法事項に関する「制憲型」，法律の制定・改廃といった法律事項に関する「立法型」，一定の政策の是非などに関する「政策決定型」，少数民族の自治的決定に関する「民族自決型」，等に分類することが可能である。さらに，④「発案者」に関して，「大統領」（もしくは「国家元首」），「政府」，「議会」（もしくは一定数の「議員」），一定数の「有権者」，等に分類することができる。以上の各類型の組合せに応じて，具体的な国民投票のあり方が想定されることになる。

　かくして，国民投票の制度は，国民自らの投票により賛否を決するものとして，理念的には国民が国家意思の形成に直接参加する直接民主主義的な手段であり，多くの国では，憲法の制定・改正の承認や国家の重要問題の選択などについて利用されてきた経験がある。わが国においては，憲政史上未だ一度も国民投票が実施されたことがないものの[2]，フランスでは，憲法史上23回の国民投票が実施されており[3]，議会制が定着した第三共和制期には，国民投票制度は代表制とは両立しえないとされていたのに対して[4]，1958年に制定された第五共和制憲法は，従来の伝統を根本的に覆して，憲法改正の国民投票のみならず，立法に関する国民投票も導入して，国民投票制度を積極的に採用している。

(2) 第五共和制憲法と人民投票

　第五共和制憲法においては[5]，「国家の主権は人民に属し，人民は，代表者を通じて，および人民投票の方法によって，主権を行使する」（3条1項）ことが

定められている。したがって，人民投票という直接民主主義的手段による主権の行使が，議会等の代表者を通じての代表民主制もしくは間接民主制に基づく主権の行使と同列に置かれていることになる。

このような主権の行使の具体的方法としての人民投票について，国家的レベルの「国民投票」と地方的・地域的レベルの「住民投票」に関する規定として，以下のような定めがある。

まず，国家的レベルの「国民投票」については，① 憲法改正に関する国民投票（89条2項），② 立法に関する国民投票（11条），③ 欧州連合・欧州共同体への加盟に関する国民投票（88-5条1項）の規定がある。このうち，② の規定は，1995年8月4日憲法改正と2008年7月23日憲法改正において，二度の改正を経ており，また，③の規定は，2005年3月1日憲法改正により新設され，2008年7月23日憲法改正によって改正が施されている。

地方的・地域的レベルの「住民投票」については，① 領土の割譲・交換・併合に関する住民投票（53条3項），② 地方公共団体に関する住民投票（72-1条2項），③ 特別の地方公共団体の創設・変更に関する住民投票（72-1条3項），④ 特定の海外公共団体の制度の変更に関する住民投票（72-4条1項），⑤ 海外公共団体の組織・権限・法制度に関する住民投票（72-4条2項），⑥ ヌメア協定に関する住民投票（76条），の規定がある。このうち，②・③・④・⑤ の規定は，2003年3月28日憲法改正により新設されたものであり，また，⑥ の規定は，1998年7月20日憲法改正により新設されたものである。なお，当初は，フランス共同体構成国の地位の変更に関する住民投票の規定（旧86条1項）が存在したが，1995年8月4日憲法改正によって，他の共同体に関する諸規定とともに削除されている。

2. 第五共和制憲法における国民投票とその手続

(1) 統治構造の特色

第五共和制憲法は，この憲法に多大な影響を与えたドゴールの権威主義的な

憲法思想を反映して，大統領が強力な権限を有する「強い行政府」の統治構造をもつものとして特徴づけられていた。フランスの政治的伝統においては，「強い政府」に対する特別な警戒心が存在し，「行政権に対する議会の優位」という思想が定着していたが，第五共和制憲法は，この点で，「議会中心主義からの転換」，「議会に対する行政権の優位」への転換を示していた。

この「強い行政府」の中心になっているのが大統領であり，「憲法の尊重を監視」し，「公権力の適正な運営と国家の継続性を確保」（5条）する役割を担い，首相任命権（8条1項），国民投票付託権（11条），国民議会解散権（12条），非常事態措置権（16条）の権限を有し，これらは大臣の副署を必要としない大統領の権限として認められている（19条）。さらに，1962年11月6日憲法改正によって，大統領は国民からの直接普通選挙で選出されることとなって（6条），国民議会と同様に民主主義的な正当性を援用できることとなり，大統領の政治的地位を高めることとなった。それに対して，第三共和制並びに第四共和制の下で，いわば全能の権限を保持していた議会は，「議会主義の合理化」の思想のもとに[6]，その本質的な権限である立法権を制約され（34条・37条），さらに政府の責任を追及する可能性も制限されたのである（49条・50条）。

このような統治構造において，大統領の国民投票付託権は，自らの裁量的な判断に基づいて行使できるもので，議会や他の諸機関を排除して，大統領が国民との直接の結び付きを確保し，その権威と地位をより強化する手段となりえたのである。

しかしながら，2008年7月23日憲法改正によって，第五共和制憲法の大統領中心の統治構造は，一つの転換を迎えることとなる。大統領権限の強化と議会権限の制約を特徴としていた憲法構造は，この改正によって，公権力の諸組織の間の均衡を回復するために，議会権限の強化と執行権の統制を目指した転換が図られようとしている。そして，11条の国民投票についても改正が施され，まず，その対象となる法律案に環境政策にかかわるものが追加され，また，有権者の支持を得た一定数の議員の発案に基づくものも議員提出法律案として国民投票に付託できることが定められた。かくして，1995年8月4日憲法改正に

よって，その対象範囲が拡げられていた国民投票の範囲がさらに拡大され，新たに，有権者の支持を得た議員の発案に基づく国民投票が認められることになったのである。

(2) 第89条の国民投票とその手続

89条は，そもそも憲法改正の手続を定めるものであり，次のような手順で改正が行われることになっている。まず，改正案は，首相の提案に基づく大統領か，議会両院（国民議会と元老院）の議員が発議し（1項），つぎに，議会において一定の期間で審議され両議院により同一の文言で可決された後，さらに，国民投票によって承認されると，改正が成立する（2項）。ただし，改正案が大統領発議の政府提出のものである場合（議員提出の改正案は対象外となる），大統領がこの改正案を両院合同会議に付議することを決定したときには，国民投票には付託されず，この両院合同会議で有効投票の5分の3以上で可決されたときに，改正案は承認されることとなる（3項）。

したがって，政府提出の憲法改正案については，国民投票による承認と両院合同会議による承認との二つの方法が定められていることになるが，どちらを選択するか適用事項が明示されているわけではなく，大統領の裁量に委ねられている。実際に，第五共和制憲法下で行われた24回の憲法改正のうち，22回の改正がこの89条の手続に従って実施されたが，大統領任期の短縮を内容とする15回目の改正（2000年10月2日憲法改正）のみが，国民投票による方法（2000年9月24日国民投票）で承認されたもので，それ以外の21回の改正はすべて両院合同会議による方法で承認されたものである。

このように，89条2項の規定する国民投票は，大統領が発案するものであり，憲法改正を対象とする「制憲型」で，国民投票による承認によって改正が確定する「決定型」であり，最終的な承認について国民投票と両院合同会議の二つの方法から大統領が裁量的に選択できることから「任意型」と，類型化することができる。

(3) 11条の国民投票とその手続

　11条は，一定の法律案を国民投票に付託する大統領の権限について定めるものであり，いわば国民投票による法律の採択手続に関する規定である。大統領の発案による国民投票の組織の場合（1項）に加えて，2008年7月23日憲法改正により，新たに，有権者の支持を得た議員の発案による国民投票の組織の場合（3項）が追加されている[7]。

　まず，大統領の発案による国民投票は，以下のような手続にしたがって行われる。会期中の政府の提案もしくは両議院の共同による議会の提案に基づいて，大統領が政府提出の法律案（ここでは議員提出の法律案は対象外となる）を国民投票に付託する決定を行い（1項），国民投票によりこの法律案の採択が確定したときは，国民投票の結果が公表された後15日以内に，大統領がこの法律に審署することとなる（7項）。ただし，政府の提案に基づいて国民投票が組織される場合には，政府は各議院においてその意思を表明し，それに続いて討議が行われることになる（2項）[8]。

　つぎに，有権者の支持を得た議員の発案による国民投票は，以下のような手続に従って行われる。10分の1以上の有権者の支持に基づいて，5分の1以上の議員が議員提出法律案の形式で国民投票を発議し（3項），国民投票に付託されるが，この法律案が組織法律の定める期間内に両議院で審議されなかった場合には，大統領がこれを国民投票に付託する（5項）。国民投票の発案の要件や憲法院による審査の要件は組織法律で定められる（4項）。国民投票によりこの法律案の採択が確定したときは，国民投票の結果が公表された後15日以内に，大統領がこの法律に審署する（7項）が，採択されなかった場合には，同一の問題に関する国民投票の発案は，投票日から2年経なければ提起することはできないとされる（6項）。

　この11条の国民投票の対象となるのは，「法律案」であり（1項の場合は「政府提出法律案」，3項の場合は「議員提出法律案」である），しかも，①「公権力の組織に関する法律案」，②「国の経済・社会・環境政策及びそれにかかわる

公役務をめぐる諸改革に関する法律案」，③「憲法には反しないが諸制度の運営に影響を及ぼしうる条約の批准の承認を目的とする法律案」に限られている（1項・3項）。

　以上のように，11条の国民投票の手続は[9]，議会による立法手続とは別に，国民による法律「採択」の直接的な手続を定めたものであり，しかも議会が一度採択した法律に対する「承認」手続とも異なる。本条に基づいて，8回の国民投票が実施されているが，このうち1962年10月28日国民投票と1969年4月27日国民投票は，憲法改正を含む内容の「公権力の組織に関する法律案」として付託されたことから，憲法論議を引き起こし[10]，さらに，後者の国民投票は「否決」された結果となり，これにともなって，投票結果に進退をかけていた大統領が辞任するという事態が生じた[11]。

　このように，11条の規定する国民投票は，大統領が発案する場合（1項の国民投票の場合）と有権者の支持を得た議員が発案する場合（3項の国民投票の場合）とがあるが，法律案を対象とする「立法型」で，国民投票によって法律案の採択が確定する「決定型」であり，政府もしくは両議院の任意の提案に対して大統領が任意に決定するか，有権者及び議員の任意の発議によって組織されることから「任意型」と，類型化することができる。

(4)　88-5条の国民投票とその手続

　88-5条は，欧州連合及び欧州共同体への国家の加盟に関する条約の批准を承認する法律案はすべて大統領により国民投票に付託されることを定めるものである（1項）。この規定は，第15章「欧州連合」に関する条項であり，新たな国家の加盟について国民投票による承認を求めるもので，トルコ共和国の加盟が想定されたものと考えられている。

　この規定は，2005年3月1日憲法改正によって新設されたものであるが，このときの改正は，もともと欧州憲法制定条約に関するもので，2005年3月1日憲法的法律第2005-204号によって，憲法改正は成立したものの，その後の憲法11条に基づく2005年5月29日国民投票により，欧州憲法制定条約の批准案が

否決されたため,批准されることを前提とした憲法改正箇所(新たに第15章を全面改正した部分)は,凍結状態になっていた。そして,2008年7月23日憲法改正によって,88-5条については1項として整備され,新たに両院合同会議による採択の方式も2項に追加されることとなった。

この88-5条の国民投票の手続では,欧州連合及び欧州共同体への国家の加盟に関する条約の批准を承認する法律案については,すべて大統領によって国民投票に付託されることになるが(1項),各議院の5分の3の多数で動議を可決することにより,89条3項の手続すなわち両院合同会議による手続に従って,議会がこの法律案の採択を承認することができるものとされている(2項)。憲法改正の場合と同様に,国民投票に代えて両院合同会議の方法による採択が認められたことになる。

このように,88-5条の規定する国民投票は,大統領が発案するものであり,法律案を対象とする「立法型」で,国民投票による採択によって法律が成立する「決定型」であるが,法律案の採択について両院合同会議の方法を採用することを議会が決定した場合には,国民投票が実施されないないことになるので,「任意型」と類型化することができる。

(5) 第五共和制憲法における国民投票

以上のように,第五共和制憲法には,国民投票に関する規定として,憲法改正国民投票に関する89条と立法国民投票に関する11条並びに88-5条があるが,89条の国民投票と11条の大統領発案の国民投票については,国民投票実施の決定において大統領の裁量的権限が広いことがわかる。

3. フランスにおける国民投票の展開

(1) 第五共和制成立以前の国民投票

フランスにおいては,憲法史上23回の国民投票が実施されている。現行の第五共和制憲法も,1958年9月28日国民投票で承認されたことにより成立した

ものであり、このときの国民投票は、フランスでは14回目のものであった。これ以前に13回の国民投票が実施され、以下のように、三つの時期に集中して行われている[12]。

　第一期として、第一共和制から第一帝政の時期に7回の国民投票が行われた。このうち最初の3回は、第一共和制期のあいつぐ憲法の承認に関するもので、① 1793年8月4日国民投票（1793年6月24日憲法の承認）、② 1795年9月6日国民投票（共和暦3年実月5日憲法の承認）、③ 1799年8月30日国民投票（共和暦8年憲法の承認）が実施された。後の4回はナポレオンの統治体制の承認に関するもので、④ 1800年8月2日国民投票（ナポレオンの第一統領の承認）、⑤ 1802年5月の国民投票（ナポレオンの終身統領制の承認）、⑥ 1804年5月の国民投票（ナポレオンの世襲帝制の承認）、⑦ 1815年4月の国民投票（帝国憲法付加法の承認）が実施された。

　第二期として、第二帝政期に3回の国民投票が行われた。いずれもナポレオン三世の統治体制の承認に関するもので、⑧ 1851年12月14-21日国民投票（ルイ・ナポレオンへの憲法制定権委任の承認）、⑨ 1852年11月21・22日国民投票（ルイ・ナポレオンへの皇帝権力授与の承認）、⑩ 1870年5月8日国民投票（議会帝制の承認）が実施された。

　第三期として、第四共和制成立期に3回の国民投票が行われた。いずれも第四共和制憲法の制定・承認に関するもので、⑪ 1945年10月21日国民投票（制憲議会の地位・権限の承認）、⑫ 1946年5月5日国民投票（第一次制憲議会の憲法案の承認〔不承認の結果〕）、⑬ 1946年10月13日国民投票（第四共和制憲法の承認）が実施された。

　このように、第五共和制成立以前の国民投票では、第一帝政期・第二帝政期と第四共和制成立期に集中しており、前者においては両ナポレオンの権威主義体制を、後者では当時最も影響力の強かったドゴールの権威主義的思想を一定程度反映したものとなっている。共和主義・議会政治が確立した第三共和制期には、国民投票のプレビシット的性格が警戒され、国民投票は一切行われていない。

(2)　第五共和制下の国民投票

　第五共和制下の国民投票は，フランス憲法史上では，いわば第四期のものとして位置づけられる。これまでに10回実施されているが，最初のものは，⑭1958年9月28日国民投票（第五共和制憲法の承認）で，制憲国民投票であり，その後は，第五共和制憲法の規定に従って，9回行われている。

　この9回の国民投票は，いずれも憲法11条もしくは89条に基づいて実施された。これ以前の14回の国民投票は，すべて新憲法の承認もしくは新体制の承認に関するものであったのに対して，これらの国民投票は，憲法に規定された手続に従って行われたもので，立法もしくは憲法改正に関する国民投票である。それゆえ，国民に提起された設問事項も，より具体的な問題に関連するものとなっている。

　すなわち，Ⅰ⑮1961年1月8日国民投票（アルジェリアにおける民族自決の承認），Ⅱ⑯1962年4月8日国民投票（アルジェリアの独立を認めるエヴィアン協定の承認），Ⅲ⑰1962年10月28日国民投票（直接普通選挙による大統領選挙の確立の承認），Ⅳ⑱1969年4月27日国民投票（地域圏の創設と元老院の改革の承認，否決の結果），Ⅴ⑲1972年4月23日国民投票（欧州共同体の拡大に関する条約の承認），Ⅵ⑳1988年11月6日国民投票（ニューカレドニアの自治の承認），Ⅶ㉑1992年9月20日国民投票（欧州連合条約の承認），Ⅷ㉒2000年9月24日国民投票（大統領任期の短縮に関する憲法改正の承認），Ⅸ㉓2005年5月29日国民投票（欧州憲法条約の承認，否決の結果）が実施された。

　これら9回の国民投票は，投票の設問事項の内容から，憲法改正に関するもの（Ⅲ，Ⅳ，Ⅷ），国際条約の批准に関するもの（Ⅴ，Ⅶ，Ⅸ），海外領土の民族自決に関するもの（Ⅰ，Ⅱ，Ⅵ）に分類することができる。しかし，89条に基づいて行われた2000年9月24日国民投票（Ⅷ）以外のものは，いずれも11条に基づいて，付託された法律案を国民自らが投票により採択するという手続で進められた（Ⅰ，Ⅱ，Ⅲ，Ⅳ，Ⅴ，Ⅵ，Ⅶ，Ⅸ）。これら9回の国民投票のうちで否決の結果となったものは，1969年4月27日国民投票（Ⅳ）と2005年5月

29 日国民投票（Ⅸ）の二例である。

4. 国民投票の問題点

(1) 第五共和制憲法下の国民投票の問題点

　以上のように，第五共和制憲法の下で国民投票が実施されてきたなかで，運用上あるいは制度上の問題をいくつか指摘することができる[13]。

　運用上の問題点としては，(A) 大統領に対する信任投票としての運用すなわち「プレビシット」的運用の問題，(B) 11条の「立法」国民投票の手続による憲法改正の問題，(C) 国民投票により制定される法律の法的性質の問題の三点があげられる。

　また，制度上の問題点としては，(イ) 国民投票付託権が大統領のみに認められていたこと，(ロ) 国民投票の実施決定やその対象等について憲法院の事前の合憲性審査が除かれていたこと，(ハ) 11条の国民投票に対する議会の関与が不十分であったこと，(ニ) 国民投票の対象が三つの領域に限定されていたことの四点があげられる。

(2) 国民投票の運用上の問題点

　国民投票の運用上の問題点として，第一に，大統領に対する信任投票としての運用すなわち「プレビシット」的運用の問題 (A) がある。これは，とくに初代ドゴール大統領のときに顕著であった問題で，1958年9月28日制憲国民投票（先述 ⑭）も含めて，ドゴール大統領の下で実施された4回の国民投票（先述Ⅰ，Ⅱ，Ⅲ，Ⅳ）で提起されたものである。すなわち，発案者である大統領が，国民投票に大統領職の信任をかけて「国民に提示される大統領の信任問題」として位置づけることで，法律案の採択に二重の意味（法律の採択と大統領の信任獲得）をもたせ，大統領と国民との間に直接的な信任関係を創設する手段として利用し，実際にもそのような政治的効果が生まれた。このような運用は，11条の規定からの逸脱は明白で，まさにナポレオン時代の「信任投票」の様相

を示し,「プレビシット」として批判された[14]。そして,ドゴール大統領以後に国民投票を実施したポンピドゥ大統領やミッテラン大統領さらにシラク大統領も,国民投票の結果に大統領職の信任をかけるような運用は行わなかったものの,それぞれ一定の政治的判断で実施したという側面がみられる。

　第二に,11条の「立法」国民投票の手続による憲法改正の問題 (B) がある。ドゴール大統領の下で,憲法改正を内容とするにもかかわらず,「憲法改正」手続を定めたとされる89条ではなく,「立法」手続を定めたとされる11条を利用した憲法改正が,1962年と1969年の二度にわたって試みられたことである。11条に基づく国民投票が実施され（先述Ⅲ,Ⅳ）,そのうち1962年10月28日国民投票の際には,賛成票が上回ったことで「憲法改正」が実現したが,1969年4月27日国民投票の際には,反対票が上回ったことで「憲法改正」が否定された。法学者の見解では,11条による憲法改正を否定するのが一般的な主張だったが,これを肯定するものもわずかながら存在した[15]。また,憲法院は,国民投票により採択された法律については審査する権限をもたないと判示（1962年11月6日憲法院判決）して[16],11条による憲法改正の合憲性の問題を取り扱わなかった。しかしながら,1962年の「憲法改正」は,以後承認されたものとして現実的に運用されている[17]。

　第三に,国民投票により制定される法律の法的性質の問題 (C) がある[18]。すなわち,国民投票により制定される法律に主権的・憲法的価値を認める主張がみられ,そうであるならば,これを改正するには他の国民投票の手段によらなければならないことになるからである。しかし,この法律の改正がそれぞれの規定の法的性質（組織法律・通常法律・命令,場合によっては憲法的法律）に応じた手続にしたがって行われることは,憲法起草過程における議論でも認められ,実務上もそのように解されていることから,通常の条件で制定される法文と同じ手続で改正できるわけである。憲法院も,国民投票により採択された法律を,議会が改正,廃止できることを認めている[19]。したがって,この法律を採択する国民は,「主権者」としてではなく,議会と同様の「立法機関」として理解されるべきこととなる。

(3) 国民投票の制度上の問題点

つぎに，国民投票の制度上の問題点としては，第一に，国民投票付託権が大統領のみに認められていた点（イ）である。第五共和制憲法の統治構造においては，議会の権限が縮小され，国民議会で大統領与党が多数派を形成している場合には，首相・政府は大統領の傘下に置かれ，憲法11条並びに89条により国民投票の付託権が大統領のみに認められていたことから，大統領の判断で，国民投票を実施することも，また取りやめることも可能となっていた。すなわち，大統領の裁量的判断にゆだねられる部分が多いので，大統領の優位性を確保する行動手段となりえたのである。ただし，2008年7月23日憲法改正によって，議会の権限の拡大と政府の統制の強化が図られ，11条の国民投票に関しても，有権者の支持を得た議員の発案による国民投票の組織が可能となったこと（3項～6項）で，制度上の改善が一定程度なされたものと評価することができる。

第二に，国民投票の実施の決定やその対象等について憲法院の事前の合憲性審査が除かれている点（ロ）である。違憲審査権を有し，公権力の活動の調整機関としての役割を担う憲法院が，憲法60条により，国民投票の施行の適法性を監視する任を負うにもかかわらず，国民投票付託の決定や付託される法律案等の憲法適合性などについて事前に裁定する権限をもたされていなかった。さらに，憲法院は，国民投票によって採択された法律については，「国民主権の直接的表明」であるから，もはや憲法院の合憲性審査は及ばないとする判断（1962年11月6日憲法院判決）を示している。したがって，憲法に違反するような国民投票の運用がなされたとしても，そのことを判断するのは，結局のところ，国民投票の実施を決定する大統領であり，大統領がその解釈権をもつことになる[20]。ただし，2008年7月23日憲法改正によって，議員提出法律案については，国民投票に付託される前に憲法院の審査に付されなければならないこと（61条1項）になったが，大統領発案による政府提出法律案については，制度上従前のままで，憲法院の事前審査が求められているわけではない。

第三に，11条の国民投票に対する議会の関与が不十分な点（ハ）である。11

条の国民投票による立法手続で政府の提案に基づいて組織される場合には，1995年8月4日憲法改正以前には，立法権を行使する議会が，この手続からまったく排除されてしまっていたが，改正後は議会両院においてその討議が保障されることとなり，議会が国民投票の個々の争点を十分に議論し，広く国民にその内容を明らかにすることができれば，大統領の行動を抑制する効果が生まれる。また，2008年7月23日憲法改正によって，有権者の支持を得た議員の発案による国民投票の組織が可能となったが，組織法律によって定められた期間に両議院で討議されることが原則となっている（11条5項）。

　第四に，国民投票の対象が三つの領域に限定されている点（ニ）である。11条は，対象領域を「公権力の組織」，「国の経済・社会・環境政策及びそれにかかわる公役務をめぐる諸改革」，「憲法には反しないが制度の運営に影響を及ぼしうる条約の批准の承認」の三つの法律案に限定しており，人権や自由の保障に関するものが排除されていることになる。とりわけ，1995年改正以前には，「国の経済・社会・環境政策及びそれにかかわる公役務をめぐる諸改革」の代わりに「共同体の協定の承認」があげられていたので，そうした指摘が強かった。ただし，実際上には，これらの限定された領域でも，かなり広く適用範囲を拡大することが運用上可能であり，2008年7月23日憲法改正によって，新たに環境政策も含めて，「国の経済・社会・環境政策」にまで範囲が拡げられている。しかし，適用範囲が相当広く捉えられることも可能であるので，逆に解釈上の曖昧さが生じ，実際には大統領の裁量的権限を拡大してしまう危険があると考えられる。

　このように，第五共和制憲法下の国民投票に関して，いくつかの問題を指摘できるが，なによりも，国民投票の付託権が大統領にあり，合憲性を審査する憲法院も政治的妥当性を判断する国会も，その手続の外に置かれてしまうのであれば，国民投票の実施やその対象などについて大統領が事実上解釈権をもつことになる。かくして，大統領は，国民投票について，きわめて広範な裁量をもっていたのであり，ドゴール時代に顕著であったように，違憲の疑いの強い運用や「プレビシット」的用法により，自らの行動手段として位置づけること

ができたのであった。

5. 国民投票の改革構想と憲法改正

(1) 第五共和制下の改革構想と憲法改正

　第五共和制憲法の下で，国民投票は，11条並びに89条に基づいて，これまでに9回実施されたが，それにともなって，上述のような運用上あるいは制度上の問題点が指摘されてきた。このような問題に対して，憲法改正を前提とした国民投票の改革の構想や提案が示されており，これをふまえた改正が実現したものもある。

　国民投票に関する主要な改革構想や提案としては，① 第一次ミッテラン政権下で提案された憲法改正案 (1984年7月20日)，② 第二次ミッテラン政権下でミッテラン大統領が示した憲法改正の提案 (1992年11月30日)，③ ミッテラン大統領により設置された憲法改正諮問委員会 (ヴデル委員会) の憲法改正の提案 (1993年2月15日)，④ 第二次ミッテラン政権下で提案された憲法改正案 (1993年3月10日)，⑤ サルコジ大統領により設置された諮問委員会 (バラデュール委員会) の憲法改正の提案 (2007年10月29日) などが重要である。

　また，11条の国民投票について，憲法改正が施されたものとして，① 1995年8月4日憲法改正，② 2008年7月23日憲法改正がある。

(2) 1984年の憲法改正案と国民投票の改革

　1981年に第五共和制第四代の大統領に就任したミッテラン大統領は，企業の国有化や地方制度改革と並んで，教育改革にも取り組んでいたが，1984年に，私立学校への国庫補助のあり方を見直す法律案 (「サヴァリ法案」) が議会に提出されると，大きな反対運動が生じた。元老院では，国民的な議論が必要との判断から，憲法11条の手続に従って，この政府提出法律案を国民投票に付託するよう大統領に提案する動議を可決したが，国民議会では，元老院が国民投票付託を議決したこの法律案は，11条の国民投票の対象とはならないとの理由で，

元老院の動議を否決した。かくして，大統領は，「サヴァリ法案」の撤回と11条の改正を表明し（1984年7月12日），第三次モーロワ政府は，この事態の責任をとる形で総辞職して，新たにファビウス政府が成立した。

このときの憲法改正案は，「公的自由の基本的保障についてフランス国民が国民投票によって意思表明することを認める憲法11条の改正に関する憲法的法律案」として閣議で決定され（7月19日），議会に提出された（7月20日）。この改正案は，11条の国民投票の対象とされる法律案として，すでに事実上空文化していた「共同体の協定の承認を含む法律案」に代えて，「公的自由の基本的保障に関する法律案」を新たに加えるもの（11条1項の変更）である。その理由として，11条によって国民投票に付託できる法律案が三種類に限定され，元老院が「サヴァリ法案」の国民投票付託の提案に関して議決したものも含めて公的自由にかかわる法律案はその対象外とされていることから，公的自由の保障に関する法律案もその対象にしようとするものである。大統領は，改正手続として，89条に従って両院での可決後に国民投票による承認を求める方法で進めることを表明していたが，元老院でこの改正案が二度にわたって否決されたことから，この改正の手続はこのまま中断することとなった。こうして，元老院が国民投票に付託する提案の動議を決議した意向をふまえて，国民投票の対象を公的自由の領域にも拡大しようという憲法改正は，当の元老院の賛同をえられずに挫折し，大統領の意図は達せられなかった[21]。

しかし，「公的自由の基本的保障に関する法律案」も国民投票の対象にするという「1984年憲法改正案」は，自由・人権の領域も国民投票の対象としようとするもので，その適用範囲を拡大することになる。この内容の改革は，1993年の公権力の組織に関する憲法改正案でも再び取り上げられているように，公的自由の分野にも国民投票を拡大する改革は継続することとなる。

(3) 1992年のミッテラン大統領の憲法改正提案と国民投票の改革

2度の大統領選挙に勝利したミッテラン大統領は，その就任から10年を経て，憲法全体にかかわる改正の必要性を表明し（1992年11月9日），元老院議長並

びに国民議会議長及び憲法院院長にあてた「書簡」とともに「憲法改正提案」を示して，憲法改正の方向性を明らかにした（11月30日）。その「書簡」では，ミッテランの意図が示され，諮問委員会を設置してその検討に委ねること，この憲法改正の目的が権力間の均衡の回復，裁判官の独立性の保障の改善，憲法院への提訴権並びに国民投票の範囲の拡大による市民の権利保障の強化にあることを明らかにした[22]。

この「憲法改正提案」において，国民投票に関しては，① 公的自由の基本的保障の分野にも国民投票の範囲を拡大すること，さらに，② 付託される政府提出法律案の合憲性について国民投票の実施以前に憲法院が「意見」を公表することが改革点として提案された。すなわち，公的自由の基本的保障の分野にも国民投票の範囲を拡大することを目的とした1984年の憲法改正の試みに際して，国民議会が最終の審議で採択した形式で，国民投票の範囲を公的自由の基本的保障の分野にまで拡大する改正を再度提案するものであり，これによって，制度と自由の将来にかかわる重要な議論や決定に市民が直接に参加できるようにするものである。また，新たに，国民投票に付託される政府提出法律案が，憲法・組織法律・国際協約・共和国の諸法律によって確認された自由を基礎づける重要原則に適合するかどうかについて，憲法院が国民投票の実施以前に「意見」を公表するという点が加えられている。

このように，ミッテラン大統領による1992年の「憲法改正提案」においては，国民投票の改革として，公的自由の基本的保障の分野への国民投票の範囲の拡大とともに，憲法院による一種の事前審査を取り入れて，いわば国民投票手続におけるコントロール機関として憲法院を位置づけようとしている点が重要である。

(4) 1993年のヴデル委員会の憲法改正提案と国民投票の改革

ミッテランの憲法改正提案が公表された後に，「憲法改正諮問委員会」（ヴデル委員会）が設置され（1992年12月2日），委員長にはジョルジュ・ヴデル氏が選任され，他に裁判官4名・学者7名・有識者3名の委員で構成されること

となった。この委員会の役割は,ミッテランの改正提案を前提としながらも,第五共和制憲法全体について必要な憲法改正の提案を行うことにあり,しかも,保革逆転が予想される総選挙を間近に控えた政治状況から,きわめて短期の審議期間が設定された。

ヴデル委員会は,1993年2月15日に大統領に「報告書」を提出し,この委員会がまとめた前文並びに83カ条からなる「憲法改正提案」も含まれていた[23]。この報告書では,憲法改正に関して,1)「より明確に定義された行政府」,2)「より活動的な議会」,3)「より存在感のある市民」,という三つの項目があげられて,改正点が具体化され,国民投票の改革については,11条に関して,①公的自由の基本的保障の分野への国民投票の範囲の拡大,②憲法院による事前の合憲性審査,③国民投票の発案権の拡大,④組織法律による国民投票の施行規則の法定,そして,89条に関して,⑤憲法改正案の国民投票付託要件の緩和のあわせて五点が示された。

第一に,「国民投票の範囲の拡大」について,「共同体の協定の承認を含む法律案」に代えて「公的自由の基本的保障に関する法律案」を新たに加えるとともに,「条約の批准の承認を目的とする法律案」には国際組織に関するものも含めるとして,適用範囲を拡大している。とくに公的自由の基本的保障の分野に国民投票を拡大することは,人権の領域の拡大であるとともに,市民参加の拡大でもあるとされている。

第二に,「憲法院の事前の合憲性審査」について,憲法院による合憲性の確認の後に政府提出法律案が国民投票に付託されるものとしている。これは,11条の国民投票手続において憲法院のコントロールを明確に位置づけ,とりわけ11条の手続による憲法改正の手法を禁止するものとされている。

第三に,「国民投票の発案権の拡大」については,有権者の10分の1の支持を得た議会構成員の5分の1の議員にも国民投票の発案権を認めるとするもので,大統領のみに認められていた発案権を他に拡大するという点で画期的である。具体的な手続としては,議会構成員の5分の1の議員により提出される議員提出法律案が憲法院に送付され,憲法院は,その合憲性の宣言の後に,有権

者の署名を集めて，その数と有効性を確認したうえで，この議員提出法律案を議会に送付し，議会が4カ月以内にこの法律案を採択しない場合には，憲法院が国民投票の組織を決定するというものである。ここでは，いわば，憲法院が国民投票をコントロールするだけではなく組織する役割まで担うこととなっている。

　第四に，「組織法律による国民投票の施行規則の法定」について，従来個々の国民投票が実施されるたびに個別の施行規則がデクレにより定められていたのを改めて，組織法律で一括して法定しようとするものである。

　第五に，「憲法改正案の国民投票付託要件の緩和」は，89条に関するものであるが，大統領提出の改正案も議員提出の改正案も，改正手続のうえですべて同様に取り扱われ，改正案が各議院で2回の読会の後に同一の文言で可決されなかった場合には，大統領は，いずれかの議院で5分の3以上の多数で採択されたものを国民投票に付託することができるとしている。かくして，憲法改正における議会の関与を前提としつつ，議会の採択条件を変更して，憲法改正手続を部分的に緩和するものとなっている。

　以上のように，ヴデル委員会による1993年の「憲法改正提案」では，11条の国民投票について指摘されてきた問題点，すなわち国民投票の範囲が限定されていること，憲法院の事前審査が欠けていること，発案権が大統領のみにあることについて，公的自由の領域にも国民投票の対象を拡大したこと，国民投票に付託される前に憲法院の合憲性審査が必要とされたこと，有権者の支持を条件として国会議員にも国民投票の発案権が認められたことで，高く評価できると思われる。

(5)　1993年の「公権力の組織に関する憲法改正案」と国民投票の改革

　ミッテラン大統領は，ヴデル委員会の「憲法改正提案」を受けて，「憲法第7章・第8章・第9章・第10章を修正して1958年10月4日憲法を改正する憲法的法律案」と「公権力の組織に関して1958年10月4日憲法を改正する憲法的法律案」の二つの憲法改正案を閣議決定して，元老院にこれらを提出した（1993

年3月10日)。しかし,その直後に実施された国民議会選挙(3月21日・28日)で与党社会党が敗退し,コアビタシオンの政治状況が生まれた。新たに組織されたバラデュール政府は,前者の憲法改正案のみを議事日程にのせて審議対象とし,第7章に規定された憲法院に関する改革が除外されるなど大幅な修正がなされたうえで,「憲法第8章・第9章・第10章・第16章を修正して1958年10月4日憲法を改正する1993年7月27日憲法的法律」として成立し,主として司法制度改革に関する憲法改正が実現したが,後者の憲法改正案は,結局一度も審議されることなく廃案となった[24]。

この後者の公権力の組織に関する憲法改正案における国民投票の改革については,11条に関して,① 憲法改正の適用外の明示,② 公的自由の基本的保障の分野への国民投票の範囲の拡大,③ 憲法院による事前の合憲性審査,④ 国民投票の発案権の拡大,⑤ 大統領の審署期日の厳格化,⑥ 組織法律による国民投票の実施形態の法定,また89条に関して,⑦ 憲法改正案の国民投票付託要件の緩和のあわせて七点があげられ,ヴデル委員会の改革案をさらに進展させている。

第一に,「憲法改正の適用外の明示」について,11条を適用して直接国民投票によって憲法を改正することが明示的に禁止されている。この点は,ミッテラン提案やヴデル委員会案には明記されていなかったものである。

第二に,「国民投票の範囲の拡大」について,「共同体の協定の承認を含む法律案」に代えて「公的自由の基本的保障に関する法律案」を新たに加えるとともに,「条約の批准の承認を目的とする法律案」には国際組織に関するものなども含め,適用範囲を拡大することとしている。これは,ヴデル委員会案にも示され,とりわけ公的自由への対象領域の拡大は,ミッテラン提案さらには1984年の国民投票に関する憲法改正案ですでに提示されていたもので,こうした一連の国民投票改革の目玉となっているものである。

第三に,「憲法院による事前の合憲性審査」については,憲法院による合憲性の確認の後に政府提出法律案が国民投票に付託されることとしている。これも,すでにヴデル委員会案で示され,さらにミッテラン提案でも提起されていたも

のである。

　第四に，「国民投票の発案権の拡大」については，ヴデル委員会案と異なり，有権者に国民投票の発案権を直接認めるもので，きわめて画期的なものである。具体的には，各県及び各領土で有権者の5分の1以上の発案により国民投票が組織されること，この国民投票の発案は，審署後5年以内の法律の改正や廃止の場合あるいは国民投票で否決後5年以内の法文の提案の場合は認められないこと，この発案に基づく法律案は憲法院の合憲性審査に付託されること，その合憲性の宣言の後に有権者の署名の数と有効性が憲法院により審査されてから，法律案が大統領に送付されて，国民投票に付託されることとなっている。

　第五に，「大統領の審署期日の厳格化」については，国民投票の結果が宣言されてから15日以内に大統領が審署することになっている。

　第六に，「組織法律による国民投票の実施形態の法定」については，11条の国民投票の実施規定が，組織法律で一括して法定されることとなっている。

　第七に，「憲法改正案の国民投票付託要件の緩和」については，ヴデル委員会案と同様に，89条に関するもので，改正案が各議院で2回の読会の後に同一の文言で可決されなかった場合には，大統領は，いずれかの議院で5分の3以上の多数で採択されたものを国民投票に付託することができるものとし，大統領提出の改正案も議員提出の改正案も，改正手続上すべて同様に取り扱われることとなっている。

　このように，1993年の「公権力の組織に関する憲法改正案」では，国民投票の範囲が限定されていること，憲法院の事前審査が欠けていること，発案権が大統領のみにあることについて，さらには11条による憲法改正の可能性という問題点について，公的自由の領域にも対象を拡大したこと，国民投票に付託される前に憲法院の合憲性審査が必要とされたこと，有権者にも条件付きで発案権が認められたこと，11条による憲法改正を明示的に禁止したことで，いっそう評価できるものと考えられる。

(6) 1995年8月4日憲法改正と国民投票の改革

　1995年の大統領選挙の結果，第五共和制第五代の大統領となったシラク大統領は，大統領選で国民投票の範囲の拡大など憲法改正を公約に掲げており，就任後さっそく議会あての教書で憲法改正に取りかかることを表明し (5月19日)，憲法改正案が国民議会に提出された (6月29日)。そして，国民投票の適用範囲の拡大，単一会期制の制度化，不逮捕特権制度の改革について改正が進められ，さらに，「共同体」に関する規定や「経過規定」に関する諸規定が削除されることとなり，最終的に，「国民投票の適用範囲の拡大，単一通常会期制の制度化，議員の不逮捕特権制度の改革，共同体に関する諸規定並びに経過諸規定の削除に関する1995年8月4日憲法的法律」として成立した。この1995年憲法改正は，1993年の公権力の組織に関する憲法改正案の影響を強く受けて，憲法典全体にかかわる大掛かりなものとなった[25]。

　国民投票に関する改正点は，11条の変更のみで，①新たな領域への国民投票の適用範囲の拡大，②各議院における討議の保障，③大統領の審署期日の厳格化，の三点にとどまる。したがって，ミッテランの改正提案以後に積み重ねられてきた国民投票の改革の内容からすれば，大きく縮小し，しかも，公的自由の領域への適用範囲の拡大と憲法院による事前の合憲性審査という，いわばもっとも重要な二つの改革点が実現していない点では，大きく後退したとの感が否めない。

　第一に，「新たな領域への国民投票の適用範囲の拡大」として，新たに「国の経済・社会政策及びそれにかかわる公役務をめぐる諸改革に関する法律案」が国民投票の対象事項となり，有名無実化していた「共同体の協定の承認を含む法律案」が削除された (11条1項の変更)。1984年憲法改正案以降つねに国民投票の拡大の対象とされてきた「公的自由の基本的保障」の分野ではなく，「経済・社会政策及びそれにかかわる公役務をめぐる諸改革」に関する分野がその対象となったことは，保革逆転の政治状況や国民投票事項の考え方を反映してのものではあるが，国民投票に関する改革としては大きな転換である。

第二に,「各議院における討議の保障」について,政府の提案で国民投票が組織される場合には,政府が各議院で国民投票の組織を表明した後それぞれ討議がなされることとなった (11条2項の変更)。議会の事前討議が明文で保障されたことにより,国民投票の実施には必ず議会の討議がなされることとなったのは,一つの前進ではあるが,手続上議会の討議が保障されるだけであって,その議決に特別な効果が認められるわけではない。しかし,この改正以前の手続では,政府の提案で国民投票が組織される場合は,議会の討議を一切排除することも可能であったわけで,国民投票実施の手続の中に議会の役割を明確に位置づけたことは評価できるものである。

　第三に,「大統領の審署期日の厳格化」について,国民投票によって法律案の採択が確定した場合,大統領による審署が国民投票結果の告示から15日以内に行われることになった (11条3項の追加)。これによって,国民投票の結果が公表された時点からの審署期間が明確に位置づけられることになった。

　以上のように,この1995年8月4日憲法改正で国民投票に関して施された改革は,実質的には,新領域への国民投票の適用範囲の拡大と各議院における討議の保障という二点である。それゆえに,第五共和制下で実施されてきた国民投票から生じた問題点のうち,国民投票の範囲が限定されていること,並びに議会の関与が排除されていることについて,対応した改革ということができる。しかし,公的自由の領域への拡大ではなく,曖昧さの残る分野に対象が広げられた改革であるという点と,議会の関与が明示されたもののその位置づけが必ずしも十分ではない点で,それぞれの問題点に対する改革としては,まだ課題は残されていると考えられる。

(7)　2007年のバラデュール委員会の憲法改正提案と国民投票の改革

　2007年5月17日にフランス第五共和制第六代の大統領に就任したサルコジ大統領は,7月18日に,元首相エドワール・バラデュール氏あての「書簡」において,自らの憲法改正の課題を示して,憲法改正の方向性を明らかにし,同日付のデクレによって,「第五共和制の諸制度の現代化と再均衡化について検討

し提案する委員会」を設置して，この委員会の長にバラデュール氏を任命することを決定した。そして，このバラデュール委員会は，10月29日に，『より民主的な第五共和制』と題する報告書を提出したが，この報告書は，①「よりよく統制された執行権」，②「強化された議会」，③「市民のための新たな諸権利」，の三つの章から構成され，全体として77項目の憲法改正提案を含むものとなっていた[26]。

国民投票の改革については，11条に関して，①国民投票の発案権の拡大，また，89条に関して，②憲法改正案の国民投票付託要件の緩和，そして，88-5条に関して，③国民投票に代わる両院合同会議による承認の導入，といった点が示された。

第一に，「国民投票の発案権の拡大」については，有権者の10分の1の支持をえた議会構成員の5分の1の議員にも国民投票の発案権を認めるとするもので，大統領のみに認められていた発案権を他に拡大するという点で画期的である。具体的な手続としては，議会構成員の5分の1の議員により提出される議員提出法律案が憲法院に送付され，憲法院は，その合憲性の宣言の後に，有権者の署名を集めて，その数と有効性を確認したうえで，この議員提出法律案を議会に送付し，議会が1年にわたってこの法律案を審議しなかった場合に，大統領がこれを国民投票に付託するというものである。これは，1993年のヴデル委員会の改正提案とほぼ同様のものとなっている。

第二に，「憲法改正案の国民投票付託要件の緩和」は，89条に関するものであるが，大統領提出の改正案も議員提出の改正案も，改正手続すべてのうえで同様に取り扱われ，改正案が各議院で2回の読会の後に同一の文言で可決されなかった場合には，大統領は，いずれかの議院で5分の3以上の多数で採択されたものを国民投票に付託することができるとしている。これも，1993年のヴデル委員会の改正提案と同様のものである。

第三に，「国民投票に代わる両院合同会議による承認の導入」は，88-5条に関するもので，欧州連合及び欧州共同体への新たな国家の加盟に関する条約の批准は必ず国民投票に付託されることになっていたものを，89条の憲法改正の

場合と同様に，両院合同会議による採択の方法も認めるもので，国民投票への必要的な付託を緩和するものとなっている。

以上のように，バラデュール委員会による2007年の「憲法改正提案」では，1993年のヴデル委員会の提案を基本としながら，そのなかでも，国民投票の発案権を拡大する提案が主となっている。しかし，ここには，公的自由の領域にも国民投票の対象を拡大するという提案は含まれてはいない。

(8) 2008年7月23日憲法改正と国民投票の改革

バラデュール委員会報告書の憲法改正提案に基づいて，政府は憲法改正のための憲法的法律案を作成し，2008年7月23日憲法的法律第2008-724号として，第五共和制憲法下で24回目の憲法改正が成立した。

この2008年7月23日憲法改正は[27]，諸制度の現代化を図るため憲法全体の見直しを行ったもので，およそ50カ所にも及ぶ条文の改正が施された大規模な改正であり，しかも，憲法の特質を大きく変える内容をともなっている。バラデュール委員会報告書の憲法改正提案に依拠したこの改正は，委員会報告書の理念にそった内容となっており，① 執行権とくに大統領権限の行使の改革，② 議会権限の強化，③ 新たな諸権利の保障という三つの方向性を目指したものである。

国民投票の改革については，11条に関して，① 国民投票の対象範囲の拡大，② 国民投票の発案権の拡大，61条に関して，③ 国民投票の対象となる議員提出法律案に対する憲法院による事前審査，そして，88-5条に関して，④ 国民投票に代わる両院合同会議による承認の導入，の四点がある。

第一に，国民投票の対象範囲の拡大について，その対象となる法律案に環境政策にかかわるものも追加されて，「国の経済・社会・環境政策及びそれにかかわる公役務をめぐる諸改革に関する法律案」が国民投票の対象となることとなった。1995年8月4日憲法改正によって，その対象範囲が拡げられていた国民投票の範囲がさらに拡大されたことになる。

第二に，国民投票の発案権の拡大について，有権者の10分の1の支持を得た

議会構成員の5分の1の議員にも国民投票の発案権が認められ，その要件については組織法律で定められることとなった。これまでは，大統領のみに国民投票の発案権が独占されていた状況からすれば，国民投票の制度の大きな転換といえる。

　第三に，議員提出法律案の憲法院による事前審査については，11条4項で，3項の定めの尊重に関する憲法院の審査，すなわち，1項に定める国民投票の対象，有権者の支持を得た一定数の議員の発案に基づく国民投票の手続，等の尊重に関する憲法院の審査が定められ，さらに，61条1項で，組織法律並びに議院規則に対する憲法院の事前審査に加えて，11条で国民投票の対象となる議員提出法律案についても国民投票に付託される前に，憲法院による合憲性審査に付されなければならないことが定められた。これまでも，国民投票に付託される法律案に対する憲法院の事前の合憲性審査の問題は，国民投票にかかわる課題の一つであったが，この改正によって，憲法院の事前審査が制度として定められたことは大きな意義を有する。しかし，議員発案により国民投票の対象となる議員提出法律案のみに憲法院の合憲性審査が限定され，従前から問題となっている政府提出法律案に対する事前審査がなおも除外されているという点では，問題点としては残されたままである。

　第四に，88-5条に関して，「国民投票に代わる両院合同会議による承認の導入」は，欧州連合及び欧州共同体への新たな国家の加盟に関する条約の批准は必ず国民投票に付託されることになっていたものを，両院合同会議による採択の方法も認めるもので，国民投票への必要的な付託を緩和するものとなっている。

　以上のように，この2008年7月23日憲法改正で国民投票に関して施された改革は，国民投票の発案権を有権者の支持を得た議会内少数派に拡大するという点で，大きな意義を有するものとなっている。

6. 国民投票の改革課題

　第五共和制憲法下の国民投票の運用で顕在化した問題で最も重大なことは，国民投票の付託権が大統領のみにあり，合憲性を審査する憲法院も政治的妥当性を判断する議会も，国民投票の手続から除外されたことで，実質的に国民投票の発案や運用などについて大統領が広範な裁量権をもっていることにある。こうした点にたいしては，国民投票の発案権を拡大し，国会議員さらには市民にまで保障するという改革や，国民投票の運営方法や付託内容に関する合憲性について憲法院の事前審査を必要とするという改革などが検討されてきた。

　1995年8月4日の憲法改正で実現したのは，国民投票の対象となる領域について経済・社会政策にかかわるものにも拡大したことと，議会両院における討議の保障という面であり，後者の改革によって，国民を代表して審議する議会によって，国民投票の問題について討議されることが必然化し，付託される当該法律案について国民に情報をより開示できる条件が生まれ，大統領の独断専行を抑制する効果が期待される。

　また，2008年7月23日の憲法改正で実現したのは，国民投票の対象領域について経済・社会・環境政策にかかわるものにまで拡大したこと，国民投票の対象となる議員提出法律案について憲法院による事前の合憲性審査が必要となったこと，そして，国民投票の発案権を一定の有権者の支持をえて議会内少数派にも認めたことであり，とくに後者の改革によって，大統領の単独の発案権を解消することになった。

　このように，国民投票の制度に関して，50年の運用状況とそこから生じた問題を改革につなげている点は高く評価できるが，いくつかの改革構想で打ち出されていた公的自由に関する分野を国民投票の対象とすることなど，残されている課題も多く存在する。

1) レファレンダムの類型については，辻村みよ子「レフェレンダムと議会の役割」

『ジュリスト』1022号1993年123頁以下参照。V., Francis HAMON, *Le référendum, Étude comparative*, LGDJ, 1995, pp. 15-29; *Le référendum,* Documents d'etudes (n° 1.21) La documentation Française, 1997, pp. 6-8.

2) わが国の場合，いまなお国民投票の実施の経験がないものの，日本国憲法には，憲法改正における国民の承認に関して国民投票が定められており，さらに，この国民の承認にかかわる投票の手続と憲法改正の発議にかかわる手続を整備した「日本国憲法の改正手続に関する法律」（平成19年5月18日法律第51号）が成立している。なお，本法律では，この「国民の承認に係る投票」を「国民投票」としている（1条）が，ここでは，一般的な用法として，「国民投票」の概念を使うこととする。

3) フランスの憲政史において，第一共和制から第一帝政の時期に7回，第二帝政期に3回，第四共和制成立期に3回，第五共和制期に10回，あわせて23回の国民投票が実施されている。なお，この回数は以下のものを根拠としているが，そこでは2回とカウントされている1945年10月21日国民投票の二つの設問について，ここでは，1回の国民投票としてカウントした。Francis HAMON, *op. cit.*, p. 97; *Le référendum, documents détudes, op. cit.*, precité, n° 1.21 pp. 17.

4) 議会制と国民投票制度の両立性の問題は，第三共和制期に盛んに議論されたテーマである。当時の一般的な傾向としては，ナポレオンによる「プレビシット」の用法に対する危惧が国民投票に対する不信として定着しており，ナシオン主権の理論に立脚しながら，代表制と国民投票とは両立できず，憲法上立法機関は一つしか存在しえないという主張が定説となっていた。そのような中で，カレ・ド・マルベールは，議会制と国民投票制度とが両立可能であることを主張していた。Raymond CARRÉ de MALBERG, Considérations théoriques sur la question de la combinaison du référendum avec le palrementarisme, *RDP*, 1931, pp. 225-244. 第五共和制憲法は，3条1項の規定からも，代表制と国民投票制度とを両立させていると考えられ，カレ・ド・マルベールによる議会制の発展方向にそったものと考えられる。

5) 第五共和制憲法の法文については，以下のものを参照。*Constitution française du 4 octobre 1958,* Documents d'études n° 1.04, La documentation française, 2008.

6) 「議会主義の合理化」という傾向は，本来は，議院内閣制の運用上の慣行を制度として憲法規定化することであったが，さらには，内閣・行政府の安定化をはかるために議会による統制を厳格にルール化して倒閣を困難にすること，を目的としたものである。「議会主義の合理化」の特色については，横尾日出雄「フランス議会制の信任関係について—内閣・議会の構造的関係と内閣・政党の機能的関係—」『比較法雑誌』19巻4号1986年47頁以下，勝山教子「フランス第五共和制における『合理化された議院制』の構造とその改革(1)(2)」『同志社法学』40巻6号1989年116頁以下，41巻1号1989年125頁以下参照。

7) 2008年7月23日憲法改正によって，11条の規定は，次のように改正されている。

1項に関して，国民投票の対象となる3つの法律案のうちで，「国の経済・社会政策及びそれにかかわる公役務をめぐる諸改革に関する政府提出法律案」について，「環境政策」に関するものを加えて，「国の経済・社会・環境政策及びそれにかかわる公役務をめぐる諸改革に関する政府提出法律案」に改正された。2項に関しては，変更はなく，従前の3項は，7項となり，「政府提出法律案」の後に「もしくは議員提出法律案」の文言が加えられて，「国民投票によって政府提出法律案もしくは議員提出法律案の採択が確定したとき」に改正された。そして，有権者の支持を得た議員の発案に基づく国民投票の組織に関する規定として，新たに，3項ないし6項が追加された。すなわち，新3項では，10分の1以上の有権者の支持と5分の1以上の議員による発議により1項の問題に関する国民投票を議員提出法律案の形式で組織できること，新4項では，国民投票の発案の要件や憲法院による審査の要件が組織法律により定められること，新5項では，この議員提出法律案が期間内に両議院で審議されなかった場合には大統領がこれを国民投票に付託すること，新6項では，この議員提出法律案が国民投票により採択されなかった場合には同一問題に関する新たな発案は2年後でなければできないこと，が定められている。なお，これらの新たな3項ないし6項の規定は，これらの実施に必要な法律および組織法律が定められて効力を発することになっている。

8) この2項は，1995年8月4日憲法改正によって，追加された規定である。第五共和制初期の実例では，政府の提案で大統領が国民投票の付託を決定した場合，対象となる政府提出法律案について，一度も議会で審議されることなく国民に提示されて投票にかけられたことから，議会における討議を保障するために，新たに設けられたものである。

9) 11条は，1995年8月4日憲法改正により，一部の規定が修正されている。1項の「国の経済・社会〔・環境〕政策及びそれにかかわる公役務をめぐる諸改革に関する法律案」（「環境」政策の文言は2008年7月23日憲法改正による追加修正である）は，このとき追加されたものであり，それまでは，「共同体の協定の承認を含む法律案」が対象となっていた。また，2項の議会の事前討議に関する規定も，このときに追加されたものである。7項は，当初は2項として規定されていたもので，このときの改正によって3項となり，審署手続期間に修正が加えられたものである。

10) 1962年当時，憲法改正について11条を利用することに対しては，憲法違反との主張も広く展開され，国民議会は政府に対する不信任動議を決議して対抗した。また，この点について政府により諮問された憲法院やコンセイユ・デタも，否定的な勧告を与えたことが知られている。法学者の見解では，否定的な見方が一般的であったが，肯定する意見もみられた。11条による憲法改正の問題性については，横尾日出雄「フランス第五共和制憲法における国民投票―国民投票の手続とその運用に関する一考察―」『中央大学大学院研究年報』13号Ⅰ-1（上）1984年73-75頁，井口秀作「フラン

ス第五共和制憲法 11 条による憲法改正について」『一橋研究』18 巻 2 号 1993 年 1 頁以下，横尾日出雄「国民投票・フランス・大統領への信任投票から国民投票へ」『議会政治研究』29 号 1994 年 63-64 頁参照。

11) ドゴール大統領は，それ以前の国民投票にもまして，この国民投票の結果から法律案の採択と同時に国民からの信任獲得を結合させて，国民に対する大統領の「信任問題」としての性格を明確に提示していた。そして，1969 年 4 月 27 日の国民投票では，有効投票の 52% が反対票を投じて，この法律案が否決されたため，憲法改正は実現せず，また，大統領も，国民からの信任が得られなかったと判断して，翌日に辞職する結果となった。このような国民投票の「信任問題」的用法に憲法上の問題があることについては，横尾日出雄　前掲注 10)「フランス第五共和制憲法における国民投票」71-73 頁，横尾日出雄　前掲注 10)「国民投票・フランス・大統領への信任投票から国民投票へ」63 頁参照。

12) 第五共和制までに国民投票について三つの波が存在したと指摘されている。Jean-Marie GARRIGOU-LAGRANGE, Essai de rationalisation de la pratique référendaire de la V e République, *RDP*, 1969, pp. 641-642.

13) 第五共和制下の国民投票の問題点については，横尾日出雄「フランスにおける国民投票とその改革の動向―ミッテランの改革構想と 1995 年憲法改正による国民投票の改革―」『名古屋短期大学研究紀要』41 号 2003 年 93-95 頁，井口秀作「フランス第五共和制憲法におけるレフェレンダム」比較憲法史研究会編『憲法の歴史と比較』日本評論社 1998 年 371-373 頁，福岡英明「国民投票」『現代フランス議会制の研究』信山社 2001 年 253-258 頁参照。

14) 「プレビシット prébiscite」は，一般に「レファレンダム référendum」の逸脱した形態として，すなわち国民に付託される案件を隠れ蓑にして，国民からの権力の委任を求める人物に対する信任投票として理解されている。V., Jean-Marie DENQUIN, *Référendum et prébiscite*, LGDJ, 1976.

15) 11 条による憲法改正を否定する主張としては，ベルリア教授の意見があり，肯定する主張としては，ラムピュエ教授の意見が示された。Georges BERLIA, Le problème de la constitutionnalité du référendum du 28 octobre 1962, *RDP*, 1962, pp. 938-943; Pierre LAMPUé, Le mode d'élection du Président de la République et la procédure de l'article 11, *RDP*, 1962, pp. 933-945.

16) Décision n° 62-20 DC du 6 novembre 1962, *JO* du 7 novembre 1962, p. 10778. この憲法院判決については，井口秀作「フランス型『立憲主義と民主主義』論の一側面―『主権の直接の表明』と『法治国家』の間で―」杉原泰雄先生古希記念論文集刊行会編『二一世紀の立憲主義―現代憲法の歴史と課題―』勁草書房 2000 年 529 頁以下，同「レフェレンダムによって承認された法律に対する違憲審査」フランス憲法判例研究会編『フランスの憲法判例』信山社 2002 年 383 頁以下参照。

17) 実際に, 11条の手続によって1962年に改正された憲法条項に従い, 8回の大統領選挙が実施されているように, この直接普通選挙による大統領の選出という方法は, きわめて広範な合意を得ていることは事実である。そして, 1962年11月6日憲法改正以後は, 法的所与が変化したことを根拠に,「憲法慣習の形成」(ヴデル教授) や「主権者による承認」(デュヴェルジェ教授) の主張などのように, 11条による憲法改正を法律的に承認する理論構成が行われた。しかし, 11条による憲法改正の手法は, たとえ1962年の改正以後, その合憲性を認める余地ができたとしても, 1969年の改正案が国民投票で否決されたことで, こうした手法そのものも国民による承認が得られなかったと考えることもできる。V., Michel BOUISSOU, La pratique référendaire en France, *RIDC*., 1976, p. 276.

18) 国民投票により制定される法律の法的性質の問題は, 1962年11月6日憲法院判決 (Décision n° 62-20 DC du 6 novembre 1962) が, 憲法61条により憲法院の審査対象となるのは「議会により採択される法律」だけであり,「国民主権の直接的表明」である「国民投票によって採択される法律」は対象外であると判断したように, 議会により制定される法律とは区別して扱われていることに起因する。

19) Décision n° 89-265 DC du 9 janvier 1990, *JO* du 11 janvier 1990, p. 463.

20) 1962年10月28日国民投票とこれに基づく1962年11月6日憲法改正は, その典型例である。国民投票の対象等について大統領が解釈権をもつことについては, 井口秀作 前掲注13)「フランス第五共和制憲法におけるレフェレンダム」371-373頁参照。

21) この1984年の憲法改正の試みの経緯については, 横尾日出雄「フランスにおける憲法改正と統治構造の変容(2)」『法学新報』108巻4号2001年147-149頁参照。V., *Les révisions de la Constitution de 1958*, Documents d'études, n° 1.20, La documentation française, 2000, pp. 51-53.

22) ミッテランの1992年憲法改正提案の内容については, 勝山教子「フランソワ・ミッテランの改憲構想と1993年7月27日憲法改正(1)—ミッテランの憲法改正提案とヴデル委員会報告—」『同志社法学』45巻3号1993年68-91頁, 福岡英明 前掲注13) 258-259頁参照。

23) ヴデル委員会の1993年憲法改正提案の内容については, 勝山教子 前掲注22) 91-117頁, 福岡英明 前掲注13) 259-260頁参照。V., Propositions pour une révision de la Constitution, 15 février 1993, La documentation française, 1993.

24) 1993年の憲法改正の試みの経緯については, 勝山教子「フランソワ・ミッテランの改憲構想と1993年7月27日憲法改正(2)—司法官職高等評議会の改革と共和国法院の創設—」『同志社法学』45巻4号1993年3-14頁, 横尾日出雄 前掲注21) 151-155頁参照。V., Documents d'études n° 1.20, *op. cit.*, pp. 56-61.

25) 国民投票の拡大・単一会期制・不逮捕特権制に関する1995年8月4日憲法改正については, 横尾日出雄 前掲注21) 136-138頁参照。*Les révisions de la Constitution*

  de 1958, Documents d'études, n° 1.20, précité, pp. 31-33.
26) バラデュール委員会の報告書については，以下のものを参照。Comité de réflexion et de proposition sur la modernization et le rééquilibrage des institutions de la Ve République, *Une Ve République plus démocratique*, Fayard, La documentation Française, 2008.
27) 2008年7月23日憲法改正後の第五共和制憲法の条文については，以下のものを参照。*Constitution française du 4 octobre 1958*, Documents d'études n° 1.04, précité 2008, La documentation française.

第13章

EUとフランス

大　藤　紀　子

1. 概説——欧州共同体法と加盟国国内法の関係

　1950年5月9日，フランスの外相ロベール・シューマンは，ジャン・モネの発案によりシューマン・プランを発表し，当時の軍需関連基幹産業であった石炭と鉄鋼をフランスとドイツの共同管理下におくことを提案した。ヨーロッパに二度と戦争を起こさないという，強い平和主義的な決意に基づく提案である。そして翌1951年に欧州石炭鉄鋼共同体設立条約が締結[1]され，シューマン・プランは具体化された。こうした部門統合の動きは，1957年には経済と原子力の分野にも拡がり，欧州経済共同体設立条約と欧州原子力共同体設立条約が締結された。また三共同体ごとに設置されていた諸機関は，1965年の機関合併条約によって統合された。

　欧州司法裁判所の判決によれば，これら当時の欧州諸共同体（以下，EC）は，立法・執行・司法に携わる独自の機関を有し，各構成国の法から「自律したautonome」，それまでの国際法とは異なる「新しい法秩序」を形成している[2]。そのECの法，現行リスボン条約（後述）の下ではEUの法には，上記設立条約などの諸条約やEU基本権憲章，不文法である法の一般原則（第一次法源）のほか，規則，指令，決定などの派生法（第二次法源）がある（現EU運営条約（後述）288条）。

欧州司法裁判所は，1963年及び1964年に相次いで重要な判決を下し，「構成国が，限られた分野においてであるがその主権を制限し」[3]，その権限が「委譲 transfert」されてECが形成されている[4]という，構成国とECとの特殊な関係を明らかにしている。実際，EC法の政策分野や活動は，通貨政策，関税政策，出入国管理など，従来から国家の主権的権限に属するとみなされてきた領域に及んでいる。また参政権の分野においては，構成国のいずれかの国籍保持者にたいして，1979年以来，構成国ごとに行われる欧州議会議員の直接普通選挙の選挙権・被選挙権が付与され，加えて1993年以来，各構成国の地方選挙の選挙権・被選挙権が付与されている（現EU運営条約20条，22条）。

欧州司法裁判所によれば，EC法は，構成国及びその国民にたいして直接効果を有し，構成国の国内法に優越する点をその最大の特徴とする。すなわち，EC法上の規定は，それが個人に権利を付与し，「明白かつ無条件」であり，加盟国に裁量の余地を認めない内容を有するかぎりにおいて[5]，「EC諸機関による，あるいは構成国によるいかなる行為の介入もなしに」，「構成国及びその国民の間の法的関係において直接効果を生じさせる」。「国内裁判所は，これにより当該構成国がすでに〔EC法上の〕義務を充足した場合と同様の状況に，当該訴訟関係者をおく義務を負う」[6]。このように「EC法の優越性の原則によって，……直接適用される規定は」，他の国内的な措置をまつまでもなく，それ自体が「各構成国の法秩序の一部として優先的に適用される」。「すべての国内裁判所は，その管轄においてEC法を完全に実施」しなければならない。たとえば「EC法が個人に付与する権利を保護する」ために，「それと抵触しうる国内法」は，制定されたのが「EC法の採択以前か，以後かにかかわらず」，当該「EC法を根拠に」直接「排除されなければならない」。EC法に抵触しうる「〔構成国憲法を含む〕いかなる形の国内法規定であれ」，「適用することはできない」[7]。

EC法が構成国の国内法に優越し，構成国国民にたいして直接効果を有することの帰結は，先決裁定手続（現EU運営条約267条）との関係で重要性を帯びる。先決裁定手続とは，判決を下す際にEC法の解釈問題に関する決定が必要であると構成国裁判所が判断する場合に，最終上訴審は義務的に，下級審は裁

量的に欧州司法裁判所に当該解釈問題にたいして先決裁定を下すよう求める手続である。こうした手続により、構成国国民は、自国の国内法もしくはそれを実施する政府の行為にたいし、国内裁判所の裁判を通じて欧州司法裁判所にEC法の解釈を求めることにより、自らに権利を付与し構成国憲法を含むあらゆる国内法に優越するEC法をもって対抗することができるのである。このようにEC法が構成国及びその国民に直接効果を有し、構成国法にたいして優越性を有する理由について、欧州司法裁判所は、「構成国が相互主義に基づいて」こうした「法制度を受けいれた」事実から「当然に導かれる」とする。EC法と両立しない構成国による事後的な措置を受けいれれば、「EC法の執行力が、構成国ごとに事後的な国内法に応じて異なる」という結果を招来するとし、そのような事態は、「ECの任務達成」及び「EC条約の目的の実現を危うくする、いかなる措置も採択してはならない」という当時のEEC条約上の構成国の誠実協力義務（現EU条約4条3項）に反し、差別禁止原則（現EU運営条約10条）にも反するという[8]。

一連の欧州司法裁判所の判決では、EC法の視点から、各構成国の法にたいして、EC法が無条件に上位法の位置づけにあることが強調されている。しかし、その関係は、すべての分野におよぶわけではない。条約上、EC法の優越性が無条件におよぶのは、ECに排他的な権限に限られている。ECと構成国との共有権限を含むそれ以外の領域には、補完性の原則が適用される。補完性の原則とは、ECが、条約によって委譲された権限と託された目的の範囲内において行動し、その排他的権限に該当しない領域において「提案された行動の目的が、構成国によっては十分に達成されず、提案された行動の規模ないし効果のために、ECによってよりよく達成できる場合に、そのかぎりにおいて、行動しなければならない」という原則である（現EU条約5条）。共有権限の領域においては、ECがその権限を行使しない限り、構成国にその権限が留保されている[9]。

また、上記のように欧州司法裁判所によって優越性が宣言されたEC法は、実際には、構成国がその内容を国内的に実施することによってその実効性が確

保される。EC法は，そもそも各構成国が憲法上定める手続に基づいて署名・批准した設立条約にその理論的な正当性根拠をおいている。先に引用した判決が述べるように，すべての構成国により署名・批准され，相互主義が採用されることの結果，EC法があらゆる構成国で差別なく，「統一的」かつ「実効的」に実施されなければならないという要請[10]が導かれる。各国による設立条約の批准・承認後も，EC法の内容を実現するためには，欧州司法裁判所がいうように，たとえば構成国の国内裁判所でEC法と矛盾する国内法の適用が排除されなければならない。そうすることを通じて，EC法の優越性は具体的に確保される[11]。

このようなEC法（現在はEU法）と構成国法との関係を考えるにあたり，それぞれが，独立した，独自の *sui generis* システムに属するという認識は欠かせない。すなわち，EC法上は，構成国法にたいするEC法の優越性が宣言されつつ，補完性原則とのバランスが確保される。また構成国法上は，条約，改正条約の批准を通じてその都度EC法の存在が丸ごと受け入れられる。しかし，憲法を頂点とするその独自の法体系に矛盾がないよう，国内法体系のEC法の位置づけが同時に模索される。EC法と構成国法とは，このように，それぞれ異なる自律的な，すなわち閉鎖的なシステムとして並んで機能していることが見過ごされてはならない。両システムは，条約の批准手続，EC，構成国法の両司法手続及び立法手続，欧州議会議員の選挙，地方選挙におけるEU市民の参加手続など，さまざまな個別の手続を介して，複合的に関係づけられている。しかし同時に，それぞれの法体系における法の一貫性が不断に保たれているのである。

以下，本稿では，フランス国内法の視点から，フランス公法システム内部において，憲法院 Conseil constitutionnel 及びコンセイユ・デタ Conseil d'Etat がどのようにEC/EU法を受け入れ，実施してきたか。またEC/EU法を受容しながら，同時にフランス公法内の一貫性（位階関係）をどのように保持してきたかについて，概要を説明することを目的とする。

2. 憲法院による条約の合憲性審査

(1) 手　　続

　EC/EUの歴史は，冒頭でみたように，1950年代はじめ，すなわちフランスでいえば第四共和制下に始まる。第四共和制憲法（1946年制定）は，26条で条約の国内法的効力について規定し，28条で「適正に批准され，公示された条約」が法律に優越する効力を有する旨明記していた。また前文14段は，「フランス共和国は，その伝統にしたがって，国際公法の規範を遵守する」とし，15段は，「相互性の留保の下に，フランスは，平和の組織と擁護のために必要な主権の制限に同意する」と規定していた。

　1958年に始まる第五共和制憲法（以下，憲法）においては，55条が「適正に批准され，承認された条約または協定は，その公示後直ちに，法律に優越する効力をもつ」（前段）と規定し，法律にたいして条約の効力が優越する旨明記しているが，憲法と条約の効力関係については，明示的に定めた条文はない。54条は，「共和国大統領，首相，両議院のいずれか一方の議長，60名の国民議会議員または元老院議員[12]により付託を受けた憲法院が，国際条約が憲法に反する条項を含むと宣言した場合には，憲法を改正した後でなければ，それを批准または承認する権限を行使することができない」とし，一定の国家機関の付託に基づき，第五共和制憲法で新しく設置された憲法院に，条約の合憲性審査権を認めている。また61条2項は，「〔合憲性について判断する〕目的で，法律は，その審署前に，共和国大統領，首相，国民議会議長，元老院議長，60名の国民議会議員または元老院議員によって，憲法院に付託されることができる」とし，同じく憲法院による法律の合憲性審査権を認めている。条約に関して，第一に，署名後，批准・承認前の限られた時期の間に（54条）憲法院に合憲性審査が付託される場合があるとともに，第二に，批准・承認が法律によって行われる場合には，その法律が審署される前に理論上は再度憲法院に合憲性審査が付託されうることになる（61条2項）[13]。いずれの場合においても，付託の時期が，条

約や法律が手続上最終的に効力をもつ以前に限られているだけではなく，付託権限を有する機関も，「共和国大統領，首相，国民議会議長，元老院議長，または，60名の国民議会議員もしくは60名の元老院議員」に限られている。また審査が付託された後，判決までに憲法院に認められた審査期間は，1カ月とみなされている（61条3項，1958年11月7日の憲法院に関する組織法律についてのオルドナンス）[14]。54条が定めるように，合憲性審査を付託された憲法院により，憲法に反する条項を含むと判断された条約については，憲法改正を経た後でなければ，批准または承認することができない。

(2) 審査の限界――批准・承認済みの条約の審査

上記憲法54条は，「批准または承認」前における憲法院による合憲性審査を定めたものであって，一度批准・承認をえた条約については，もはや憲法院の審査権限は及ばない。言い換えれば，審査に付託されることのないまま，すでに批准され国内法的効力が認められた条約，あるいは憲法院によって合憲と判断され，国内法的効力をすでに付与された条約については，審査で取り上げられなかった個別的論点が後から問題になった場合においても，もはや憲法54条の手続に基づいて憲法院に審査を付託することはできない[15]。その場合は，上にみた55条の定める条約と法律との関係だけが残ることになる。

すでにみたように，EEC条約は，フランスの第四共和制下に締結・批准されている。第四共和制憲法上，現行憲法54条の定める手続はなく，EEC条約は，いかなる合憲性審査も経ないまま，国内法的効力が付与された。第五共和制になっても，こうしてすでに国内法的効力を付与されたEEC条約は，憲法上新しく設けられた54条によっても，もはや憲法院にその合憲性審査を付託することはできない。

1976年当時のEEC条約201条2項は，ECの予算について，「閣僚理事会は，欧州委員会の提案に基づき，欧州議会への諮問の後，全会一致により共同体の固有財源制度に関する規定を制定し，構成国にたいしそれぞれの憲法上の要件にしたがってこれを採択することを勧告する」と定めていた（現EU運営条約

311条)。この規定に基づき，1970年4月21日にECの財源を構成国による分担金制度から固有の財源に変える閣僚理事会決定 (70/243 ECSC, EEC, Euratom)[16] が定められ，1970年4月22日にECの財源に関連するEEC条約及び機関合併条約 (1965) 上の諸規定を改正する条約が締結された。1970年6月19日の判決[17]は，54条に基づいて首相の付託により憲法院が下した初の判決である。憲法院は，当該改正条約については，「EC諸機関同士の権限配分を改める，EC内部の運営に関連して定めたものにすぎず，ECと構成国の関係のバランスに影響を与えるものではなく」，「憲法のいかなる条文にも反しえない」と判断した (判決理由2-4段)。また漸次的に固有の財源に移行させることは，既存の条約に基づくものであって，これら条約は，「憲法55条の適用範囲に属する」ものであるとした。したがって，憲法院は，上記閣僚理事会決定が当時のEEC条約上の規定 (201条) の「実施措置としての性格」を有し，憲法34条に法律事項としてあげられた「租税の配分及び税率」，「租税の徴収方式」に関係するものの，「法律の性質を有する規定を変更する条約……は，法律によらなければ批准され，承認されることはできない」と定める憲法53条に基づき「法律による承認を経ることを条件に，憲法に違反しない」と判断したのである (5-7段)。

(3) 合憲／違憲判断の基準——国民主権原理との関係

上記1970年の判決において，憲法院は，判決理由の最後で当該閣僚理事会決定が「その性質においても，その重要性においても，国民主権の行使に本質的な条件を侵害するものではない」と述べている (判決理由9段)。EC/EU法について，憲法院は，その後，国民主権原理との関係で，同様の基準を一貫して今日まで採用することになる。

国民主権原理との関係について，欧州議会議員の直接選挙やその要件[18]に関する1976年9月20日の理事会決定 (76/787/ECSC, EEC, Euratom) 及びその付属規程の合憲性について，当時のジスカール・デスタン大統領は憲法院に審査を付託した。そして下された1976年12月30日の判決[19]は，1946年第四共和制憲法前文15段[20]を根拠に，平和の組織および維持に必要な主権の制限

limitations de souveraineté は容認されるが，主権の全部または一部の譲渡 transferts de la souveraineté は，「憲法的性質を有するいかなる条文も認めていない」という実体的基準を採用した（判決理由2段）。そして当該規範が「フランス共和国の諸機関に属さず，国民主権の行使に参加しない議会議員の選挙に関するものであり」，「主権を創設するものでも，国民主権の尊重と両立しない性質を有する機関を創設するものでもなく」（判決理由4段），憲法1条（当時の2条）による共和国の「不可分性」の原則に反するものでもないとして，合憲と判断した。

　その後憲法院は，死刑廃止を定めた欧州人権条約第6付属議定書に関する1985年5月22日の判決[21]に続いて，域内国境管理の撤廃，難民庇護手続の共通化，第三国からの出入国管理の調整，シェンゲン情報システムSISによる域外国境管理の強化などについて定めたシェンゲン実施協定の合憲性について，やはりミッテラン大統領により付託された1991年7月25日判決[22]において，「国民主権の行使に本質的な条件を侵害する」かどうか，あるいは「主権の譲渡」に該当するかどうかを基準とし，いずれも合憲と判断している。これら合憲／違憲を区別する実体的基準のうち，「主権の制限」／「主権の譲渡（ないし放棄）」を区別するという基準は，その区別が困難であるという批判もあり，これ以降は用いられなくなる。

3. EUの設立と憲法

(1) EC/EUの法システムへの包括的な「憲法的価値」の付与――憲法改正による第15章の創設

　石炭鉄鋼，経済，原子力を第一の柱にし，構成国同士の新たな「協力」分野として外交・安全保障政策（第二の柱）や司法内務協力分野（第三の柱）を加えたEUが，1993年，その設立条約，いわゆるマーストリヒト条約によって創設された。同条約批准にあたって，ミッテラン大統領の付託により，その合憲性が問われることになった。1992年4月9日の判決で，憲法院は54条に基づき，

はじめてその一部を違憲と判断し,「憲法改正の後でなければ,法律により批准を認めることはできない」と宣言した[23]。憲法院は,この判決で「憲法54条により定められた手続に基づいて」,すでに批准・承認されて効力を有する条約であっても,それを「改正または補完する条約」を批准する際には,その合憲性審査を付託しうるという立場を表明している(判決理由8段)[24]。そして「憲法的価値を有する条文に基づく国民主権の尊重は,1946年憲法前文の規定[25]を根拠に構成国が承認した権限の委譲 transfert de compétences の結果として,法的人格を付与され決定権を有する永続的な国際組織の創設または発展に参加するために,フランスが,相互性を条件に国際条約を締結することの妨げにはならない」とした(判決理由13段)。ただし「締結された国際条約が……憲法に反する条項を含む場合または国民主権の行使に本質的な条件を侵害する場合には,それらの批准の承認には,憲法改正が要求される」(同14段)。

同判決で違憲と判断されたのは,各構成国の市町村選挙に他の構成国の選挙権及び被選挙権を認める規定,域内諸国に統一の金融・為替政策を定めた規定,域外第三国国民の国境管理に関する決定への特定多数決手続の採用を定めた規定である。その後,54条の規定にしたがい,89条の定める議会手続によって憲法が改正されることになり,6月25日に憲法的法律[26]が採択・公示された。これにより憲法2条1項(当時の2項)に「共和国の言語はフランス語である」という規定が新たに設けられ,54条の憲法院への合憲性審査の付託権が60名の国民議会議員または元老院議員に新たに付与されたほか,「EC及びEUについて」と題する次の88-1条〜88-4条を含む新しい第15章(当時の第14章)が加えられた。

　88-1条　共和国は,EC及びEUに加盟する。EC及びEUは,それらを設立した諸条約にしたがい,一定の権限を共同して行使することを自由に選択した諸国によって構成される。

　88-2条　相互主義の留保の下に,また1992年2月7日に署名されたEU設立条約に定められた方式にしたがって,フランスは,欧州経済及び金融の統合,EC構成国の国境の自由化に関する規則に必要な権限の委譲に同意す

る。

　88-3条　相互主義の留保の下に，また1992年2月7日に署名されたEU条約に定められた方式にしたがって，市町村会選挙の選挙権及び被選挙権は，フランスに居住するEU市民に限って付与される。これらの市民は，市町村長または助役の職務に就任することも，元老院議員選挙人の指名及び元老院議員の選挙に参加することもできない。両議院により同一の文言で表決された組織法律が，本条の施行要件を定める。

　88-4条　政府は，法律の性質を有する規定を含むEC及びEUの立法行為の法案が理事会に送付された後直ちに，これを国民議会及び元老院に提出する。

　第15章，とくに88-1条の挿入により，EC及びEUにたいして，包括的に憲法的効力が付与される結果となった。これにより，後にみるように，指令の合憲性を巡る2004年以降の憲法院判決においては，条約のみならず派生法にも憲法的価値が付与されることになる。

(2)　その後の憲法院判決と憲法改正

　続いてマーストリヒト条約の批准承認のための法律の合憲性が，上記1992年の憲法的法律によって改正された54条に基づいて，改めて60名の元老院議員の付託によって問われたが，1992年9月2日の憲法院判決[27]はこれを合憲とした。マーストリヒト条約の批准は，ミッテラン大統領の政治的選択によって国民投票手続にかけられ，9月20日，賛成51.02%，反対48.98%の僅差により，批准が成立した。この批准を受け，61条2項に基づき，批准承認のための法律の審署前に63名の国民議会議員の付託によって，1992年9月23日，再度憲法院判決[28]が下された。憲法院は，かつてドゴール大統領が憲法11条を根拠に行った国民投票による憲法改正の合憲性について問われた1962年11月6日の判決[29]を踏襲し，「憲法60条に基づき憲法院により統制〔適法的実施の監視〕される国民投票の結果として，フランス人民により採択される国民主権の直接的表現であるところの法律」は，61条の対象とはならない（判決理由2段）とし

て，審査請求を棄却している。

　マーストリヒト条約批准後も，EC/EUの両設立条約は繰り返し改正され，EUは現在も「深化」を続けている。1997年のアムステルダム条約により，マーストリヒト条約の下では，原則として主権の制限がなく構成国の協力の度合いも緩やかな司法内務協力の分野（第三の柱）に属していた，査証，難民庇護，移民政策及びその他「人の自由移動」に関する諸政策が，ECの領域（第一の柱）内に移され，EC条約に新たな編が設けられた。それにともなう具体的な措置（派生法）の採択手続については，条約発効後5年の移行期間経過内に構成国のみならず欧州委員会の提案が認められたほか，移行期間経過後においても，「欧州議会への諮問の後，閣僚理事会における全会一致の決定」により，同新編の「対象となる分野のすべてまたは一部について」共同決定手続（現在の通常立法手続，現EU運営条約294条）及び欧州司法裁判所による先決裁定手続が適用されるよう，決定できる旨定められた。また①入国の際に査証が必要な第三国国民の一覧表及び②査証の統一的な形式についてはアムステルダム条約発効後に，①査証発給の手続・条件及び②査証に関する統一的な規則については同条約発効後5年の後に，それぞれ共同決定手続により具体的措置が採択されると定められた。さらには，庇護・移住実施措置（現EU運営条約78条，79条）についても，全会一致手続による閣僚理事会の決定により，条約発効後5年以内に共同決定手続にしたがって具体的措置が採択される旨規定された。こうした具体的措置採択の際の共同決定手続の採用は，欧州議会が，閣僚理事会と同等の立場で政策決定に参画できるという民主的な側面を有する反面，構成国の閣僚で構成される閣僚理事会での採択手続は，全会一致ではなく，特定多数決が採用され，それぞれの措置に反対する一部の構成国の主権の制限をともなうことを特徴とする。1997年12月31日の憲法院判決[30]は，上記分野におけるこうした手続の採用が，「国民主権の行使に本質的な条件を侵害する」ことになるとした。それを受けて1999年1月25日の憲法的法律[31]は，アムステルダム条約に基づき，「1997年10月2日に署名された条約に基づいて起草されたEC設立条約が定める条件及び方式にしたがって，人の自由移動及びその関連領域に

おける準則の決定に必要な権限の委譲は同意されうる」(2項)という条文を憲法88-2条に追加した。また法律の性質を有する規定を含まない立法行為の法案及びEUの機関から発せられたすべての文書についても，閣僚理事会に送付された後直ちに，これを国民議会及び元老院に提出し，関連して決議を採択する権限が各議院に付与される旨規定された (88-4条)[32]。

その後2003年3月25日の憲法的法律[33]においては，EUの第三の柱において採択された2003年6月13日の欧州逮捕令状に関する枠組決定 (2002/584/JAI)[34]を実施する必要から，88-2条に「欧州逮捕令状に関する規則は，EU条約に基づいて採択された行為の実施措置として，法律で定める」という3項が追加された[35]。

(3) 国内法体系における憲法の最高法規性の確認

その後欧州に憲法を創設するための条約 (以下，欧州憲法条約) の批准に際し，2004年11月19日，再び54条に基づいて憲法院の判断が下された[36]。この判決において，憲法院は，条約に付された「憲法」という呼称が「フランス憲法の存在及び国内法体系の頂点に位置づけられたその地位に影響を与えるものではない」としつつ (判決理由10段)，1992年の憲法改正でEC/EUへの加盟を定めた88-1条が挿入されたことにより，「憲法制定権力 le constituant は，国内法体系に組み込まれ国際法体系とは区別されたEC法秩序の存在を〔88-1条の挿入によって〕確立した」と判断している (同11段)。EC/EUの法システム全体に憲法的価値を認めるという立場である。ただし，欧州憲法条約に新しく定められたいくつかの内容については，国民主権の行使に本質的な条件を侵害するとして，次の点について憲法改正が要求されている。1) 国境管理，民事・刑事司法協力分野において，国民主権の行使に関する権限が新たにEUの権限とされ，通常立法手続 (従来の共同決定手続) が採用されたこと，2) 欧州検察事務所が創設されたこと，3) 刑事司法協力，欧州検察機構，欧州警察機構など国民主権の行使に関する既存のEUの権限について，閣僚理事会の採択手続が全会一致から特定多数決に換えられたこと，4) ユーロ導入措置の採択に欧

州議会が新たに関わり，自由・安全・司法領域における強化協力の設定を欧州議会の同意の下においていること，5) 警察・刑事法分野，欧州検察機構に関して，各構成国に認められていた提案権を構成国の 1/4 の発議による共同提案に換えていること，6) 越境的性質を有する家族法に関する措置，刑事事件における最小限の準則の決定，重大犯罪の定義及び刑罰に関する最小限の準則の決定に関し，後の欧州理事会または閣僚理事会の全会一致の決定により，閣僚理事会の決定手続を全会一致から多数決方式に換えることを認める条項（架け橋条項 clause passerelle）を設けていること，7) EU の政策と運営一般について，閣僚理事会が一定の領域または事項に全会一致により行動するものとの定めがあるとき，欧州理事会は，当該領域または当該事項において特定多数決により閣僚理事会が行動することを許可する欧州決定を採択することを認める簡易改正手続を採用していること，8) 補完性原則の遵守に関して，構成国議会に意見の提出や訴訟の提起などの新たな権限を定めていることなどである。

　この憲法院判決を受け，2005 年 3 月 1 日の憲法的法律[37]により，88-1 条に次のような条項が加えられた。「共和国は，2004 年 10 月 29 日に署名された欧州憲法条約の定める条件において EU に加盟することができる」。この条項は，やはり包括的に憲法条約の内容を受け入れ，それに憲法的効力を付与する趣旨である。また次のような 88-5 条が憲法第 15 章に新しく挿入された。「一国家による EU 及び EC への加盟に関する条約への批准を承認するすべての法律案は，共和国大統領により，国民投票に付される」[38]。今後 EU に新しく加盟する他の国家をフランスが加盟条約の批准によって承認する際には，国民投票による国民の賛成が必要とされたのである。

　しかしその後 2005 年にフランス（5 月 29 日）とオランダ（6 月 1 日）が相次いで国民投票により批准を否決したため，欧州憲法条約の発効は断念された。代わって，2007 年 12 月 13 日に署名されたリスボン条約について，憲法院に改めて合憲性審査が付託された。これを受け，2007 年 12 月 20 日の憲法院判決[39]は，上記 2004 年 11 月 19 日の判決を踏襲し，憲法第 15 章の諸規定，とくに 88-1 条により，「憲法制定権力 le constituant は，国内法体系に組み込まれ，国際法体

系とは区別されたEC法秩序の存在を確立した」とする（判決理由7段）。同時に「国内法体系の頂点にある憲法の地位を確認しつつ，これらの憲法上の規定は，フランスが，法人格を付与され構成国が承認した権限委譲の結果決定権をも付与された，永続的な欧州の組織の創設と発展に参加することを認めている」と述べ（同8段），国内法体系における憲法の最高法規性を新たに確認した。

　リスボン条約は，欧州憲法条約のように一つの条約にすべてをまとめることはせず，ニース条約と同じように2本立てを維持し，EU条約 Traité sur l'Union européenne 及び EU の運営に関する条約 Traité sur le fonctionnement de l'Union européenne に分けている。これまでの EU 設立条約，EC 設立条約に対応しているが，その内容の多くを欧州憲法条約に負っている。すでにみたように欧州憲法条約が批准されなかったため，憲法院は，2007年12月20日の判決において，2004年11月19日の憲法院判決で違憲とみなされたのと同様の内容の条文につき，欧州憲法条約の条文にも言及しつつ再び違憲と判断している。それにともない，2008年2月4日の憲法的法律[40]によって，上記2005年3月25日の憲法の法律による88-1条2項の「欧州憲法条約」にたいする言及は，「2007年12月13日に署名された……リスボン条約」に換えられた。また欧州憲法条約批准の際とほぼ同内容の憲法改正が行われた[41]。なお，フランスはリスボン条約による EC/EU 条約の改正にあたって，マーストリヒト条約以来はじめて，国民投票ではなく議会手続を用いて2008年2月14日に批准を成立させている。リスボン条約は，その後全構成国による批准を経て，2009年12月1日に発効した。

4. 指令の実施立法の合憲性を巡る憲法院判決
　　　——2004年6月10日憲法院判決以降

　派生法の一つである指令は，規則や決定と異なり，その結果に関してのみ構成国を拘束し，結果達成の手段の選択が構成国の裁量に委ねられている（現EU運営条約288条）。指令には，通常，構成国がそれを国内法化（実施）する期限

が定められており，その直接効果は当該実施期限経過後に，「明白かつ無条件」の内容を有することを条件に認められる。見方を換えれば，指令の内容は各構成国が指令を実施する法令を定めることによってはじめて具体化される。こうした直接効果を有する指令の国内法化は，EC法上の構成国の義務である。

2004年当時，フランスでは，定められた期限内に国内法化されていない指令の割合が3.5%に達するなど，指令の国内法化達成率は，15カ国中最下位を記録していた。未達成率を1.5%に抑えるという欧州理事会での合意があるが，その2倍以上に該当する数値であった[42]。2004年6月17, 18日にはブラッセルの欧州理事会で欧州憲法条約案が25の加盟国で採択を予定されていたなか，フランスは，政府の定めるオルドナンスに実施を授権する法律（2004年3月18日）[43]を制定するなど，指令の国内法化の促進をはかっている。

構成国間の情報サービスの自由移動を確保し，域内市場の適正な運営に貢献する目的で，2000年6月8日に採択された電子取引に関する指令（2000/31/EC）[44]に関しても，その実施のため，デジタル経済における信頼性確保のための法律案がフランスで策定された。その合憲性に関して，憲法61条2項に基づく元老院議員及び国民議会議員の付託により，2004年6月10日，憲法院判決が下された[45]。

この判決は，先に紹介した一連の憲法院判決のように54条の手続を通じて直接にECまたはEU条約の合憲性を問うものではない。しかしそれは，EC指令を実施するための国内「法律の合憲性」審査手続を通じて，いわば間接的に「指令の合憲性」を問うものとなる。この点について憲法院は，同判決ならびに同じ目的（EC指令の実施法律の合憲性審査）・同じ手続（61条2項）によって下されたその後の判決[46]を通じて，次のように判断している。

第一に，マーストリヒト条約批准の際の憲法改正により付加されたフランスのEC及びEUへの加盟について規定する88-1条前段を根拠に，「EC指令の国内法化 transposition en droit interne d'une directive communautaire」が「憲法上の要請 exigence constitutionnelle に基づくもの」であるとする。これは先にみたように憲法88-1条前段を根拠に，いわばEC/EU法システム全体に「憲

法的価値」が付与されたことを表現している。それによってフランスは，EC 指令の国内法化義務をはじめとして，現 EU 条約 4 条 3 項（構成国の義務についての一般的な規定）[47]や現 EU 運営条約 267 条（欧州司法裁判所の先決裁定手続）の実施を含むすべての構成国の義務を包括的に憲法上の義務として受け入れたことになる。これは，冒頭で紹介した欧州司法裁判所の 1964 年の *Costa ENEL* 事件（aff. 6/64）[48]が宣言していた EC 法と国内法の関係のあり方に合致する。すなわち EC 法の直接効果，構成国法にたいする優越性は，構成国が相互主義に基づき，EC の「法制度を受け入れた」という事実に起因する。

　こうして指令の実施のために定められた法律の EC/EU 法への適合性が「憲法上の要請」とされた以上，「この要請の尊重を監視する権限」が「憲法院に帰属」することになる[49]。それは形式的には EC 指令実施法律の合憲性審査であるが，実質的には当該実施法律が憲法的価値を付与された EC 指令に適合的か否かを審査する権限となる。これは憲法院が，1975 年 1 月 15 日の判決以来自ら否定し，コンセイユ・デタや破毀院の権限としていた憲法 55 条に基づく法律の条約適合性審査[50]を EC/EU 法に関連した法律との関係において，事実上部分的に 61 条 2 項の手続を通じて行使することを意味している[51]。なお憲法 88-3 条と組織法律に関しては，1998 年 5 月 20 日の憲法院判決[52]が，市町村選挙における選挙権・被選挙権について定める現 EU 運営条約 22 条（当時の 8B 条）及びその実施のための指令の遵守を憲法院が確保することは，「憲法制定権力自身の意思に帰結する」と判断している。このように 88-3 条に関して限定的に憲法院に認められていた組織法律の条約適合性審査が，2004 年 6 月 10 日の判決によって，88-1 条を通じてより一般化されたのである。

　第二に，憲法院は，指令が「憲法に明白に反する文言による en raison d'une expression expresse contraire à la Constitution」場合についてのみ，自己の判断（違憲と判断する憲法院の権限）を留保している。なお，2006 年 7 月 27 日の判決（2006-540 DC）[53]以来，憲法院は，「憲法に明白に反する」という表現から，「指令の国内法化は，憲法制定権力が同意したものを除いて，フランスの憲法的アイデンティティに由来する規範または原則に反することはできない」（判

決理由19段)という表現に改めている。つまりフランスの憲法的アイデンティティに反するような法律を指令の国内法化措置として制定する場合には，憲法改正を通じた憲法制定権力による同意が先行しなければならない。逆にそうした例外的な場合を除いては，EC指令の「明白かつ無条件」な規定，すなわち直接効果を有する規定の適用を憲法院は妨げることはできず，そこから導き出される帰結については，「憲法院は判断する権限を有しない」ものとされる。また「条約に定められた権限及びEU条約6条で保障された基本権を遵守しているか否かを審査する権限」については，「必要に応じて先決裁定手続によって審査を付託されたECの裁判官のみに帰属する」と判断されている。これは，「フランスの憲法的アイデンティティに反する」場合を除き，人権保障の問題も含めEC/EU法に合憲性の推定が働くことを認めたものである。憲法院によるこうした合憲性審査の「自制 autolimitation」[54]は，たとえばドイツ[55]，イタリア[56]の各裁判所及び欧州人権裁判所の判決[57]の立場と共通している。なお，憲法院は，61条に基づいて自らが行う審査が法律の審署前に行われなければならず，審査猶予期間が短い(通常1カ月)ことを理由に，自らがEC/EU法の効力や解釈について欧州司法裁判所に先決裁定を付託することはできないと判断し，通常裁判所にその権限の行使を委ねている[58]。

5. 憲法院判決との協調——2007年2月8日 コンセイユ・デタ *Arcelor* 判決

すでに言及したように，1975年の憲法院判決によって，法律にたいする条約の優越を規定した憲法55条に基づく法律の条約適合性審査は，原則として憲法院の権限ではなく，コンセイユ・デタや破毀院を含む通常裁判所の権限とみなされた。しかし，コンセイユ・デタは，その後も条約と法律とを同等の効力をもつ規範と考え，「後法は前法に優る」という法準則に基づいて，後に制定された法律にそれ以前から存在する条約は対抗できないという立場を維持し続けていた。1975年の憲法院判決から14年後の1989年，コンセイユ・デタは，*Nicolo*

事件判決[59]において漸くその立場を変更し，法律にたいする条約の一般的な優越性を認め，憲法55条に基づき，条約の締結より後に制定された法律が条約の内容に違反する場合，その法律は適用されないと判断したのである[60]。指令の国内法化義務に関しても，1968年の *Cohn-Bendit* 事件判決[61]においてはやはり消極的であったコンセイユ・デタであるが，*Nicolo* 判決を受け，1992年のたばこ会社事件判決[62]以降は，一定の実施期限経過後に直接効果をえた指令を直接の根拠に，当該指令に適合しない法律の適用は排除されると判断している。これは，1977年4月5日の *Ratti* 事件で示された欧州司法裁判所の立場[63]に漸くフランスのコンセイユ・デタも与するようになったことを意味する。

その後コンセイユ・デタは，1998年10月30日の *Sarran* 事件判決[64]においては，フランスの海外領土ニュー・カレドニアに適用される制限選挙を定めた法律（1988年11月9日法）について，後の2004年6月10日の憲法院判決[65]の結論に相通じる内容の判決を下している。1998年7月20日の憲法改正[66]によって新たに設けられた憲法76条が，同法律に言及していることを根拠に，その特別法に「憲法的価値」が付与されたことを認めたのである。すなわち，1988年11月9日法は，制限選挙を定めるものであるが，「憲法76条の委任の効果によって，その規定自体が憲法的価値を有する」とされる。そして憲法55条によって法律にたいして条約に付与された優越性は，「国内法秩序において，憲法的性質を有する規定には適用されない」とし，1988年11月9日法にたいする国際人権（自由権）規約2条，25条，26条，欧州人権条約14条，その第1付属議定書3条の定める平等原則，普通・平等選挙の規定の優先的適用を求める主張は，当該法律が「憲法76条の委任の効果によって，その規定自体憲法的価値を有する以上」，「退けられなければならない」とする。また「憲法76条が参政権に関する他の憲法的価値を有する規範にたいする例外である以上」，1988年の法律を具体化するデクレの規定が，憲法前文が引用する人及び市民の権利宣言1条・6条または憲法3条の定める平等原則及び平等選挙の原則に「違反するという主張は退けられなければならない」と判断された[67]。

2007年2月8日の *Arcelor* 事件[68]は，1997年12月11日の京都議定書に基づ

く温室効果ガス排出枠取引制度について定めた 2003 年 10 月 13 日の指令 (2003/87/CE)[69] の国内法化を目的に定められたデクレ (2004 年 8 月 19 日のデクレ) 1 条により，同制度の適用を受けた鉄鋼部門の企業，Arcelor ほかによって提起されたものである。

　この判決においてコンセイユ・デタは，憲法 55 条によって「条約に付与された法律にたいする優越性は，憲法的価値を有する原則や規定には対抗できない」とし，上記 Sarran 事件判決の結論を継承している。そのうえで，2004 年 6 月 10 日以来の憲法院判決をも踏襲し，88-1 条に基づいて，指令の国内法化が「憲法上の義務」であると宣言している。そして指令の「明白かつ無条件な規定」の「国内法化を直接確保する規則の合憲性審査」は，権限や手続上の規範を侵害しないかぎりにおいて「行政裁判所裁判官に属する」とする。その場合，同裁判官は，欧州司法裁判所の判例の解釈において，「提起された憲法上の規定または原則の遵守の実効性」を「その性質や範囲に照らして」保障する「EC 法の規範または一般原則」が存在するかどうかを検証する権限を有する。「存在する場合には，デクレの合憲性を確保するために，当該デクレが国内法化する指令が，その EC 法の規範または一般原則に適合しているかどうかを行政裁判所裁判官が審査する余地がある」。「重大な困難がない場合には，訴えを退けるか否かは，〔行政裁判所裁判官の〕権限に属する」。他方，重大な困難がある場合には，「EC 条約 234 条〔現 EU 運営条約 267 条〕に基づく先決裁定を欧州司法裁判所に付託する」。「逆に提起された憲法上の規定または原則の尊重の実効性を保障する EC 法の規範または一般原則が存在しない場合には，訴えられた規則の規定の合憲性を行政裁判所裁判官が直接審査する」。こうして，Arcelor 事件コンセイユ・デタ判決は，指令の国内法化のために制定された規則の合憲性審査に関して，指令が他の EC 法の規範またはその一般原則との関係で問題になりうる場合で，その判断に「重大な困難」をともなうときには，その解釈を巡って欧州司法裁判所に先決裁定を付託しなければならないとの見解を示したのである。このような立場は，欧州司法裁判所の Foto-Frost 事件先決裁定[70] に適合している。

Arcelor 事件において，プラスチックとアルミニウム部門は，鉄鋼と競合関係にあり，同様の温室効果ガスを排出するにもかかわらず，指令は，同部門をそれ自体として直接排出枠取引制度の対象とはしていない。20 メガワット以上の熱量を燃焼する設備を備える場合にのみ間接的にその対象としているにすぎない。そのことが，「EC 法の一般原則の一つであり，その適用が……憲法的価値を有する平等原則」との関係で問題にされたのである。プラスチックとアルミニウム部門の温室効果ガス総排出量がさほど多くないことと，対策を全体として暫時的に実施していく必要が，こうした取扱いの区別の理由としてあげられている。コンセイユ・デタは，このような区別が客観的に正当化できるか否かの問題は「重大な困難 une difficulté sérieuse」を提起するとして，「アルミニウムとプラスチック産業を加えることなく，鉄鋼部門の設備に温室効果ガス排出枠取引制度の適用させる点で平等原則との関係における 2003 年 10 月 13 日の指令の有効性 validité の問題について」，「欧州司法裁判所の先決裁定に付す」という判断を下している。

　なお，2008 年 7 月 23 日の憲法改正[71]によって，違憲の抗弁をコンセイユ・デタや破毀院が行うこととなったが，「EC 法の規範及びその一般原則」の解釈問題が存在する場合には，フランスの裁判所は，優先的憲法問題 question prioritaire de constitutionnalité が提起された場合であっても，同時に欧州司法裁判所への先決裁定の付託義務を負う[72]。

6. まとめにかえて

　以上にみたように，フランス公法システムにおいて，EC/EU 法は，憲法院の判決を通じて，現在までいくつかの段階を経て受容されてきた。

　1970 年代初期の憲法院判決においては，すでに第四共和制憲法の下で締結された EC 条約にたいして，手続上合憲性審査が不可能であることを理由に，EC 法と国内法との関係は問われなかった。手続や権限の不在を理由に EC 法と国内法との関係は，法実務・法理論上，おき去りにされていたのである。

その後，とくに1990年代，新たにEUが創設されたことにともない，従来のECも飛躍的に発展する。EC/EU法は，EU市民権の創設などを通じて，構成国の公法領域に直接関わることになるのである。1992年，憲法院は，「国民主権の行使に本質的な条件を侵害する」という理由でマーストリヒト条約にたいしてはじめての違憲判決を下し，それによってフランスは，批准を可能にするための憲法改正をやはりはじめて行った。しかしその憲法改正は，フランスのEC及びEUへの加盟を宣言し，国民主権との関係で問題となった「権限の委譲」に「同意」を与えることで，一般的な憲法上の原理にたいする「例外」を作ったのである。

こうした「例外」の射程については，ニュー・カレドニアの「国の法」について争われたコンセイユ・デタの *Sarran* 事件判決で示されている。ニュー・カレドニアの制限選挙を定める組織法律が，憲法改正手続を経て，憲法上規定されたことで，その組織法律に「憲法的価値」が付与されたとみなされたのである。フランス憲法は，憲法上の複数の原理や原則の上下関係を判断する手続も権限も定めていないため，「憲法的価値」を付与される限りにおいて，形式的には「法律」という下位規範であるにもかかわらず，憲法の基本原理に相反する内容を定めても，その合憲性についてもはや問題にすることはできない。ニュー・カレドニアの場合は，改正された憲法上の規定の適用範囲は限定されていた。

一方，EC/EUにたいする「憲法的価値」の付与の効果は計り知れない。EC/EUの権限領域は，フランス法のあらゆる分野に関係し，しかもEC/EUの独立した機関が定める法は，構成国国民にたいして直接効果をもち，構成国国内法に優越するとみなされ，今後もさらに発展することが予定されているからである。

指令を国内法化する法律を巡って下された2004年6月10日の憲法院判決は，以上のようなEC/EUの「憲法化」の射程の一端を示すものである。同審査は，法律の合憲性審査であるにもかかわらず，その法律が，指令の実施のために定められたものであり，忠実にその内容を反映していることから，実質的には条

約の合憲性審査に繋がる。憲法院は,「憲法に明白に反する文言」による場合,あるいは「フランスの憲法的アイデンティティに反する」場合には法律を違憲と判断する権限を留保しつつ,それ以外の場合には,条約の合憲性を推定し,判断を「自制」している。2007年のコンセイユ・デタのArcelor判決は,そうした憲法院の立場に追随するとともに,憲法院が自らに属さないとした欧州司法裁判所への先決裁定の付託義務を履行しているのが注目される。

もとよりEC/EU法とフランス国内法とは,対立する関係にはない。また必ずしもどちらか一方が,他方にたいして優位する地位にあるのでもない。確かに欧州司法裁判所の判決は,EC/EU法の優越を宣言し,優越性の実効的な確保を構成国裁判所に要求している。しかし,EC/EUの権限には,補完性原則による縛りがあり,また優越性の確保は,結局は裁判所をはじめとする構成国諸機関の判断に依存しているのである。EC/EUは,自律的な法体系を形成しているが,EC/EU法の定めた規範にしたがいその手続を利用する構成国の自主的・主体的な行為に支えられて機能している機関なのである。規則や決定の適用,指令の実施措置も,先決裁定の付託も,構成国諸機関がEC法の設定する「義務」にしたがうことによってのみ機能しうる。

フランスにしても,EC/EUを丸ごと受容しつつも,国民主権原理を基盤とする国内法体系のすべてをEC/EUの配下におくことに同意したのではない。フランスは自国の法システムの自律性をも不断に維持しようとしているのであり,それを支えているのは,憲法改正手続・国民投票手続によって示された「憲法制定権力」の意思と考えられる。これらの手続が,EC/EU法とフランス国内法とを繋ぐ理論上の接点としてフランスにEC/EU法の発展を「受けいれる」ことを可能にしてきたといえよう。

1) 原締約国は,フランス,ドイツ,イタリア,ベルギー,デンマーク,ルクセンブルク。
2) CJCE, 5/2/1963, *N. V. Algemene Transport en Expeditie Ondememing Van Gend en Loos c. Administration fiscal néerlandaise*, aff. 26/62, *Rec.* 1963, p. 3. 中村民雄「EC条約規定の法的効果」中村民雄・須網隆夫編『EU法基本判例集』日本評論社2007

3) 前掲注2) *Van Gend en Loos* 事件先決裁定，裁定理由12段。CJCE, 15/7/1964, *M. Flaminio Costa c. ENEL*, aff. 6/64, *Rec.* 1964, p. 1141，先決裁定理由9段。中村民雄「EC法の国内法に対する優位性」中村・須網編著　前掲注2) 編著15-24頁。

4) 前掲注3) *Costa c. ENEL* 事件先決裁定。

5) 須網隆夫『ヨーロッパ経済法』新世社1997年29-30頁参照。

6) 前掲注2) *Van Gend en Loos* 事件先決裁定；CJCE, 3/4/1968, *Firma Molkerei-Zentrale Westfalen/Lippe GmbH c. Hauptzollamt Paderborn*, aff. 28/67, *Rec.* 1968, p. 211（p. 226-7）。

7) CJCE, 9/3/1978, *Amministrazione delle finanze dello Stato c. Simmenthal*, aff. 106/77, *Rec.* 1978, p.629. 中村民雄「EC法の絶対的優位性」中村・須網編著　前掲注2)，25-32頁。伊藤洋一「EC法の国内法に対する優越（1・2・3完）」『法学教室』264号107-112頁，265号113-120頁，266号2002年121-128頁。

8) 前掲注3) *Costa c. ENEL* 事件先決裁定，裁定理由10段。さらに，欧州司法裁判所は，「国内裁判所がEC法を適用するにあたり，……EC法の完全な効力と効果を妨げうる国内立法規定の排除に必要なあらゆる措置を取りえないときは，そのような国内の法制度および実務は，EC法の実効性を損なうものであって，EC法の本質的な要請に反する」とし，EC法の内容は，各構成国において「実効的に」確保されなければならないとする原則を，その後の判決においても強調し続けることになる（前掲注7) *Simmenthal* 事件先決裁定，裁定理由22段。須網隆夫　前掲注5) 43頁以下参照）。

9) 補完性原則に関する詳細な分析として，須網隆夫「EUの発展と法的性格の変容─『EC・EUへの権限移譲』と『補完性原則』─」大木雅夫・中村民雄編著『多層的ヨーロッパ統合と法』聖学院大学出版会2008年273-348頁参照。同氏が指摘するように，補完性原則は，欧州司法裁判所による司法審査において適用された例が少なく，その実効性については疑問視されている。しかし構成国による批准手続にかけられているリスボン条約においては，構成国，構成国議会及び地域評議会に，補完性原則違反を理由とするEU司法裁判所取消訴訟の原告適格を認めている（補完性議定書8条）ため，同原則の重要性は高まるものと考えられる。

10) 前掲注7) *Simmenthal* 事件先決裁定。こうした論理からすれば，少なくとも基幹条約の締結や改正に際しては，全構成国による批准が必要という原則が適合する。

11) 須網隆夫　前掲注5) 23頁。

12) 54条の合憲性審査の両議院議員による付託権は，マーストリヒト条約批准に伴う1992年6月25日の憲法的法律によって認められたものである。Loi constitutionnelle nº 92-554 du 25 juin 1992 ajoutant à la Constitution un titre: « Des communautés européennes et de l'Union européenne », *JO* du 26 juin 1992. 61条2項については，両議院議員の付託権は，1974年の憲法改正によって認められている。Loi constitution-

nelle n° 74-904 du 29 octobre 1974, *JO* du 30 octobre 1974.54 条の改正は，それに合わせて従来から必要と考えられていた。
13) 憲法院による条約の合憲性審査手続の詳細については，大藤紀子「フランスにおける批准前の条約の合憲性審査について (1)」『一橋研究』18 巻 2 号 1994 年 72-85 頁参照。
14) 政府の要請により，緊急宣言 déclaration d'urgence が発せられたときには，審査期間はさらに 8 日間に限定される（憲法 61 条 3 項）。
15) 2004 年 11 月 19 日の判決（Décision n° 2004-505 DC du 19 novembre 2004, *JO* du 24 novembre 2004, p. 19885）でも，「フランスが以前に署名した条約の内容を再現する条約の規定は，合憲性審査を免ける」と判断されている。
16) 現行 EC 条約 230 条（当時の 173 条）に基づいて採択されたもの。
17) Décision n° 70-39DC du 19 juin 1970, *JO* du 21 juin 1970, p. 5806.
18) EC 条約 190 条（1976 年当時 138 条）は，1 項で「欧州における代表は，直接普通選挙によって選挙されなければならない」とし，4 項で「欧州議会は，すべての構成国において統一的な手続により，またはすべての構成国に共通な原則にしたがって直接普通選挙を行うための草案を起草する。閣僚理事会は，欧州議会の構成員の多数決による同意をえた後に，全会一致により適切な規定を定め，各構成国にたいしそれぞれの憲法上の要件にしたがいこの規定を採択するよう勧告する」とする。なお，未だ構成国の合意がえられず，統一的な選挙手続は定められていない。
19) Décision n° 76-71 DC du 30 décembre 1976, *JO* du 31 décembre 1976, p. 7651. 同判決について，水鳥能伸「直接普通選挙による欧州議会選挙の合憲性」フランス憲法判例研究会編『フランスの憲法判例』信山社 2002 年 13-17 頁参照。
20) 「相互主義の留保の下に，フランスは，平和の組織と擁護のために必要な主権の制限に同意する」と定めている。
21) この判決は，死刑の廃止に関する欧州人権条約第 6 付属議定書を批准することにより，憲法 16 条が定める非常事態において大統領による死刑復活の権限が制限されることにつき，「国民主権の行使に本質的な条件」を害するものではないとした。また当該議定書による死刑の廃止が「国家の共和国体制の維持，国民生活の継続，市民の権利及び自由の保障と両立しないものではない」としているため，「国民主権の行使に本質的な条件」とは，それなくしては，共和国の維持，国民生活の継続，市民の権利と自由の保障が困難であるようなものが念頭におかれていると解される。Décision n° 85-188 DC du 22 mai 1985, *JO* du 23 mai 1985, p. 5795. 大藤紀子「欧州人権条約—死刑廃止」フランス憲法判例研究会編　前掲注 19）42-47 頁，大藤紀子「フランスにおける批准前の条約の合憲性審査について (1)」『一橋研究』18 巻 2 号 1993 年 90-92 頁参照。
22) Décision n° 91-294 DC du 25 juillet 1991, *JO* du 27 juillet 1991, p. 10001. 水鳥能伸

「シェンゲン協定付加条約の合憲性」フランス憲法判例研究会編　前掲注19) 18-23 頁参照。なお，同日の判決は，シェンゲン実施協定そのものではなく，その承認に関する法律の合憲性につき，憲法54条ではなく，61条2項に基づいて判断されたものである。

23) Décision n° 92-308 DC du 9 avril 1992, *JO* du 11 avril 1992, p. 5354. 辻村みよ子「欧州連合条約（マーストリヒト条約）の憲法適合性—マーストリヒト第1判決」フランス憲法判例研究会編　前掲注19) 24-29 頁。

24) 法律の合憲性審査について，1985年1月25日判決は，やはり「すでに審署された法律上の文言であっても，それを改正，補完しまたはそれに影響を与える affecter 法規定の審査の際に，憲法との関係における正当性 régularité について有効に問題にすることができる」と判断している。Décision n° 85-187 DC du 25 janvier 1985, *JO* du 26 janvier 1985, p. 1137.

25) 上記15段のほか，14段前段は，「自らの伝統に忠実なフランス共和国は，国際公法の諸規則を遵守する」と定めている。これは，国際法上の「契約は守られなければならない *pacta sunt servanda*」の準則を確認したものである。

26) 前掲注12) 1992年6月25日の憲法的法律。

27) Décision n° 92-312 DC du 2 septembre 1992, *JO* du 3 septembre 1992, p. 12095. 山元一「欧州連合条約（マーストリヒト条約）のための憲法改正と憲法院—マーストリヒト条約第2判決・第3判決」フランス憲法判例研究会編　前掲注19) 30-35 頁。

28) Décision n° 92-313 DC du 23 septembre 1992, *JO* du 25 septembre 1992, p. 13337.

29) Décision n° 62-20 DC du 6 novembre 1962, *JO* du 7 novembre 1962, p. 10775.

30) Décision n° 97-394 DC du 31 décembre 1997, *JO* du 3 janvier 1998, p. 165. 鈴木真澄「アムステルダム条約の憲法適合性」フランス憲法判例研究会編　前掲注19) 36-41 頁。

31) Loi constitutionnelle n° 99-49 du 25 janvier 1999, *JO* du 26 janvier 1999.

32) 88-4条は，次のように改められた。「政府は，EC及びEUの立法行為の法案が閣僚理事会に送付された後直ちに，これを国民議会及び元老院に提出する」(1項)。「各議院の規則に定められた方式にしたがい，前項の定める法案またはEUの機関から発せられたすべての文書についても，会期外であっても，決議が採択されうる」(2項)。

33) Loi constitutionnelle n° 2003-267 du 25 mars 2003, *JO* du 26 mars 2003.

34) Décision-cadre 2002/584/JAI du Conseil relative au mandat d'arrêt européen et aux procédures de remise entre Etats membres — *JO* L 190 du 18.7.2002. 欧州逮捕令状につき，中西優美子「欧州逮捕状枠組決定の有効性」『貿易と関税』56巻4号2008年4月69-75頁，庄司克宏「『自由・安全・司法領域』とEU市民—欧州逮捕状と相互承認原則」田中俊郎・庄司克宏編『EUと市民』慶應義塾大学出版会2005年143-166頁参照。またそのドイツの国内実施例として，小場瀨琢磨「欧州逮捕状制度

の各国実施と憲法問題―ドイツ憲法裁判所の欧州逮捕状違憲判決―」『貿易と関税』54巻8号2006年8月70-75頁。

35) なおその後，2001年に署名されたニース条約によるEC・EU両条約が改正されたときには，憲法院に合憲性審査が付託されなかった。

36) 前掲注15) 2004年11月19日の憲法院判決。同趣旨の内容が，2007年のリスボン条約に関する判決においても確認されている。Décision n° 2007-567 DC du 20 décembre 2007, *JO* du 29 décembre 2007, p. 21813.

37) Loi constitutionnelle n° 2005-204 du 1er mars 2005 modifiant le titre XV de la Constitution, *JO* du 2 mars 2005.

38) 88-5条に関連し，国民投票の適法的実施を監視する憲法院の役割について定めた60条に，「第15章における」国民投票への言及が加えられた。

39) 前掲注36) 2007年12月20日の憲法院判決。大藤紀子「フランス憲法院によるEUリスボン条約に関する判決」『貿易と関税』58巻11号2010年11月68-75頁参照。

40) Loi constitutionnelle n° 2008-103 du 4 février 2008 modifiant le titre XV de la Constitution, *JO* du 5 février 2008.

41) リスボン条約の発効により，憲法第15章は，次のように変更された。第15章「EUについて」「88-1条　共和国は，2007年12月13日にリスボンで署名されたEU条約及びEU運営条約にしたがい，一定の権限を共同して行使することを自由に選択した諸国によって構成されるEUに加盟する。」「88-2条　（欧州逮捕令状について（省略））」「88-3条　（EU市民の地方選挙権・被選挙権について（省略））」「88-4条　政府は，欧州の立法行為の法案またはその他のEUの行為の法案が理事会に送付された後直ちに，これを国民議会及び元老院に提出する。各議院の規則によって定められた方式にしたがい，1項の定める法案およびEUの機関から発せられたすべての文書についても，会期外であっても，欧州に関する決議が採択されうる。国会の各議院に，欧州問題を担当する委員会が設置される。」「88-5条　EUへの国家の加盟に関する条約の批准を承認するすべての政府提出法案は，共和国大統領により，国民投票に付される。ただし，各議院において5分の3の多数により，同一の文言で，採択された動議の表決によって，国会は89条3項の定める手続により法案の採択を承認することができる。（この条文は，2004年7月1日より前に欧州理事会によって招集が決定された政府間会議（IGC）に基づく加盟国には適用されない。）」「88-6条　国民議会または元老院は，欧州の法案の補完性原則への適合性について理由を付した意見を表明することができる。この意見は，当該議院の議長により，欧州議会，閣僚理事会，欧州委員会のそれぞれの長に提出される。政府はこれについて報告を受ける。各議院は補完性原則違反を理由に，欧州の立法行為についてEU司法裁判所に訴えを提起することができる。この訴えは，政府によってEU司法裁判所に送付される。このような目的において，各議院の規則に定められた発議及び審議の方式にしたがい，会期外であっても，決議

が採択されうる。60名の国民議会議員または60名の元老院議員の請求によって，訴えは権利として当然に提起されうる。」「88-7条　国民議会及び元老院により同一の文言で採択された動議の表決によって，国会は，2007年12月13日にリスボンで署名された条約に基づき，条約の簡易改正手続または民事司法協力の名において，EU条約およびEU運営条約に定められた，一定のEUの行為の採択方式の改正に反対することができる。」

42) 門彬「EU指令の国内法化の遅れに苦慮するフランス」『外国の立法』223号2005年2月124-125頁参照。なおこの数値は，欧州委員会統計局，ユーロスタット（Eurostat）によれば，2007年7月には，1.6%にまで減少している。

43) Loi n° 2004-237 du 18 mars 2004 portant habilitation du Gouvernement à transposer, par ordonnance, des directives communautaires et à mettre en œuvre certaines dispositions du droit communautaire.

44) Directive 2000/31/CE du Parlement européen et du Conseil du 8 juin 2000 relative à certains aspects juridiques des services de la société de l'information, et notamment du commerce électronique, dans le marché interieur (« directive sur le commerce électronique »), JOCE L 178/1.

45) Décision n° 2004-496 DC du 10 juin 2004, JO du 22 juin 2004, p. 11182.

46) 2004年7月1日の判決（Décision n° 2004-497 DC du 1 juillet 2004, JO du 10 juillet 2004, p. 12506），2004年7月29日の判決（Décision n° 2004-498 DC du 29 juillet 2004, JO du 7 août 2004, p. 14077），同じく2004年7月29日の判決（Décision n° 2004-499 DC du 29 juillet 2004, JO du 7 août 2004, p. 14087），2006年3月30日の判決（Décision n° 2006-535 DC du 30 mars 2006, JO du 2 avril 2006, p. 4964），2006年7月27日の判決（Décision n° 2006-540 DC du 27 juillet 2006, JO 3 août 2006, p. 11541），2006年11月30日の判決（Décision n° 2006-543 DC du 30 novembre 2006, JO 8 décembre 2006, p. 18544）。いずれも60人の元老院議員または国民議会議員の付託によって下されている。

47) 「誠実協力の原則にしたがい，EUと構成国は，両条約から生じる任務の遂行に際して，十分に相互に尊重し，かつ支援する。構成国は，両条約に基づくまたはEUの諸機関の行為に基づく義務の履行を確保するため，一般的または特別のすべての適切な措置を採択する。構成国は，EUの任務の達成を促進するものとし，EUの目的の実現を危うくする恐れのあるいかなる措置も採択してはならない。」

48) 前掲注3) 参照。

49) 前掲注46) 2006年7月27日の憲法院判決，判決理由18段。

50) Décision n° 74-54 DC du 15 janvier 1975, JO du 16 janvier 1975, p. 671. 建石真公子「人工妊娠中絶法における『生命の尊重』と『自由』」フランス憲法判例研究会編　前掲注19) 79-86頁。

51) Ghislaine ALBERTON, « Peut-on encore dissocier exception d'inconstitutionnalité et exception d'inconventionnalité? », *AJDA*, 2008, pp. 967-973.
52) Décision n° 98-400 DC du 20 mai 1998, *JO* du 26 mai 1998, p. 8003, *RFDA*, 1998, p. 671, note Bruno GENEVOIS.
53) 情報化社会における著作権および著作権隣接権の一定の調和に関する EC 指令 2001/29/CE (directive 2001/29/CE du Parlement européen et du Conseil du 22 mai 2001 sur l'harmonisation de certains aspects du droit d'auteur et des droits voisins dans la société de l'information) の実施法の合憲性がやはり憲法 61 条 2 項に基づいて問題とされた前掲注 46) 2006 年 7 月 27 日の判決でも，憲法院は，88-1 条 1 項に基づき，「共同体指令の国内法への転換は，憲法上の要請であり」（判決理由 17 段），「この要請の尊重を監視する権限は憲法院に帰属する」とする（同 18 段）。
54) Bruno GENEVOIS, « Le Conseil constitutionnel et le droit communautaire dérivé », *RFDA*, 2004, p. 651.
55) Cour constitutionnelle allemande, 22 octobre 1986, arrêt dit "*Solange II*", *RTDE*, 1987, p. 537. 齊藤正彰『国法体系における憲法と条約』信山社 2002 年参照。
56) Cour constitutionnelle italienne, 13 avril 1989, *SpA FRAGD c/ Amministrazione delle Finanze dello Stato*, *RUDH*, 1989, p. 258.
57) EC 法による人権保護が欧州人権条約による保護と「同等」であるとみなすことにより（「同等の保護」理論），構成国が EC 法上の義務を履行した場合には，欧州人権条約上の権利保護の「明白な欠如」がある場合を除いて，人権条約の要件を逸脱していないという推定が生じるとされる。Gr. Ch. 30 juin 2005, *Bosphorus Hava Yollari turizm ve ticaret anonim şirketi c/ Irlande*, n° 45036/98. 須網隆夫「EC 法・EC 司法裁判所との関係 (1) 旧ユーゴ連邦に対する制裁決議を実施する EC 規則に基づくユーゴ航空所有機の没収—ボスポラス判決—」戸波江二・北村泰三・建石真公子・小畑郁・江島晶子編『ヨーロッパ人権裁判所の判例』信山社 2007 年 59-65 頁参照。「同等の保護」理論については，以下も参照。庄司克宏「欧州人権裁判所の『同等の保護』理論と EU 法」『慶應法学』6 号 2006 年 285-302 頁。
58) 前掲注 46) 2006 年 11 月 30 日の憲法院判決，判決理由 7 段。
59) CE, Ass., 20/10/1989, *Nicolo*, *Rec.* 190, concl. Patrik FRYDMAN.
60) *Nicolo* 判決他，*Sarran* 事件までの一連の国務院判決について，大藤紀子「フランス法秩序と条約—欧州の法と国内法との『調整』をめぐって—」中村睦男，高橋和之，辻村みよ子編『欧州統合とフランス憲法の変容』有斐閣 2003 年 148-158 頁。
61) CE, 11/12/1978, *Ministre de l'Intérieur c. Cohn Bendit*, *Rec.*, p. 524.
62) CE, Ass., 28/2/1992, *S. A. Rothmans International France et S. A. Philip Morris Fr.*, *Rec.* p. 81.
63) CJCE, 4/5/1977, *Ratti*, aff. 148/78, *Rec.* 1979, p. 1629.

64) CE, Ass., 30/10/1998, *Sarran, Levacher et autres*, *AJDA*, 1998, p. 1039, chron. Fabien RAYNAUD et Pascale FOMBEUR, p. 962.
65) 前掲注45) 参照。
66) 「ニュー・カレドニアに関する経過規定」と題する章が憲法に加えられた。
67) なお憲法自身にも3条で平等原則や普通・平等選挙の原則を規定しているにもかかわらず、コンセイユ・デタがこれらとの関係においても判断できないとしたのは、複数の憲法的価値を有する規範同士の優劣を決める権限を有しないからである。憲法的価値を有する法律規範に条約を優越させることができないとしたのも、自らの審査権限の範囲を逸脱するからであるという。Denis ALLAND, « Consécration d'un paradoxe: primauté du droit interne sur le droit international (Réflexions sur le vif à propos de l'arrêt du Conseil d'Etat, *Sarran, Levacher et autres* du 30 octobre 1998 », *RFDA*, 1998 pp. 1094-1104. *Sarran*事件について大藤紀子「規範内部の『規範違反』—フランス共和国憲法とニュー・カレドニアにおける制限的な選挙人団の構成—」大木雅夫・中村民雄編　前掲注9) 478-503頁参照。
68) CE, Ass., 8 février 2007, *Société Arcelor Atlantique et Lorraine et autres*, req. n° 287110, *RFDA*, 2007, p. 384, concl. Mattias GUYOMAR.
69) Directive 2003/87/CE du Parlement européen et du Conseil.
70) CJCE, 22/10/1987, *Foto-Frost c/ Hauptzollamt Lübeck-Ost*, aff. 314/85, *Rec.* 1987, p. 4199. 須網隆夫「先決裁定の義務的付託」中村・須網編著　前掲注2) 115-124頁。
71) Loi constitutionnelle n° 2008-724 du 23 juillet 2008 de modernisation des institutions de la Ve République, *JO* du 24 juillet 2008.
72) 関連して、2010年4月16日の破毀院判決は、合憲性審査を優先的に憲法院に付託することを求める2009年12月10日の組織法律に基づくオルドナンスの規定が、欧州司法裁判所への先決裁定の義務的付託制度との関係で、EU法に適合的かどうかを欧州司法裁判所に先決裁定を付託した (Cour de cassation, QPC, 16 avril 2010, *MM. Melki et Abdeli*, n° 10-40.001, n° 10-40.002)。欧州司法裁判所は、① 手続のあらゆる段階において先決問題を欧州司法裁判所に付託でき、② EU法上の権利の保障に必要なあらゆる暫定的な司法的救済措置を採択でき、③ 優先的手続がとられた場合でも、当該法律がEU法に反すると判断する場合にはそれを適用しないことが構成国際裁判所に認められている場合には、EU法違反とはならないと判断した (CJUE, Gr. Ch., 22/6/2010, *Aziz Melki & Selim Abdeli*, affaires jointes 188/10 et 189/10)。なお、憲法院は、2010年5月12日、オンライン賭博の自由化及び規制に関する法案の判決において、優先的憲法問題が付託された場合であっても、行政及び司法裁判所の裁判官は、先決問題の欧州司法裁判所への付託を含み、EU法の完全な実効性の確保に必要な措置を講じることを妨げられないと判断している (Décision n° 2010-605 DC du 12 mai 2010, *JO* du mai 2010, p. 8897)。コンセイユ・デタも、2010年5月14日、憲法院

と同様の解釈を示した (CE, Sec., 14 mai 2010, *Rujovic & Diakité*, req. nº 312305)。また *Melki et Abdeli* 事件に関して破毀院は，欧州司法裁判所の先決裁定を受け，憲法院への優先的憲法問題の付託を理由なし (non-lieu) と結論づけている (Cour de cassation, QPC, 29 juin 2010, *MM. Melki et Abdeli*, nº 10-40.001, nº 10-40.002)。大藤紀子「フランスの国内裁判における国際人権―欧州人権条約および EU 法との交錯」芹田健太郎・戸波江二・棟居快行・薬師寺公夫・坂元茂樹編『講座国際人権』第 3 巻「国際人権法の国内的実施」信山社 2011 年 142-147 頁参照。

索　引

索　引　317

あ行

アムステルダム条約　226, 243, 295, 309
EU 運営条約　310, 311
EU 基本権憲章　210, 285
EU 市民　241, 288, 294, 309, 310
違憲の抗弁　76, 171, 206, 304
一括投票　108, 118, 134, 135, 143
ヴデル委員会　267, 269-272, 276, 277
越権訴訟　196
欧州委員会　228, 290, 295, 310
欧州議会　290, 295-297, 308, 310
欧州憲法条約　245, 262, 296-298
欧州司法裁判所　200, 201, 210, 285-288, 295, 300-304, 306, 307, 313, 314
欧州職員裁判所　200
欧州人権裁判所　187, 197, 201-205, 209, 301, 312
欧州人権条約　201-205, 210, 246, 308, 312, 314
欧州評議会　201
欧州理事会　227, 297, 299, 310
オルドナンス　65, 84, 89, 96, 108, 109, 120-124, 134, 142, 143, 152, 167, 173, 181, 194, 290, 299, 313
オルレアン型議院内閣制　11, 37, 38, 40

か行

会計検査院　88, 104, 144, 145, 147-152
閣議　24, 25, 59, 63, 65, 67, 69, 72-74, 76, 112, 118, 240, 268
閣僚理事会　201, 290, 295-297, 308-310
架け橋条項　297
官治分権　220
議員代表団　96, 100, 102
議院内閣制　25, 26, 35, 37, 39, 58, 62, 68, 75, 76, 103, 162, 280
議会主権　156, 159, 175
議会中心主義　24, 25, 27, 35, 81
議事日程　27, 30, 66, 77, 78, 89, 95, 97-100, 102, 108, 112, 114, 116, 133, 171, 248, 251, 272
議長協議会　ii, 94, 95, 100, 112, 116, 117, 171
既判力　159, 185, 197, 203
急速審理　198
共和国司法院　187, 206, 242
共和国評議会　20, 21, 83, 94, 160, 161, 165
県　19, 86, 87, 90, 123, 214-221, 223-225, 228, 231, 233
兼職制限　92
憲法委員会　5, 20, 160, 161, 177
憲法ブロック　28, 89, 111, 245
権利擁護官　32, 47, 168, 208, 248
権力分立　iii, iv, 1, 3, 7, 24, 32, 33, 88, 153, 155, 159, 183, 185, 186, 188, 195
コアビタシオン　26, 32, 36, 44, 46, 49, 60, 61, 63, 64, 75, 225, 236, 244, 272
合憲性審査　76, 82, 87, 88, 110, 111, 119, 121, 154-163, 166, 169-173, 175, 177, 179, 183, 189, 198, 206, 211, 241, 263, 265, 270-274, 278, 279, 289, 290, 293, 297, 299, 300,

301, 303, 305-310
硬性憲法　　235, 239
合同委員会　　88, 135
高等法院　　48, 51, 52, 94, 154, 177, 183, 187, 188, 206, 241, 242, 246
国際刑事裁判所　　51, 55, 243, 244
コスト分析会計　　140, 149
個別予算の原則　　137, 138
コンセイユ・デタ　　iii, iv, 8, 21, 24, 29, 31, 108, 112, 113, 146, 158, 164-167, 171, 176, 188, 189, 191, 192, 195, 196, 198, 204, 205, 288, 300-306, 313

さ行

裁判官政治　　155, 165, 183
財務委員会　　142, 146-148
財務会計　　149, 151
差別禁止原則　　287
市町村　　86, 123, 214, 215, 217-222, 224, 228, 231
司法官職高等評議会　　iv, 31, 47, 168, 189, 190, 192
市民への近接性の原則　　228
州　　44, 214, 215, 217-220, 222-228, 230, 231, 233, 245
シューマン・プラン　　285
住民投票　　243, 253, 255
純粋代表制　　90
小選挙区二回投票制　　84-86
常任委員会　　30, 31, 47, 95, 96, 100-102, 104, 105, 108, 114, 115, 135, 136, 142, 166, 168, 191, 248
信任問題　　68-70, 72, 73, 78, 79, 102, 103, 135, 263, 282
全会一致　　290, 295-297

先決裁定　　287, 301, 303, 304, 306, 313, 314

た行

第一読会　　114-117, 121, 122, 124
大臣質問　　100
大統領直接公選制　　25, 32, 57
第二読会　　114, 116
多数代表制　　87
知事　　171, 221, 242, 244
地方公共団体　　84, 86, 87, 91, 110, 112, 193, 195, 215, 245, 255
地方分権　　88, 92, 214, 216, 220, 222, 224, 225, 230-233, 245, 250
調査委員会　　83, 96, 100-102
適法化法　　197, 209
デクレ　　16, 27, 47, 63, 65, 97, 108, 109, 111, 123, 145, 146, 167, 216, 241, 247, 271, 275, 302, 303
デクレ・ロワ　　16, 109
特定多数決　　295-297
特別委員会　　95, 96, 114, 136

な行

二大政党制　　41
年次業績報告書　　140, 141
年次成果計画　　141

は行

パートナーシップ　　228
バイユー演説　　24, 25
破毀院　　50, 155, 156, 158, 166, 167, 171, 178, 188, 191, 192, 194, 205, 206, 300, 301, 304
バラデュール委員会　　iv, 77-79, 247, 267, 275, 276

パリテ　　85, 105, 244
パルルマン　　154, 177
半大統領制　　26, 40, 52, 58, 162
半代表制　　53, 90
半直接制　　90, 91
非常事態措置　　163, 172, 176, 239
比例代表制　　83-85, 87
不信任動議　　28, 43, 45, 61, 68, 69, 71-74, 77, 78, 102-104, 118
不逮捕特権　　88, 90, 93, 94, 97, 242
プレビシット　　264, 280, 282
法の一般原則　　iii, 285, 304
補完性の原則　　203, 227, 230, 247, 287

ま行

マーストリヒト条約　　44, 125, 226, 227, 241, 292, 294, 295, 305, 309
命令委任　　4, 6, 90, 91
免責特権　　90, 93, 106

や行

優先的憲法問題　　304, 313, 314
予算会計　　149

ら行

リスボン条約　　210, 246, 297, 298, 307, 310
両院合同会議　　31, 33, 47, 76, 84, 120, 235-237, 240, 242, 244, 247-249, 257, 260, 276-278
両院同数委員会　　117
レファレンダム　　163, 170, 172, 173, 176, 217, 279, 282

編著者・執筆者紹介（執筆順）

寺川 史朗（てらかわ しろう）	三重大学教授
佐藤 修一郎（さとう しゅういちろう）	東洋大学法科大学院准教授
福岡 英明（ふくおか ひであき）	國學院大學法科大学院教授
横尾 日出雄（よこお ひでお）	中京大学法科大学院教授
藤野 美都子（ふじの みつこ）	福島県立医科大学教授
佐藤 信行（さとう のぶゆき）	中央大学法科大学院教授
植野 妙実子（うえの まみこ）	中央大学教授
妹尾 克敏（せお かつとし）	松山大学教授
大藤 紀子（おお ふじ のりこ）	獨協大学教授

フランス憲法と統治構造　日本比較法研究所研究叢書（82）

2011年9月5日　初版第1刷発行

編著者　植野　妙実子

発行者　吉田　亮二

発行所　中央大学出版部
〒192-0393
東京都八王子市東中野742番地1
電話 042-674-2351・FAX 042-674-2354
http://www2.chuo-u.ac.jp/up/

© 2011　ISBN 978-4-8057-0581-0　研究社印刷（株）

日本比較法研究所研究叢書

1	小島武司 著	法律扶助・弁護士保険の比較法的研究	A5判	2940円
2	藤本哲也 著	CRIME AND DELINQUENCY AMONG THE JAPANESE-AMERICANS	菊判	1680円
3	塚本重頼 著	アメリカ刑事法研究	A5判	2940円
4	小島武司 外間寛 編	オムブズマン制度の比較研究	A5判	3675円
5	田村五郎 著	非嫡出子に対する親権の研究	A5判	3360円
6	小島武司 編	各国法律扶助制度の比較研究	A5判	4725円
7	小島武司 著	仲裁・苦情処理の比較法的研究	A5判	3990円
8	塚本重頼 著	英米民事法の研究	A5判	5040円
9	桑田三郎 著	国際私法の諸相	A5判	5670円
10	山内惟介 編	Beiträge zum japanischen und ausländischen Bank- und Finanzrecht	菊判	3780円
11	木内宜彦 M・ルッター 編著	日独会社法の展開	A5判	(品切)
12	山内惟介 著	海事国際私法の研究	A5判	2940円
13	渥美東洋 編	米国刑事判例の動向 I	A5判	5145円
14	小島武司 編著	調停と法	A5判	4384円
15	塚本重頼 著	裁判制度の国際比較	A5判	(品切)
16	渥美東洋 編	米国刑事判例の動向 II	A5判	5040円
17	日本比較法研究所 編	比較法の方法と今日的課題	A5判	3150円
18	小島武司 編	Perspectives on Civil Justice and ADR : Japan and the U. S. A	菊判	5250円
19	小島・渥美 清水・外間 編	フランスの裁判法制	A5判	(品切)
20	小杉末吉 著	ロシア革命と良心の自由	A5判	5145円
21	小島・渥美 清水・外間 編	アメリカの大司法システム(上)	A5判	3045円
22	小島・渥美 清水・外間 編	Système juridique français	菊判	4200円

日本比較法研究所研究叢書

23	小島・渥美 清水・外間 編	アメリカの大司法システム(下)	A 5 判 1890円
24	小島武司・韓相範編	韓　国　法　の　現　在　(上)	A 5 判 4620円
25	小島・渥美・川添 清水・外間 編	ヨーロッパ裁判制度の源流	A 5 判 2730円
26	塚　本　重　頼　著	労使関係法制の比較法的研究	A 5 判 2310円
27	小島武司・韓相範編	韓　国　法　の　現　在　(下)	A 5 判 5250円
28	渥　美　東　洋　編	米　国　刑　事　判　例　の　動　向　Ⅲ	A 5 判 (品切)
29	藤　本　哲　也　著	Crime Problems in Japan	菊　判 (品切)
30	小島・渥美 清水・外間 編	The Grand Design of America's Justice System	菊　判 4725円
31	川　村　泰　啓　著	個人史としての民法学	A 5 判 5040円
32	白　羽　祐　三　著	民法起草者穂積陳重論	A 5 判 3465円
33	日本比較法研究所編	国際社会における法の普遍性と固有性	A 5 判 3360円
34	丸　山　秀　平　編著	ドイツ企業法判例の展開	A 5 判 2940円
35	白　羽　祐　三　著	プロパティと現代的契約自由	A 5 判 13650円
36	藤　本　哲　也　著	諸　外　国　の　刑　事　政　策	A 5 判 4200円
37	小島武司他編	Europe's Judicial Systems	菊　判 (品切)
38	伊　従　　寛　著	独占禁止政策と独占禁止法	A 5 判 9450円
39	白　羽　祐　三　著	「日本法理研究会」の分析	A 5 判 5985円
40	伊従・山内・ヘイリー編	競争法の国際的調整と貿易問題	A 5 判 2940円
41	渥美・小島編	日韓における立法の新展開	A 5 判 4515円
42	渥　美　東　洋　編	組織・企業犯罪を考える	A 5 判 3990円
43	丸　山　秀　平　編著	続ドイツ企業法判例の展開	A 5 判 2415円
44	住　吉　　博　著	学生はいかにして法律家となるか	A 5 判 4410円

日本比較法研究所研究叢書

45	藤本哲也 著	刑事政策の諸問題	A5判	4620円
46	小島武司 編著	訴訟法における法族の再検討	A5判	7455円
47	桑田三郎 著	工業所有権法における国際的消耗論	A5判	5985円
48	多喜 寛 著	国際私法の基本的課題	A5判	5460円
49	多喜 寛 著	国際仲裁と国際取引法	A5判	6720円
50	眞田・松村 編著	イスラーム身分関係法	A5判	7875円
51	川添・小島 編	ドイツ法・ヨーロッパ法の展開と判例	A5判	1995円
52	西海・山野目 編	今日の家族をめぐる日仏の法的諸問題	A5判	2310円
53	加美和照 著	会社取締役法制度研究	A5判	7350円
54	植野妙実子 編著	21世紀の女性政策	A5判	(品切)
55	山内惟介 著	国際公序法の研究	A5判	4305円
56	山内惟介 著	国際私法・国際経済法論集	A5判	5670円
57	大内・西海 編	国連の紛争予防・解決機能	A5判	7350円
58	白羽祐三 著	日清・日露戦争と法律学	A5判	4200円
59	伊従 寛 他編	APEC諸国における競争政策と経済発展	A5判	4200円
60	工藤達朗 編	ドイツの憲法裁判	A5判	(品切)
61	白羽祐三 著	刑法学者牧野英一の民法論	A5判	2205円
62	小島武司 編	ADRの実際と理論Ⅰ	A5判	(品切)
63	大内・西海 編	United Nation's Contributions to the Prevention and Settlement of Conflicts	菊判	4725円
64	山内惟介 著	国際会社法研究第一巻	A5判	5040円
65	小島武司 著	CIVIL PROCEDURE and ADR in JAPAN	菊判	(品切)
66	小堀憲助 著	「知的(発達)障害者」福祉思想とその潮流	A5判	3045円

日本比較法研究所研究叢書

67	藤本哲也 編著	諸外国の修復的司法	A5判 6300円
68	小島武司 編	ＡＤＲの実際と理論Ⅱ	A5判 5460円
69	吉田 豊 著	手付の研究	A5判 7875円
70	渥美東洋 編著	日韓比較刑事法シンポジウム	A5判 3780円
71	藤本哲也 著	犯罪学研究	A5判 4410円
72	多喜 寛 著	国家契約の法理論	A5判 3570円
73	石川・エーラース グロスフェルト・山内 編著	共演　ドイツ法と日本法	A5判 6825円
74	小島武司 編著	日本法制の改革：立法と実務の最前線	A5判 10500円
75	藤本哲也 著	性犯罪研究	A5判 3675円
76	奥田安弘 著	国際私法と隣接分野の研究	A5判 7980円
77	只木 誠 著	刑事法学における現代的課題	A5判 2835円
78	藤本哲也 著	刑事政策研究	A5判 4620円
79	山内惟介 著	比較法研究第一巻	A5判 4200円
80	多喜 寛 編著	国際私法・国際取引法の諸問題	A5判 2310円
81	日本比較法研究所編	Future of Comparative Study in Law	菊判 11760円

＊価格は消費税５％を含みます．